Mars et Vénus au travail

DU MÊME AUTEUR
aux Éditions Michel Lafon

Les hommes viennent de Mars, les femmes viennent de Vénus

Mars et Vénus en Amour

Mars et Vénus refont leur vie

Les enfants viennent du paradis

Mars et Vénus : 365 jours d'amour

Mars et Vénus : Ensemble pour toujours

John Gray

Mars et Vénus au travail

Traduit de l'anglais (États-Unis)
par Nathalie Besse et Valérie Bourgeois

Michel Lafon

7-13, boulevard Paul-Émile-Victor – Île de la Jatte
92521 Neuilly-sur-Seine Cedex

Je dédie ce livre à ma femme, Bonnie Gray, avec tout mon amour et ma tendresse. Son affection, sa sensibilité, sa sagesse et son engagement m'ont encouragé à donner le meilleur de moi-même et à partager avec les autres ce que nous avons appris ensemble.

Introduction

Il y a vingt ans, alors que je mettais au point les théories qui serviraient à mon livre *Les hommes viennent de Mars, les femmes viennent de Vénus*[1], la rapidité avec laquelle ces idées nouvelles amélioraient les rapports entre hommes et femmes me surprit. En quelques mois à peine, les gens se pressaient aux portes de mon cabinet et de longues listes d'attente se constituaient. Je n'avais pourtant procédé qu'à un léger changement sur mes prestations habituelles : au lieu de conseiller d'emblée mes clientes, je les écoutais et les questionnais davantage. Tout simplement. Réfréner ma tendance à apporter une solution immédiate à leurs problèmes me permettait ainsi de toucher une plus large clientèle féminine.

Je demandais souvent aux nouvelles venues comment elles avaient entendu parler de moi. Chacune me fournissait la même réponse : une amie leur avait dit que je m'étais montré « très attentif », d'où leur désir de s'adresser à moi plutôt qu'à un autre. Je n'en revenais pas. Il m'avait suffi de modifier quelques-unes de mes habitudes en matière de communication pour être perçu comme quelqu'un de « très attentif ».

Fait ironique, je l'avais toujours été, mais jusqu'alors je croyais le prouver en proposant très vite des recommandations. Si les hommes appréciaient un tel empressement, la plupart des femmes préféraient me voir passer plus de

1. Paru aux éditions Michel Lafon.

temps à sonder et à analyser leurs préoccupations. L'ayant enfin compris, j'ai pu témoigner mon soutien avec plus d'efficacité et moduler mes interventions en fonction du sexe de chacun.

Mes affaires ne s'en portèrent que mieux, tout comme mes relations avec mon épouse et mes enfants. Dans mon cabinet et au cours de mes ateliers, j'aidais clients et participants à mieux s'entendre en leur faisant prendre conscience des différences entre les sexes. J'ai passé sept ans à développer et à mettre en pratique mes idées, avant de les coucher par écrit dans *Les hommes viennent de Mars, les femmes viennent de Vénus.* Le livre portait sur les relations personnelles et amoureuses, mais beaucoup s'en sont inspirés aussi pour mieux communiquer sur leur lieu de travail.

À la demande répétée de mes lecteurs, j'ai décidé de transposer et d'appliquer ces idées à la sphère professionnelle. Nos différences s'y expriment en effet autant qu'ailleurs. Certes moins flagrantes, elles sont cependant réelles et à l'origine de bien des malentendus. Dans un environnement où chacun a à cœur de ne pas montrer ses sentiments, la capacité de deviner les pensées, les désirs et les besoins d'autrui constitue un atout majeur.

Bien que les différences entre hommes et femmes ne soient pas aussi flagrantes dans le monde du travail, elles existent et sont souvent sources de malentendus.

Les principes exposés dans *Mars et Vénus au travail* sont universels. Ils s'appliquent à tout un chacun – P-DG, cadres, consultants, ouvriers, artisans et secrétaires. La communication entre hommes et femmes conditionne la prospérité d'une entreprise, même si elle n'en représente qu'un des nombreux maillons. À tous les échelons – depuis la direction et le commercial, de la comptabilité au produit fini –, mieux comprendre l'autre sexe confère aux salariés et à leurs employeurs un avantage non négligeable sur leurs concurrents.

La féminisation du monde du travail, et en particulier des fonctions de management, a profondément changé la donne au cours des vingt dernières années. Le nouvel éclairage que je leur propose sur les rapports humains semble faire l'unanimité. Parmi les avantages les plus cités figurent notamment des profits plus importants, de meilleures opportunités de carrière et une coopération accrue entre collègues. Les femmes vont plus loin encore : au fur et à mesure que leurs collègues masculins assimilent les principes des *Hommes viennent de Mars*, elles se disent mieux comprises, acceptées et respectées. Elles-mêmes s'ouvrent aussi au mode de pensée du sexe opposé et le voient sous un jour plus favorable.

Face à la féminisation du monde du travail, et en particulier des fonctions de management, comprendre les femmes devient de plus en plus important pour les hommes.

Apprendre ce qui distingue hommes et femmes au travail vous donnera le petit plus qui vous fera gagner le respect, le soutien et la confiance que vous méritez. Vous verrez : il suffit de changer un peu, mais de manière significative, votre comportement vis-à-vis d'autrui pour que les résultats ne se fassent pas attendre.

Loin de révéler la recette de la réussite professionnelle, *Mars et Vénus au travail* fait cependant la lumière sur les règles de conduite des unes et des autres et sur les valeurs qui leur sont chères. À vous de choisir celles à suivre en fonction des circonstances, en sachant que toutes se valent, mais qu'il est des situations où certaines s'imposent plus que d'autres. Lorsque vous en aurez pris conscience, vous ne verrez plus les choses comme avant.

Au tennis, un joueur capable de frapper la balle aussi bien de sa main droite que de sa main gauche a évidemment l'avantage sur un concurrent qui n'est pas ambidextre. Eh bien, en apprenant à jouer avec les règles et les valeurs tacites de chaque sexe, la balle restera dans votre camp en toutes circonstances.

La réussite professionnelle passe par un comportement adapté aux circonstances.

Aucun code de conduite ne prime sur un autre : ils sont juste différents. La plupart des problèmes de communication ne sont pas liés à cette différence, mais à l'incompréhension et au mépris qui entourent ces règles et ces valeurs. Prenons l'exemple de l'Angleterre, où l'on conduit à gauche. Si vous ne voulez pas provoquer d'accidents, vous n'avez pas d'autre choix que de vous plier au règlement en vigueur. Déplorer cette convention ne servira à rien, car n'importe quel Anglais estimera que c'est vous qui êtes dans l'erreur. Connaître le code de la route du pays visité vous évitera donc de vous retrouver en infraction pour une conduite qui, chez vous, ne serait pas répréhensible.

Au travail, nous donnons souvent l'impression de venir de planètes éloignées. Si l'on avait à l'esprit que les hommes viennent de Mars et les femmes de Vénus, nos deux mondes cohabiteraient plus harmonieusement. Les différences ne doivent pas forcément engendrer des tensions. Il suffit de les cerner pour que l'estime et la confiance soient renforcées entre collègues du sexe opposé et que le travail devienne à tout point de vue plus enrichissant.

Dans le cas contraire, nous passons à côté d'une foule d'occasions de nous témoigner confiance et estime. Les hommes ignorent trop souvent la valeur professionnelle des femmes, qui négligent quant à elles l'aide que leurs collaborateurs peuvent leur apporter. Tous gagneraient donc à porter un regard plus positif sur les particularités du sexe opposé.

Avec ces cartes en main, chacun peut procéder aux quelques ajustements qui donneront de lui une meilleure image et lui vaudront l'appui de ses collègues. Faute d'une véritable prise de conscience, nous continuerons d'agir comme nous l'avons toujours fait, en commettant les mêmes erreurs : imputer aux autres les problèmes que nous créons, ou bien entraver à notre insu un projet collectif. Nous avons donc tout intérêt à ouvrir les yeux afin de ne plus trébucher sur les obstacles que nous mettons nous-mêmes en place.

Les avantages d'une prise de conscience de nos différences

Comprendre, accepter et respecter ce qui sépare Mars et Vénus sur le plan professionnel n'offre pas pour seul intérêt une meilleure entente entre les sexes. Il en résulte aussi une baisse du stress, une augmentation de la productivité et des bénéfices et une nette amélioration de la qualité de vie. Ces avantages se répartissent en quatre catégories :

1. L'interprétation. Interpréter correctement le comportement et les paroles d'un homme ou d'une femme permet de prendre la mesure du potentiel réel de chaque situation. Les opinions, les hypothèses et les préjugés éculés à l'égard du sexe opposé font place au respect et à la confiance, et l'on s'aperçoit de la contribution que chacun peut apporter. Ainsi, au lieu d'être méprisées, les différences sont reconnues et appréciées comme autant d'atouts éventuels.

Ce qui était perçu à l'origine comme un désagrément devient un contrepoids indispensable pour insuffler une énergie nouvelle à l'entreprise. Le travail en équipe s'en trouve dynamisé et les discriminations réduites, les problèmes sont plus vite résolus, les erreurs moins nombreuses et les objectifs atteints plus facilement.

2. Le soutien. Comprendre ce qui nous distingue du sexe opposé, c'est être à même de moduler ensuite nos propos en tenant compte de ses préférences et de ses besoins spécifiques. C'est pouvoir lui apporter l'aide qu'il attend, et non celle que nous-mêmes espérerions à sa place. Conséquence logique : hommes et femmes se sentent soutenus, l'atmosphère se détend, les échanges deviennent plus fructueux et la collaboration se développe. Le temps et l'énergie d'ordinaire perdus en commérages, rivalités, conflits et litiges sont remis au service de l'épanouissement personnel des employés et de la réussite de l'entreprise.

3. La présentation. Savoir quel comportement est susceptible d'être mal compris par le sexe opposé nous permet d'agir en conséquence pour nous présenter sous notre meilleur jour et de gagner ainsi la considération qui nous est due. Les femmes nuisent trop souvent à leur réussite en s'exposant inconsciemment à la critique masculine. Les hommes, quant à eux, n'imaginent pas à quel point ils s'aliènent parfois leurs collègues du sexe féminin. Ils se croient efficaces mais perdent en réalité la confiance de leurs clientes, collaboratrices, supérieures et employées.

Quelques changements significatifs dans le comportement des Martiens et des Vénusiennes suffiraient à faire naître une estime réciproque. Tous y gagneraient de nombreux avantages : une plus grande motivation, une plus grande créativité et un esprit d'équipe renforcé. Sans compter que les employés, lorsqu'ils sont satisfaits de leurs conditions de travail, ne vont pas voir ailleurs. Les rapports avec la clientèle s'en trouvent eux aussi améliorés, les ventes augmentent, des affaires sont conclues et les bénéfices suivent.

4. Reconnaissance des divers comportements. Une fois assimilées nos différences, nous disposons de plus d'éléments pour déterminer les origines de chacun. La plupart des hommes viennent de Mars, mais certaines femmes agissent parfois comme si elles aussi en étaient originaires. De fait, être à 100 % martien ou vénusienne constitue une exception. Tout le monde mêle en soi ces deux influences, lesquelles se manifestent à divers degrés et de multiples façons. Associer un grand type de comportement à chaque sexe permet de comprendre, reconnaître et gérer nos différences quand elles surgissent. Sans cette généralisation, celles-ci ne peuvent susciter la plupart du temps que méfiance et critiques non fondées.

Les femmes ont beau venir de Vénus, toutes n'en suivent pas les règles et les usages, de même que tous les hommes n'affichent pas des opinions et des attitudes typiques de Mars. Lorsque j'évoque les disparités entre les sexes, une faible proportion de femmes, plus influencées par Mars, ne se reconnaissent pas dans le portrait que je dresse d'elles. D'autres, plus nombreuses, qui mènent leur carrière tambour battant, laissent s'exprimer leur côté vénusien à la maison, et mettent en avant leur côté martien au travail. Elles ont trouvé le moyen de s'épanouir dans un univers masculin. Mieux encore, certaines ont trouvé un équilibre entre ces deux facettes de leur personnalité, s'assurant par là bien-être et réussite. De tels exemples restent malheureusement trop rares. Les femmes sont en général beaucoup plus nombreuses à éprouver un sentiment de désarroi et de frustration dans leur travail, parce qu'elles ne comprennent pas les hommes et qu'elles ne se sentent pas comprises d'eux. Réciproquement, seule une minorité d'hommes n'adhère pas aux valeurs martiennes, mais la plupart s'y retrouvent et ce sont eux en particulier qui n'entendent rien aux femmes.

La plupart des femmes éprouvent un sentiment de désarroi et de frustration dans leur travail parce qu'elles ne comprennent pas les hommes.

Disons pour résumer que le comportement des hommes les rattache le plus souvent à Mars et celui des femmes à Vénus. Avoir cette distinction à l'esprit vous aidera à adopter la bonne attitude et à trouver le mot juste quelle que soit la situation. Chacun est concerné, y compris les patrons, puisqu'ils seront incités à revoir leur politique d'entreprise et à mettre en place de nouvelles actions tenant compte des besoins de la masse croissante de leurs employées. Ces changements auront des répercussions bénéfiques sur le personnel et sur le chiffre d'affaires : dès lors que vous connaissez et respectez la dominante martienne ou vénusienne d'un être, celui-ci devient plus enclin à vous témoigner son soutien. Les études de marché indiquent d'ailleurs que les consommatrices privilégient les entreprises respectueuses des femmes.

LES VALEURS HUMAINES FACE AUX DURES RÉALITÉS DE LA VIE

La sensibilité et l'intelligence qui naissent de la compréhension de nos différences constituent un terreau fertile d'où chacun peut faire jaillir le respect, la confiance, la sympathie, l'acceptation, la compassion, l'harmonie, la coopération, la synergie et la tolérance. Ces valeurs favorisent au plus haut point l'épanouissement d'un individu et de son entreprise. À l'heure de la mondialisation, chaque jour apporte de nouvelles preuves du lien direct entre les rapports humains et la prospérité économique.

Il existe un lien direct entre les rapports humains et la prospérité économique de l'entreprise.

De plus en plus de P-DG reconnaissent que le facteur humain influe profondément sur la dure réalité du marché. Dans tous les domaines – vente, service après-vente, fidélisation des employés et des clients, production conception, négociation de partenariats, participation aux bénéfices, stock-options et fusions d'entreprises –, le succès repose sur la qualité des rapports individuels associée à une communication efficace.

Si les parts de marché et le chiffre d'affaires sont les principales préoccupations de tout P-DG, les risques et les coûts engendrés par un mépris de ce facteur humain deviennent pour beaucoup un véritable cauchemar. Du fait de la baisse du chômage et de la hausse de la concurrence, les entreprises perdent un temps fou et des sommes considérables à former des employés venus remplacer ceux partis trouver ailleurs des conditions de travail plus satisfaisantes.

Chaque jour, des cas de négligences, d'erreurs ou de harcèlement font la une de l'actualité, entraînant la chute en bourse de telle ou telle société. Les pratiques des employeurs sont désormais scrutées par des médias avides de faits divers, l'opinion publique prend davantage conscience des droits des travailleurs, ce qui oblige les grandes compagnies à redoubler d'attention quant à la qualité des rapports humains et des conditions de travail. Celles qui restent à la traîne le paient cher devant les tribunaux et se font épingler par la presse.

FAIRE NAÎTRE LE SUCCÈS

Ceux qui connaissent la réussite ont le don de montrer certains aspects de leur personnalité au moment le plus opportun. Prenons un exemple : la différence entre un grand acteur et un mauvais comédien réside dans la capacité du premier à exprimer sincèrement les sentiments requis par son rôle. Il fait jaillir ce qui, en lui, correspond au personnage. De manière similaire, la réussite professionnelle implique de puiser en soi les ressources nécessaires pour bien jouer tout un répertoire. En prenant conscience du fossé qui sépare les sexes, vous réfrénerez plus facilement vos réactions instinctives et leur substituerez le comportement le plus approprié au cas de figure. Et vous rencontrerez d'autant plus de succès que vous serez capable de répondre ainsi aux besoins sans cesse différents d'autrui.

En prenant conscience du fossé qui sépare les sexes, vous réfrénerez plus facilement vos réactions instinctives et adopterez à la place un comportement plus approprié.

Dans le monde du travail, chaque situation appelle une réaction particulière. Un mot ou un geste bienvenu à un moment donné ne le seront pas forcément à un autre. Il serait risqué et naïf de croire que nous pouvons extérioriser à tout moment les multiples facettes de notre personnalité. Certaines situations autorisent bien sûr le naturel et la décontraction, mais il est parfois impératif de se censurer pour donner une meilleure image de soi. Les divas s'insurgeront peut-être : « Je suis comme je suis et il n'est pas question que je change », mais les autres, eux, se demanderont : « Que dois-je faire ? » avant d'endosser leur rôle, en vrais professionnels.

LE B.A.-BA DE LA SURVIE

Il n'y a rien de scandaleux en soi à ce que des hommes échangent des blagues à caractère sexuel ou parlent de sport, mais mieux vaut s'en abstenir en présence de femmes. De même, celles-ci devraient éviter de laisser affleurer leur vulnérabilité, de pleurer ou de raconter en détail leur vie privée devant des collègues masculins. Je sais, ces deux exemples sont caricaturaux. Ils ont cependant le mérite de mettre en évidence la source larvée de conflits entre les sexes. En restant nous-mêmes, nous risquons en effet d'offenser, de frustrer ou d'exclure quelqu'un par une attitude pourtant tout à fait acceptable sur notre planète. Sans une initiation préalable aux techniques de survie sur Mars et Vénus, s'adapter à nos interlocuteurs et travailler avec le sexe opposé relève presque d'une mission impossible.

Ne vous attendez pas toutefois à trouver ici une liste exhaustive des comportements inconvenants ou bienvenus. Il n'existe pas de règle absolue. Comme avec tout interlocuteur, un homme doit parfois surveiller ses propos lorsqu'il s'adresse à une femme, et réciproquement.

Agir à bon escient suppose de l'intuition, du tact, une bonne faculté d'adaptation et une certaine sagesse. On peut développer ces qualités dès lors que l'on s'intéresse aux différences entre les hommes et les femmes. Cette lucidité nouvellement acquise, lorsqu'elle est associée à un égal respect de Mars et de Vénus, nous permettra de tirer plus vite les leçons de nos erreurs et de ne pas vouloir à tout prix les justifier. Nous deviendrons à notre tour plus tolérants et compatissants vis-à-vis des erreurs d'autrui.

Prenons le cas de Sheryl, célèbre animatrice de radio. Parmi ses collègues masculins figure un dénommé Jack, qu'elle décrit comme un « patron génial ». « Je peux lui parler aussi librement qu'à une femme », dit-elle. Évoquer devant lui ses sentiments, ses petits amis et des anecdotes de sa vie privée ne lui pose aucun problème. Jack a appris à l'écouter et à ajuster son comportement de façon à lui montrer son respect. Il a ainsi gagné la loyauté, la coopération et le soutien de son employée.

Autre exemple : celui de Tom, comptable dans un cabinet d'avocats. De toutes ses collègues féminines, il distingue en particulier sa directrice, Karen, une fille « vraiment sympa ». Il ne fait aucune différence entre elle et ses collègues masculins parce qu'aucun sujet n'est tabou en sa présence. Elle ne s'offusque pas de ses blagues graveleuses et ne se sent pas exclue s'il parle de sport.

La capacité de Karen à réagir comme un homme et celle de Jack à écouter comme une femme leur donnent à tous deux un avantage particulier. Il n'est cependant pas à la portée de tout le monde de faire preuve d'autant de souplesse dans les rapports humains. Par chance, cette qualité n'est pas la seule requise pour réussir. Reconnaître, accepter et respecter les différences suffit bien souvent, sans qu'imiter les manières du sexe opposé soit nécessaire.

Dans sa quête de réussite, un homme doit prêter une oreille plus attentive à ses collègues vénusiennes et respecter leur besoin d'être écoutées ; on ne lui demande pas pour autant de réagir comme une amie. Les femmes reprochent souvent à leur médecin leur insensibilité. Aller droit au but et préconiser un traitement fait certes bonne impression sur Mars, mais sur Vénus un praticien aurait tout intérêt à poser davantage de questions et à élargir l'éventail des soins proposés. La médecine n'est plus le monopole de la gent masculine. Avec l'augmentation du nombre de femmes médecins, les patientes ont désormais le choix. Pour faire face à cette concurrence, un homme devra donc procéder à quelques changements. Ce principe s'étend aujourd'hui à tous les secteurs professionnels, ainsi qu'à la société de consommation. Car non contentes de représenter plus de cinquante pour cent de la masse salariale, les femmes sont aussi devenues des consommatrices incontournables. Pour prospérer dans le monde des affaires, les hommes n'ont donc d'autre choix que de vivre avec leur temps sous peine de rester à la traîne.

On n'attend pas non plus d'une femme qu'elle renonce à sa féminité, mais elle doit avoir conscience des préférences et des exigences d'un homme si elle veut monter dans son estime. Plus d'un perdra patience en voyant une collègue tourner autour du pot ou étaler sans complexe ses points faibles, ses limites ou ses incertitudes. Sur Vénus, approfondir une question engendre la confiance et rapproche les gens ; sur Mars, c'est courir au devant de sérieux ennuis. Si elle veut emporter l'adhésion d'un décisionnaire « martien », une femme qui espère une promotion, soumet une proposition, négocie un contrat ou effectue une présentation devra donc veiller à faire bonne impression en se conformant aux valeurs les plus appréciées sur Mars.

Mieux vaut qu'elle se montre directe, positive, sûre d'elle et efficace, au lieu de s'appesantir sur des détails. « Trop de bla-bla », voilà ce qui fait fuir les hommes. S'étendre sur le sujet, apporter trop de réponses ou paraître hésitante empêchera une femme de parvenir au résultat escompté. Cette démarche, qui remporterait tous les suffrages sur Vénus, est vouée à l'échec sur Mars.

Dans tous les cas, ce n'est pas tant la suggestion elle-même qui influence la décision finale que la manière dont elle est exprimée et perçue. Une même proposition sera tantôt acceptée, tantôt rejetée, selon les interlocuteurs et leur planète d'origine.

Ce n'est pas tant l'intérêt d'une suggestion qui influence la décision finale que la manière dont elle est exprimée et perçue.

Dans le cadre d'un exposé devant une assemblée de Martiens et de Vénusiennes, il s'avère vital de répondre aux attentes de chacun afin d'emporter leur adhésion. Cela requiert un peu d'entraînement. Vous risquez en effet de faire fausse route en suivant votre instinct. Si, au contraire, vous comprenez à qui vous avez affaire, ce que la personne veut entendre et comment elle veut l'entendre, vous serez alors en mesure de faire bonne impression sur tout un chacun. Ne ménagez ni votre temps ni vos efforts : au final, l'essentiel est qu'hommes et femmes soient satisfaits.

Comment lire ce livre

Les idées développées dans ce livre apporteront à la plupart des lecteurs un éclairage indispensable sur les pensées, les sentiments et les réactions du sexe opposé. Dans mes ateliers et au cours de mes séminaires, certains participants acquiescent et se retrouvent dans presque tous mes propos tandis que d'autres font le tri et ne retiennent que ce qui leur est utile. Je vous conseille de suivre leur exemple. Considérez ce livre comme un buffet avec une foule de mets à votre disposition. Tous ne vous conviendront pas. Ce qui plaira à l'un ne plaira pas forcément à un autre. Choisissez selon vos goûts et laissez le reste de côté.

Au fil des pages, vous découvrirez tout ce qui sépare les hommes et les femmes. N'en concluez pas toutefois à l'existence de deux comportements types. Chaque personne est unique, mais lorsque des différences se font jour, nous avons besoin de repères afin d'éviter frustrations, déboires et soucis. Une réelle compréhension de nos particularités nous donne la possibilité d'agir en connaissance de cause et d'obtenir ce que nous voulons.

Plutôt que de vous vexer face à quelqu'un qui, à vos yeux, commet un impair, vous vous rappellerez qu'hommes et femmes n'ont ni les mêmes valeurs ni la même sensibilité. Relativiser les choses et ménager les susceptibilités de vos collègues vous permettra d'être plus serein et plus épanoui.

Chacun mêle en soi des caractéristiques masculines et féminines. Le but de ce livre n'est pas d'y changer quoi que ce soit. Chacun est un mélange parfait. Mon but est de vous aider à communiquer de façon à gagner et à recevoir le respect et le soutien d'autrui.

Chacun mêle en soi des caractéristiques masculines et féminines.

Même si vous deviez ne retenir qu'une chose, elle pourrait vous aider à prendre un nouveau départ sur le plan professionnel. J'ai entendu maints récits sur la manière dont des hommes et des femmes ont amélioré leurs conditions de travail après avoir découvert mes théories. En voici quelques exemples :

Avant de s'inscrire à l'un de mes ateliers, Bill, membre d'un cabinet juridique de Los Angeles, qualifiait ses employées de commères lorsqu'elles discutaient entre elles de soucis personnels. Il était même allé jusqu'à décréter : « Si vous ne vous adressez pas à la personne capable de résoudre votre problème, tout ce verbiage est une pure perte de temps ! »

Après avoir compris que les hommes et les femmes réagissent différemment face au stress, il est devenu plus conciliant et a témoigné un plus grand soutien aux femmes de son cabinet. Il a appris en particulier que la plupart d'entre elles gèrent mieux la pression en échangeant des propos anodins avec une collègue ou une amie. Comme il les respecte davantage, l'atmosphère au travail s'est détendue et un véritable esprit d'équipe a vu le jour.

Julie, comptable free-lance, est parvenue quant à elle à augmenter ses tarifs après avoir saisi que les deux sexes n'adoptent pas la même démarche pour demander une augmentation. Comme la plupart des femmes, elle avait préparé de nombreux arguments afin de justifier ses nouveaux émoluments. Seulement voilà, ce procédé, s'il pouvait marcher sur Vénus, avait toutes les chances d'échouer sur Mars.

Un ami lui a suggéré de placer simplement son client devant le fait accompli en mettant par écrit ses nouveaux tarifs et en les lui donnant sans autre forme de procès. Julie a retourné le problème dans sa tête, avant de suivre ce judicieux conseil. Le client a parcouru la facture, haussé les sourcils et accepté. Julie avait saisi que, avec un homme, la clé du succès consiste à être directe et de ne pas se justifier à moins d'en être priée.

Janet travaillait au département commercial d'une grosse entreprise. À l'occasion d'un atelier sur Mars et Vénus, elle s'est rendu compte qu'il était primordial d'aller droit au but avec les hommes. Lorsqu'elle a abordé son directeur pour discuter avec lui d'un changement nécessaire, elle s'est donc gardée de le noyer sous les détails et a exposé rapidement la situation. Il en a été ravi et tous deux ont entretenu dès lors de meilleurs rapports professionnels. Or jusqu'à ce jour, Janet croyait que son chef ne l'appréciait pas. Si elle évoquait les dysfonctionnements de son département, il prenait un air agacé comme s'il s'attendait à passer un mauvais quart d'heure. Elle avait même l'impression qu'il l'évitait. Quand elle eut compris qu'entendre parler longuement de problèmes avait le don d'impatienter les hommes, tout s'est éclairé pour elle et elle a pu revoir sa démarche. Suite à cela, son supérieur a lui-même fait l'effort de donner une tournure plus amicale à leurs rapports.

GUIDE PRATIQUE DU SUCCÈS

Ce livre n'est pas une analyse théorique de nos disparités psychologiques, mais un guide pratique de la réussite professionnelle fondée sur une collaboration renforcée entre collègues. Sans avoir à vous tuer à la tâche, vous serez plus productif. Votre travail vous paraîtra soudain plus enrichissant. Vous découvrirez peut-être aussi pourquoi vous n'êtes pas fait pour tel ou tel poste. Que vous soyez à la recherche d'un emploi ou désireux de progresser, vous avez entre les mains une mine d'or où puiser les conseils pratiques qui vous accompagneront sur le chemin de la réussite.

Les idées présentées ici sont le fruit de trente années passées à conseiller et informer des milliers de personnes de par le monde – et presque autant de sociétés – sur les méthodes de communication et de gestion du stress et des conflits. Dans les petites comme dans les grandes structures, elles ont fait leur preuve. Mon propos, en mettant l'accent sur nos différences et notre potentiel, est donc de vous donner les moyens de renforcer le travail d'équipe et les échanges avec tous les acteurs de l'entreprise : cadres dirigeants, employés, associés et clients. Chacun ressentira les bienfaits d'une estime et d'une confiance accrues entre hommes et femmes.

Une prise de conscience de nos différences et de nos points forts renforce le travail d'équipe.

Ce livre plaira aux hommes : il regorge de renseignements utiles qui les aideront à mieux comprendre les femmes et par conséquent à mieux réussir dans la vie. Ils apprendront à établir un rapport de confiance avec toutes les femmes qu'ils côtoient dans leur travail. Comme celles-ci représentent désormais une composante essentielle du marché et qu'elles disposent d'un plus grand pouvoir d'achat, mes conseils donneront à chaque homme le petit plus qui lui permettra d'avancer et de faire bouger les choses dans son travail.

L'influence d'un homme va grandissant quand une femme le perçoit comme digne de confiance, attentionné et compréhensif. Au bout du compte, dans le monde de l'entreprise, le pouvoir découle de l'image qu'on renvoie. Vous aurez beau être compétent, vous n'aurez pas l'occasion de faire vos preuves si vos collègues n'entrevoient pas vos capacités. Comprendre que les femmes ont des pensées, des sentiments et des réactions différentes des leurs sera le déclic qui permettra aux hommes de briser la glace avec elles.

Vous n'aurez pas l'occasion de faire vos preuves si vos collègues n'entrevoient pas vos capacités.

Certains passages de ce livre apporteront une bouffée d'air frais aux femmes. Des situations qui leur semblaient injustes commenceront à prendre tout leur sens et elles sauront enfin comment se faire épauler pour atteindre leurs objectifs.

Les femmes ont un défi à relever dans le monde du travail qui dépasse de loin celui des hommes. Elles doivent trouver leur place au sein d'une hiérarchie déjà établie. Nous savons tous combien il est difficile de s'intégrer dans un nouvel environnement. Grâce aux enseignements de *Mars et Vénus au travail*, la tâche sera moins ardue.

Les femmes ont un défi à relever dans le monde du travail qui dépasse de loin celui des hommes.

Un livre qui défend les deux sexes provoquera chez certaines des élans passagers de frustration et de colère. Il leur semblera parfois partial. Elles auront l'impression que pour réussir, ou tout du moins se faire respecter, elles doivent renoncer à leur personnalité et à ce qu'elles ont à offrir pour adopter à la place un comportement masculin. Comme si elles n'étaient pas assez bien pour les hommes sur le plan professionnel. Comme si tous les efforts leur incombaient à elles sans que les hommes, eux, aient à lever le petit doigt.

Il ne s'agit là que d'une impression. Le vrai message de *Mars et Vénus au travail* est qu'une femme peut faire carrière et s'attirer le respect d'autrui sans se trahir. Certes, à la première lecture, certaines se rappelleront le mépris, la discrimination et l'injustice dont elles ont été victimes sur leur lieu de travail, ce qui ravivera en elles des sentiments douloureux. Il importera alors qu'elles relisent les passages sensibles pour bien en saisir le contenu, et ce d'autant plus qu'elles y réagiront vivement.

Changer est le préalable à une plus grande réussite. Pour que le courant passe avec nos collègues du sexe opposé, nous avons intérêt à ne pas toujours suivre notre nature. Face à quelqu'un venu de notre planète, on se laisse guider par notre spontanéité, qui ne risque pas d'être mal interprétée. Dans le cas contraire, il est essentiel de s'adapter. Cela ne veut pas dire qu'il faut vivre uniquement en fonction d'autrui ou renier sa personnalité, mais quelques compromis s'imposent.

Pour que le courant passe avec nos collègues du sexe opposé, nous avons intérêt à ne pas toujours suivre notre nature.

De même, les vieilles rancœurs accumulées entre les sexes disparaîtront lorsque les femmes sauront se faire respecter des hommes, sans pour autant se trahir.

Il n'est pas étonnant que beaucoup d'entre elles se sentent injustement exclues ou sous-estimées. Elles ignoraient autrefois les usages et les codes de conduite en vigueur dans le monde martien du travail, et cette ignorance, encore répandue, explique qu'elles reproduisent des erreurs qui les déprécient aux yeux de leurs collègues masculins.

Les liens d'amitié et d'entraide engendrés par une compréhension de nos différences contribuent beaucoup à une nouvelle et plus grande acceptation de ce que nous sommes. Les malentendus et la tension palpable entre hommes et femmes, employeurs et employés, vendeurs et clients, se volatilisent peu à peu. Se sentant encouragés à être eux-mêmes, tous éprouvent moins de difficultés à gérer les autres sources inévitables de stress dans l'entreprise.

D'importantes mesures ont déjà été prises en faveur des droits des femmes au travail, mais tant que les deux sexes ne se comprendront pas réellement, l'espoir d'un respect mutuel restera vain. Les règlements et les efforts des entreprises, aussi louables soient-ils, ne suffisent pas. *Mars et Vénus au travail* donne à chacun les moyens de se soulager d'un fardeau sans attendre qu'un autre s'en charge à sa place. Si le respect est à portée de main, n'attendez pas qu'on vous le serve sur un plateau.

Si le respect est à portée de main, n'attendez pas qu'on vous le serve sur un plateau.

La bonne nouvelle est que la plupart des hommes accordent volontiers leur estime à qui le mérite. De nombreuses femmes s'imaginent à tort qu'ils appartiennent tous à un club très fermé. Lorsqu'elles auront assimilé le mode de pensée du sexe opposé, elles s'apercevront que ce n'était pas elles, mais certaines de leurs attitudes, qui étaient exclues de ce club.

Apporter le changement dans l'entreprise.

Au fur et à mesure qu'ils se procureront les clés d'une estime et d'une confiance réciproques, hommes et femmes verront s'ouvrir les portes du succès et d'une collaboration fructueuse. Ils ne vivront plus d'aumônes, ayant dorénavant tous les atouts en main pour gagner eux-mêmes la considération qui leur est due.

Les femmes qui occupent des postes à responsabilités expliquent souvent qu'elles ont gravi les échelons en se faisant des alliés, non des ennemis, de leurs collègues, directeurs, employés et clients du sexe masculin. Cette méthode a également reçu l'approbation des hommes.

Les femmes gravissent les échelons en faisant en sorte que les hommes deviennent leurs alliés, non leurs ennemis.

Tant qu'elle ne s'est pas imposée, une femme doit souvent composer avec les a priori négatifs de certains hommes. Lorsqu'elle aura appliqué les principes de *Mars et Vénus au travail*, elle sera non seulement mieux armée pour faire taire ces préjugés, mais aussi plus soutenue par ces mêmes collègues. Un effet boule de neige s'ensuivra et son attitude lui vaudra de sans cesse rallier de nouveaux suffrages.

La route ne sera pas toujours facile. Les idées reçues ont hélas la vie dure et une femme est souvent tenue en piètre estime tant qu'elle n'a pas eu l'occasion de faire ses preuves. Pour cette raison, la réussite professionnelle reste aujourd'hui encore moins accessible à une femme qu'à un homme.

Les préjugés du monde du travail sont tels, que la réussite professionnelle est moins accessible à une femme qu'à un homme.

Pour faire avancer les choses, dans quelque domaine que ce soit, il faut sans cesse procéder à des changements. Ne pas renier ce que nous sommes, mais revoir notre manière de le faire savoir. Ne pas censurer nos opinions personnelles, mais surveiller nos réactions face à autrui.

Ne pas brider notre sensibilité, mais l'exprimer autrement. Ne pas sacrifier notre identité, mais montrer plus de diplomatie quand la situation l'exige. Et c'est en comprenant en quoi hommes et femmes sont différents que nous acquerrons la sagesse et la souplesse nécessaires pour y arriver.

J'éprouve un réel plaisir à vous livrer les idées de *Mars et Vénus au travail.* J'ai écrit cet ouvrage dans l'espoir que chacun en tirera profit et que le monde du travail s'en trouvera transformé pour le mieux. Puisse-t-il, en répandant ses lumières, vous aider à atteindre vos objectifs et éclairer au passage d'autres chemins que le vôtre.

John GRAY
Mill Valley, Californie

CHAPITRE 1

Mars et Vénus au travail

Imaginons que les hommes viennent de Mars et les femmes de Vénus.

Qu'il y a de cela très longtemps, ils se rencontrèrent, eurent le coup de foudre et décidèrent de vivre sur Terre. À l'époque, les choses étaient très différentes. Les hommes devaient assurer la subsistance du couple, les femmes le bien-être domestique. Les Vénusiennes accordaient la priorité aux contacts humains, les Martiens à la réalisation de leurs objectifs. Ensemble, tout en évoluant dans des sphères séparées, ils se complétaient harmonieusement. Cette répartition concertée des tâches leur garantissait un bonheur sans nuages.

Puis les Vénusiennes se lassèrent d'effectuer ces seules tâches domestiques et décidèrent d'intégrer le monde du travail. Oppressées par leur dépendance vis-à-vis de leur compagnon, elles aspiraient à s'émanciper. Elles furent bientôt de plus en plus nombreuses à subvenir à leurs besoins et à jouer un rôle tout aussi significatif dans le domaine professionnel que privé.

Les Martiens évoluèrent également. Certains prirent conscience de l'importance des rapports humains. Au moment où les femmes s'investissaient dans leur carrière, ils commençaient à entrevoir que la vie ne se résumait pas au travail : ils plaçaient dorénavant la famille, le couple, l'éducation des enfants au même niveau que la réussite professionnelle.

Cette évolution naturelle et positive ne se fit pas sans grincements de dents. Pour ne rien arranger, les deux sexes souffraient d'amnésie sélective : ils avaient oublié qu'ils étaient intrinsèquement différents et que cette différence même constituait leur force.

Lorsque les différences s'expriment dans l'harmonie, elles se transforment en force créatrice.

Quand les femmes firent irruption dans le monde du travail, deux planètes entrèrent en collision. Les hommes ne respectaient que celles de leurs collègues qui se comportaient comme eux. Certaines, désireuses de prouver leurs compétences, s'efforcèrent de les imiter et, pour gagner leur estime, s'appliquèrent à refouler leur nature vénusienne, laissant ainsi la voie libre au ressentiment et à la frustration.

D'autres, qui choisirent de ne pas nier leur féminité, connurent un parcours semé d'embûches. Victimes du mépris et de la discrimination de leurs collaborateurs, traitées en inférieures, elles étaient jugées incapables d'effectuer le travail d'un homme.

À ce jeu-là, personne n'était gagnant. Les femmes qui réussissaient à s'imposer le faisaient au prix de leur identité et de leur bien-être ; à l'inverse, celles qui refusaient de rentrer dans le rang se voyaient dénigrées par leurs supérieurs, collaborateurs, employés et clients. Elles n'étaient d'ailleurs pas seules à souffrir de cette situation. En effet, les hommes qui mettaient l'accent sur les relations humaines devinrent la cible des attaques de leurs collègues martiens davantage préoccupés par leurs performances.

Heureusement tout finit par rentrer dans l'ordre : certains se rappelèrent leurs origines martiennes et vénusiennes et surent respecter leurs différences. Ceux-là s'épanouirent sur leur lieu de travail et eurent à cœur de faire profiter les autres de leur discernement.

Les femmes comprirent que leur réussite était compromise par leurs erreurs d'appréciation sur les hommes. Ces derniers s'aperçurent qu'en leur accordant davantage d'attention et de considération, ils élargissaient leur horizon personnel, amélioraient leur productivité et rendaient le lieu de travail plus convivial. Les Vénusiennes apprirent à se faire apprécier sans pour autant renoncer à leur personnalité et les Martiens découvrirent que, pour réussir, il n'était nul besoin de se tuer à la tâche.

**En respectant les valeurs féminines,
les hommes augmentent leurs chances
de réussite sans avoir à travailler plus.**

Les hommes qui l'avaient compris obtinrent de bien meilleurs résultats sans fournir davantage d'efforts : le secret consistait à instaurer un climat de confiance afin de recueillir le soutien d'un nombre croissant de collègues et de clientes. Ces hommes et ces femmes dont les relations étaient placées sous le signe de la confiance et de l'estime mutuelles enrichirent considérablement leur vie professionnelle et privée et s'érigèrent en modèles pour les autres. Tout était pour le mieux dans le meilleur des mondes...

Réaliser ses rêves

Certes, il ne s'agit là que d'une allégorie, mais il ne tient qu'à nous d'en faire une réalité. Nous rêvons tous d'un monde où règnent le respect, la confiance, la justice et la prospérité. Pour nous-mêmes, pour les êtres qui nous sont chers, et, surtout pour nos enfants.

Aujourd'hui, les hommes peuvent goûter au succès professionnel et à une vie de famille harmonieuse et les femmes sont en mesure de choisir le métier qui leur convient, de devenir indépendantes sur le plan financier, sans faire une croix sur leur vie privée.

Quel homme ne souhaite pas voir son épouse traitée avec considération et équité au bureau ? Quelle femme aime que son mari rentre épuisé le soir, amer, parce qu'il doit sacrifier son équilibre familial pour réussir ? Un père veut que ses filles aient les mêmes chances que ses fils. Et aucune mère n'acceptera que son fils se ruine la santé au travail.

Nous entrons dans une ère nouvelle. Il est temps que chacun récolte les fruits d'une confiance et d'un respect renforcés sur le lieu de travail. Pure utopie ? À nous de prouver le contraire. Aucune loi, aucun règlement ne peut contraindre les hommes et les femmes à se respecter et à se faire confiance. Il incombe à chacun de travailler dans ce sens.

Aucune loi ne peut contraindre les hommes et les femmes à se respecter et à se faire confiance. Il incombe à chacun de travailler dans ce sens.

L'augmentation sans précédent du nombre de femmes exerçant une activité professionnelle représente une occasion unique d'opérer de profondes mutations. Les femmes ont le pouvoir d'humaniser ce qui reste un domaine encore en majorité masculin. En procédant à quelques ajustements dans leurs relations avec les hommes, elles sont d'ores et déjà parvenues à s'imposer sans avoir à gommer leurs spécificités. Plus les hommes accorderont une place importante aux femmes, plus les conditions de travail iront dans le sens de leur aspiration à une ouverture aux autres et à la vie. Les idées développées ici peuvent servir de catalyseur au changement. En réunissant Mars et Vénus au travail, on peut atteindre un nouvel équilibre synonyme pour tous d'enrichissement professionnel et personnel.

Des planètes différentes

En perdant de vue que nous sommes fondamentalement différents, on court à la méprise et à l'incompréhension. Avec le risque d'émettre des jugements à l'emporte-pièce : les hommes pensent souvent à tort que les femmes sont incompétentes et ces dernières sont convaincues qu'eux sont sexistes et auraient bien besoin de s'allonger sur le divan d'un psy ! En imaginant que nous venons de planètes différentes, il devient plus simple d'analyser et de comprendre ce qui nous sépare.

Saisir nos différences permet à chacun de gagner le respect et la confiance d'autrui.

Dans le monde professionnel, il faut gagner le respect et la confiance des autres pour réussir. On a très rarement l'occasion de travailler avec des gens déjà tout acquis à notre cause : on traite généralement avec des inconnus dont le seul souci est la recherche de la meilleure transaction et pour lesquels on ne représente ni plus ni moins qu'un moyen vers une fin.

On nous engage avant tout pour nos compétences. Dans un milieu très compétitif, il faut sans cesse remettre sa réussite en jeu. Contrairement à la vie privée où nous donnons sans forcément nous attendre à être payés en retour, au travail, même si nous nous efforçons de satisfaire les attentes de ceux qui nous entourent, notre rémunération demeure toujours notre motivation principale.

Il faut sans cesse remettre sa réussite en jeu.

Rien n'est jamais acquis. L'efficacité prime sur les bons sentiments : quel que soit son désir de venir en aide aux autres, on ne peut satisfaire que ceux qui ont les moyens de payer. Le monde du travail n'est pas une œuvre de charité. Rien n'est gratuit. Tout se mérite. Ce guide a pour finalité d'optimiser la communication et les relations sur le lieu de travail, et éventuellement de générer davantage de réussite, non de recréer un cocon familial. Ne perdons pas de vue que notre priorité est de maintenir notre compte en banque hors du rouge.

Dans ce livre, nous verrons ensemble comment nos différences se manifestent et font souvent l'objet d'erreurs d'interprétation. Chaque chapitre, en attirant votre attention sur ce problème, vous permettra de comprendre en quoi vous avez pu, par le passé, nuire à vos chances de succès. Vous découvrirez que vous pouvez vous faire une place dans votre milieu professionnel simplement en modifiant votre comportement à l'égard de vos collègues. Vous glanerez de précieuses informations sur les meilleurs moyens de développer vos compétences relationnelles et d'arriver à vos fins. Chaque nouvelle étape vous conduira plus loin dans l'appréhension d'autrui et la réalisation de vos ambitions.

La réalité professionnelle

La compréhension mutuelle, parce qu'elle génère estime et confiance, est le moteur du succès. Source de plus grands profits, elle apporte la synergie et la créativité nécessaires pour rester compétitif sur le marché du travail. Résultat : on produit davantage en fournissant moins d'efforts.

Même les hommes qui ne font pas des rapports humains une priorité abandonnent leurs dernières résistances face aux valeurs vénusiennes, car ils constatent que les profits augmentent quand les femmes se sentent comprises et appréciées. Lorsque la coopération est renforcée, l'efficacité va de pair avec la productivité. Dans le secteur de la vente et des services aux clients, une femme peut faire la différence : si vous arrivez à la convaincre, d'autres achèteront vos produits, les défendront, en feront la promotion et vous resteront fidèles.

Les femmes qui se consacrent à leur foyer et à l'éducation de leurs enfants témoignent d'une nouvelle tendance : lorsque ceux-ci rejoignent le monde du travail, c'est avec l'intention d'établir un équilibre avec leur vie privée. Cet équilibre n'est pas le même pour tous, mais sa nécessité ne fait de doute pour personne.

En renforçant la communication, nous mettons en place les conditions du succès.

Au fil des pages vous découvrirez les mille et une façons que nous avons de nous tromper sur les autres. Lorsque vous éprouvez un sentiment d'injustice, demandez-vous si une erreur d'interprétation n'en est pas la cause. Ce qui ne veut pas dire que tous les conflits résultent de malentendus entre les sexes, mais bien des frustrations pourraient être évitées en gardant à l'esprit la notion d'altérité. Une meilleure communication, si elle permet de régler certains des différends qui empoisonnent les relations professionnelles, ne constitue pourtant pas une panacée. En effet, tous les problèmes ne peuvent être imputés à la seule mésentente entre hommes et femmes : bien avant que les femmes travaillent en nombre, la discrimination et les injustices existaient déjà.

Le milieu professionnel n'est pas et ne sera jamais parfait, mais nous sommes en passe de lui donner une nouvelle impulsion. Avec les femmes, toujours plus nombreuses, naît un nouvel espoir, une nouvelle vision.

Dans ce livre, nous allons nous pencher concrètement et objectivement sur nos diverses façons d'aborder les problèmes et de les résoudre. En prenant en considération nos dissimilitudes, nous gagnons en estime, tolérance et considération. Plutôt que de juger ou de critiquer nos différences, pourquoi ne pas apprendre à vivre avec et à en tirer parti ?

Si chacun pense et agit en fonction de son individualité, on peut néanmoins trouver un terrain d'entente. Il n'est pas constructif de porter un jugement de valeur sur les différences inhérentes aux deux sexes, mais il est nécessaire de tenir compte de la pertinence de certains comportements plutôt que d'autres en fonction du contexte et des objectifs visés. Tout est question d'adaptation. Il ne s'agit pas tant de privilégier une approche que d'intégrer différents styles de communication et d'en faire la synthèse pour augmenter ses chances de réussite.

J'espère que ce livre vous guidera tout au long de votre parcours professionnel. Qu'il vous insufflera la force et la confiance nécessaires pour ne pas baisser les bras quand vous vous sentirez envahi par un sentiment d'injustice ou dépassé par les événements. Puisse-t-il vous faire prendre conscience que, lorsque tout va mal, c'est en vous que vous trouverez les ressources indispensables pour atteindre vos objectifs sans pour autant renoncer aux valeurs qui vous sont chères. En gardant une ouverture d'esprit et de cœur, vous réussirez à trouver votre voie dans le monde du travail et qui sait ? peut-être même ouvrir la voie à d'autres....

CHAPITRE 2

Des langages différents

Sur le plan professionnel, c'est dans le domaine de la communication que nous sommes le plus dissemblables. Les hommes et les femmes viennent de planètes différentes, ils parlent des langages différents, mais – et c'est là que le bât blesse –, ils n'en sont pas conscients. Des mots pourtant identiques n'ont pas forcément la même signification, et le sens d'une expression peut varier en fonction des connotations ou des charges émotionnelles qu'on lui attribue. Les erreurs d'interprétation sont légion et conduisent à une vision réductrice du sexe opposé.

Les Martiens et les Vénusiennes utilisent les mêmes mots mais avec des significations différentes.

Hommes et femmes émettent toutes sortes d'hypothèses, d'opinions et de conclusions erronées qui agissent comme autant de freins à la confiance et au respect que l'on accorde naturellement à l'autre. Ce sont les expressions employées par un homme qui amènent une femme à conclure à tort qu'il est égoïste, insensible, et donc indigne de sa confiance. De même qu'un homme se fonde sur les choix sémantiques d'une femme pour la juger incompétente et lui retirer son estime.

Non qu'il soit dans notre nature ou notre intention d'être sexistes. C'est plutôt dans notre inaptitude respective à décoder le langage martien ou vénusien que se trouve la cause de nombre de malentendus sur le lieu de travail. Autrefois, afin de composer avec ces visions stéréotypées, les deux sexes évoluaient dans deux sphères bien distinctes. Ce n'est plus le cas aujourd'hui. Ce progrès évident s'accompagne pourtant de nouvelles contraintes et, à moins d'interpréter correctement les paroles de l'autre et de combler cet abîme relationnel, l'insatisfaction professionnelle va s'intensifier et la productivité diminuer.

Hommes et femmes travaillent ensemble, mais ce progrès évident s'accompagne de nouvelles contraintes.

Une prise de conscience et une meilleure appréhension des modes de communication hérités de Mars et de Vénus s'imposent pour mettre enfin un terme à ces malentendus qui ont la vie dure. C'est à cette unique condition que les hommes et les femmes pourront collaborer, tirer profit des points de vue et des capacités de chacun, au lieu de se tolérer ou, pire, de se livrer une guerre ouverte. Un vent d'harmonie soufflera alors sur les relations professionnelles.

Communication effective et affective

On distingue deux types de communication : l'une à visée effective, l'autre à visée affective. Sur Mars, le langage sert avant tout à résoudre les problèmes et à mener à bien les tâches quotidiennes ; sur Vénus il est employé également pour réduire le stress, apporter un certain bien-être, cimenter des liens personnels et, enfin, stimuler la créativité et faire naître de nouvelles idées.

Bien des incompréhensions trouvent leur source dans cette simple distinction. Pour y remédier, il faut impérativement se préoccuper de l'image que l'on renvoie au sexe opposé.

Les hommes s'expriment généralement pour résoudre un problème ou recueillir les informations qui leur permettront d'y parvenir. La plupart s'accordent le temps de la réflexion, puis, lorsqu'ils prennent la parole, vont droit au but. Plus ils sont directs, plus ils sont perçus comme étant compétents. N'oublions pas que sur leur planète, « le temps c'est de l'argent » – ce qui ne les empêche pas de se livrer parfois à de longs discours.

Les Martiens ont tendance à économiser leurs mots.

Un homme peut développer plusieurs arguments à condition que chacun fasse avancer sa pensée vers une conclusion logique. Les termes superflus, les idées annexes sont proscrits comme une perte de temps. Il évite à tout prix de s'appesantir sur un point épineux ou d'avoir l'air hésitant ; lorsqu'il parle, il le fait avec assurance et pertinence, et gagne ainsi le respect de ses collègues masculins. Mais dans le même temps, sans le savoir, il s'aliène le soutien de ses collaboratrices.

Les femmes sont tout aussi aptes à résoudre les problèmes, mais leur façon de s'exprimer peut laisser croire le contraire. Lorsqu'elles recherchent ou proposent des solutions, elles déploient un type de communication à visée affective : les mots traduisent leurs pensées autant que leurs sentiments. Si elles peuvent paraître moins assurées, c'est que, en réalité, elles sont plus ouvertes aux avis extérieurs. En ne prétendant pas détenir la réponse à toutes les questions, elles recueillent automatiquement l'appui de leur auditoire. C'est-à-dire si elles se trouvent sur Vénus, car aux oreilles d'un Martien, cette manière de communiquer retentit comme un signal d'alarme : il en conclura à tort qu'elle doute de ses capacités à venir à bout de la difficulté posée. Erreur ! Sa propension à rechercher l'approbation de son entourage ne reflète pas tant un manque de confiance en soi que la volonté positive d'obtenir un consensus. Cette tendance à bâtir son raisonnement pas à pas plutôt que d'aller à l'essentiel déroutera un homme et risque d'inciter celui-ci à mettre en doute les suggestions qu'elle émet.

Pour le sexe féminin, les mots servent à véhiculer des sentiments autant que des informations. En parlant, une femme laisse affleurer ses émotions, afin de toucher son interlocuteur et de lui faire partager son expérience. Avant de parvenir à sa conclusion, elle peut se livrer à quelques digressions pour retenir son attention et rendre leur échange plus humain. Sur Vénus, cette forme de communication renforce la complicité et instaure un climat de confiance. Sur Mars, elle produit l'effet inverse.

Sur Vénus, les mots servent à véhiculer des sentiments autant que des informations.

Attention : une Vénusienne en colère ou qui ne ressent aucune affinité avec son interlocuteur ne fait aucun effort pour établir des rapports privilégiés. Elle estime que cela n'en vaut pas la peine et se contente d'aller à l'essentiel. Voilà pourquoi elle en déduit qu'un homme ne la considère pas ou ne s'intéresse pas à elle si leur échange est trop bref. Difficile dans ce cas d'établir une relation de confiance !

Une femme se montre toujours plus encline à travailler avec un homme qui prend en compte sa sensibilité. Un directeur à l'approche trop frontale peut s'attirer, s'il n'y prend garde, les foudres de ses employées. Alors que les hommes préfèrent de loin un supérieur qui parle sans détours, les femmes, elles, le prennent très mal. Et vont parfois jusqu'à s'imaginer à tort qu'il leur en veut ou ne les apprécie pas.

QUATRE RAISONS DE S'EXPRIMER

En milieu professionnel, les hommes ont, en général, une raison principale de recourir au langage quand les femmes en ont quatre. Saisir cette différence fondamentale ouvre de nouvelles perspectives en matière de communication entre les sexes et permet de mieux comprendre pourquoi les hommes n'ont pas la même capacité d'écoute que les femmes.

Voyons ensemble les quatre raisons de s'exprimer sur Vénus.

1. Faire passer une idée

Les hommes et les femmes emploient le langage de la même manière dès qu'il s'agit de faire passer des idées. Ils font montre de concision quand il s'agit de donner ou recueillir des informations. Cette forme de communication se limite à l'essentiel : chaque mot compte dans un raisonnement. Mais alors que pour les hommes le langage sert avant tout à transmettre des informations, pour les femmes il recouvre plusieurs autres fonctions.

Les hommes, contrairement aux femmes, utilisent le langage principalement pour transmettre des informations.

2. Donner et recevoir un soutien affectif

Les femmes se servent du langage pour véhiculer des sentiments. Une femme peut très bien parler dans le seul but d'informer son interlocuteur de son état d'esprit. Elle ne s'attend pas à susciter de réaction particulière, ne fait aucun sous-entendu, ne formule ni critique ni reproche. Elle désire simplement extérioriser ce qu'elle éprouve sans que ce soit forcément lié au travail. C'est en exprimant et en partageant leurs émotions négatives que les Vénusiennes établissent de forts liens affectifs.

Les femmes donnent libre cours à leurs sentiments pour informer leur interlocuteur de leur état d'esprit, sans reproche ni critique.

Prenons l'exemple d'une femme qui s'exclame : « Quelle journée ! » Une collègue lui répond : « Oui, vivement qu'elle se termine ! »

Cette réponse phatique, simple en apparence, signifie plusieurs choses :

- « Je m'intéresse à toi. Je ne t'ignore pas. Tu es importante à mes yeux et je tiens à t'apporter tout mon soutien et mon attention. Je sais qu'il est agréable de se sentir compris et je vais prendre le temps de te montrer que tes émotions comptent pour moi. »
- « Je comprends ce que tu éprouves même si je n'ai pas vécu la même chose. Je sais ce que c'est. »
- « Je te respecte. Tu as travaillé dur aujourd'hui. Tu as fait tout ton possible. Il est normal que tu te sentes stressée. »

Le contenu de cet échange est purement affectif. Les deux femmes se sont mutuellement témoigné attention, compréhension et respect. Elles ont renforcé l'entente qui les unit et la tension s'en trouve réduite d'autant. La journée se présente alors sous de meilleurs auspices.

Sur Vénus, gagner la confiance des autres implique de sans cesse réaffirmer que l'on s'intéresse à eux, qu'on les comprend et les respecte. Tel est le secret pour qu'une femme se montre plus assurée et donc plus détendue. Pas étonnant que l'environnement professionnel, qui ne s'embarrasse pas de ce genre de message, représente une grande source de stress pour elle.

Sur Vénus, l'attention, la compréhension et le respect génèrent automatiquement la confiance.

Voyons comment un homme réagit lorsqu'une femme s'exclame : « Quelle journée ! »

Il peut répondre : « Oh ! ça va ! » « J'ai déjà vu pire », « On n'est pas débordés », ou « Tu vas t'en sortir. »

Plutôt que de manifester sa compassion, il tente de lui remonter le moral, croyant à tort qu'elle abordera ainsi la journée de manière plus positive. Il n'en est rien : ce n'est pas la réaction qu'elle attend de lui.

En général, les femmes font part de ce qu'elles éprouvent pour être rassurées. Elles ne sollicitent ni approbation ni conseil, elles recherchent seulement une oreille attentive. La simple confirmation qu'on leur prête attention leur suffit.

Lorsqu'une femme lance « Quelle journée ! » voici ce qu'elle espère en retour :

« Ça n'arrête pas ! »

« Dieu merci, on est vendredi. »

« Il y a tellement à faire. »

« On a à peine le temps de souffler. »

Les hommes n'offrent jamais spontanément ce genre de soutien moral. En situation de stress, ils ont souvent tendance à minimiser les problèmes alors que les femmes les amplifient et dominent leur anxiété en se réconfortant mutuellement. Ce procédé Vénusien est comparable à un muscle que l'on contracte pour mieux le détendre.

3. Évacuer la tension

Souvent une femme évoque les problèmes auxquels elle est confrontée uniquement pour se soulager. En s'épanchant auprès d'une amie, elle se sent comprise et donc plus sereine. Ce regain de confiance en soi joue un grand rôle dans la gestion du stress.

Discuter de ce qui la tracasse lui permet aussi de faire le point, remettre de l'ordre dans ses idées et relativiser. Réfléchir aux tâches qu'il lui reste à accomplir constitue également un bon moyen de se détendre avant de se mettre au travail.

En réfléchissant aux tâches qu'elle doit accomplir, une femme peut gérer le stress occasionné par son travail.

Un homme qui entend sa collègue faire ce genre de confidences peut penser à tort qu'elle essaie de se soustraire au travail qui l'attend. Il risque de traduire ses paroles par « J'ai trop à faire, j'ai peur de ne pas m'en sortir. » Peut-être est-ce là en effet son sentiment premier, mais il ne s'agit en aucun cas du message qu'elle souhaite faire passer.

Les hommes aussi sont en proie au doute, sauf qu'ils n'en font pas état. Au lieu d'en parler, ils vont passer en revue différentes options, envisager ce qu'ils pourraient ou devraient faire. Ils élaborent une stratégie dans leur tête pour maîtriser le stress et se sentir plus sûr d'eux-mêmes. Une femme, pour obtenir le même effet, a besoin de s'ouvrir aux autres et c'est seulement alors qu'elle peut établir un plan d'action. La plupart des hommes ont du mal à comprendre et donc à approuver cette démarche. Eux-mêmes n'évoquent jamais leurs problèmes – ils n'en prendraient que plus d'importance : ils préfèrent réfléchir seuls à une solution.

4. Cerner leur pensée

On s'est tous retrouvé un jour incapable de se souvenir du nom de quelqu'un. Vous l'avez là sur le bout de la langue, mais il vous échappe. Pour finalement s'imposer à vous. De manière similaire, les femmes empruntent des chemins détournés lorsqu'elles s'expriment. Et au détour d'une phrase, ce qu'elles voulaient dire finit par surgir.

Les hommes ne sont pas habitués à leur façon de tourner autour du sujet et peuvent en tirer les mauvaises conclusions. Ils savent généralement à l'avance quel cheminement leur pensée va prendre et où elle va les conduire, alors qu'une femme se mettra à parler et ne cernera sa pensée qu'au fil des mots.

Les hommes savent quel cheminement leur pensée va prendre et où elle va les conduire avant même de s'exprimer, mais les femmes ne cernent leur pensée qu'au fil des mots.

En réalité, la plupart des artistes procèdent de même. Ils se mettent à l'œuvre et leur création se révèle progressivement à eux. Ils ne partent pas nécessairement avec une idée précise. Ils se contentent de faire advenir ce qui n'était qu'un potentiel.

Lorsqu'une femme a la possibilité de laisser libre cours à toutes les pensées et émotions qui l'animent, une véritable réflexion cohérente émerge. Après avoir parlé de choses et d'autres, elle peut tout à coup s'exclamer : « Voilà où je voulais en venir », et conclure alors.

Ses pensées ne sont pas toujours clairement définies, mais en parlant, elle réussit à les affiner. Il en va de même pour les hommes à la sensibilité artistique. Un Martien quant à lui pestera devant cette perte de temps et préférera que son interlocutrice aille droit au but.

Synthèse des quatre formes de communication

Dans un contexte formel, une femme soucieuse de faire ses preuves se cantonnera à la première de ces quatre formes : elle se concentrera sur le message qu'elle veut faire passer. Dans un contexte informel, où elle sera plus à l'aise, elle effectuera une synthèse des quatre. Ce qui peut s'avérer à la fois déstabilisant pour un homme et néfaste en termes de carrière. Tout comme une femme doit se soucier du bon goût des vêtements qu'elle porte en réunion, elle doit accorder une attention toute particulière à ses choix en matière de communication.

Dans un contexte informel, une femme effectuera une synthèse des quatre formes de communication.

Dès lors qu'une Vénusienne extériorise ses sentiments, elle met les nerfs d'un Martien à rude épreuve. Si en plus elle agrémente son récit d'anecdotes pour renforcer leur complicité, elle fonce droit dans le mur : son collègue risque de perdre patience et de lui ôter toute sa considération. Une femme doit impérativement se soucier de l'image qu'elle renvoie et agir en conséquence.

Si elle veut réfléchir à une idée à voix haute, elle doit prévenir son interlocuteur : « Je ne suis pas certaine d'y voir clair, mais réfléchissons-y ensemble. » Il suffit parfois d'annoncer ses intentions pour qu'elles soient mieux comprises. Quand elle cherche à faire retomber la tension, elle n'a qu'à demander : « As-tu cinq minutes à me consacrer ? J'ai besoin de me confier à quelqu'un. » Sans oublier ensuite de remercier son collaborateur de l'avoir écoutée. Il aura ainsi l'impression de ne pas avoir gaspillé son temps.

Lorsqu'elle désire simplement établir un contact, parler de tout et de rien, pourquoi ne pas lancer : « Que dirais-tu d'une pause ? »

Il y a plusieurs façons de préparer un collègue à entendre ce que vous allez dire. Il faut avant tout s'assurer que cette discussion est appropriée à la situation et ne pas partir du principe qu'il va vous comprendre. Si vous vous rendez compte que vous n'avez pas choisi la meilleure façon de vous exprimer, n'hésitez pas à le reconnaître et à vous en sortir par une pirouette ou un trait d'humour.

CHAPITRE 3

S'épancher est vénusien, râler est martien

La gestion du stress sur le lieu de travail affecte de manière significative les rapports entre les deux sexes : les hommes se replient sur eux-mêmes et grognent si on les interrompt, les femmes s'ouvrent sur l'extérieur et, se sentant parfois dépassées par les événements, éprouvent le besoin d'en parler. Ces deux attitudes face au stress – râler ou s'épancher – doivent être prises en compte sous peine de faire la part belle aux malentendus, de perdre le respect et la confiance d'autrui ou de laisser passer des chances d'offrir son soutien. Ainsi, quand une femme évoque ce qui la tracasse pour se soulager, un homme pense à tort qu'elle se plaint. Et à l'inverse, si un homme proteste quand elle lui demande de se consacrer à une tâche, une femme en conclut qu'il est contrarié ou qu'il n'a pas envie de faire le travail en question...

Voyons, dans un premier temps, les moyens mis en œuvre par les femmes pour maîtriser leur anxiété avant de nous tourner vers les hommes.

S'ÉPANCHER SUR VÉNUS = SE PLAINDRE SUR MARS

Les hommes perdent toute considération pour les femmes du moment qu'ils ont l'impression qu'elles se plaignent sans raison. Quand elles expriment leurs émotions négatives au travail, les hommes n'entendent que récriminations, plaintes et lamentations sans fin. Et naturellement, ils leur retirent toute estime.

Quand une femme exprime des émotions négatives, un homme n'entend que récriminations, plaintes et lamentations sans fin.

Pourtant, il convient de distinguer « exprimer ses sentiments négatifs » et « formuler des reproches ». Lorsque vous êtes contrarié, vous allez voir la personne à l'origine de cette situation et lui demandez d'y remédier, lui exprimant, le cas échéant, votre insatisfaction ou votre déception. Vous quittez alors le domaine de la simple manifestation émotionnelle pour celui des reproches.

Les hommes extériorisent souvent leurs préoccupations et leurs frustrations dans la seule intention d'initier un changement, d'amener leur interlocuteur à « rectifier le tir ». Mais il leur arrive également de libérer leur agressivité sans en avoir conscience ou sans raison particulière. Presque par réflexe. Ce tempérament belliqueux est un atavisme hérité de leurs ancêtres martiens qui, avant de livrer bataille, se peignaient le visage et accomplissaient un rituel guerrier pour impressionner leurs ennemis et les acculer à la reddition.

Au travail, un homme qui hausse le ton pense qu'il sera mieux entendu. Il pourra aller jusqu'à se vanter de « mettre la pression sur ses collaborateurs ». Ces pratiques archaïques, pourtant toujours en usage, sont condamnées à disparaître. Personne n'accepte de servir de punching-ball à son collègue ou son patron. Ce qui était toléré autrefois est devenu inacceptable aujourd'hui : les gens préfèrent démissionner et chercher un autre emploi. Cette technique musclée qui consiste à décharger sa frustration sur les autres pour les intimider ou les manipuler se solde toujours par un échec : elle provoque l'hostilité collective et génère un climat délétère.

Sur Mars, la colère ou la frustration servent à intimider ou à menacer les autres.

L'expression de sentiments moins violents – comme la tristesse, la déception, l'inquiétude et le regret – est parfois le moyen de décliner toute responsabilité et de rejeter indirectement la faute sur son entourage. Un homme fera, par exemple, des remontrances à un collaborateur en ces termes : « Je suis déçu que tu n'aies pas terminé à temps. » Le reproche ici est sans équivoque. Ou bien : « J'ai peur que ce contretemps retarde tout le projet. » Il n'exprime pas de réelle inquiétude, mais fait passer le message suivant : « La prochaine fois, sois plus vigilant et veille à ce que cela ne se reproduise pas. »

Cette forme de déstabilisation psychologique est tout aussi dépassée que le recours à la colère pour impressionner son monde. Si la situation exige parfois de remettre les pendules à l'heure, l'usage répété de manipulations émotionnelles ne peut que se retourner contre vous. Mieux vaut formuler clairement vos exigences : vous obtiendrez les mêmes résultats sans que votre collègue éprouve la désagréable sensation que vous cherchez à l'intimider. Nul besoin de préciser qu'une coopération reposant sur une communication sans ambivalence et respectueuse de tous est cent fois plus efficace que lorsqu'elle est le fruit de manœuvres d'intimidation et de culpabilisation.

Les hommes, comme on vient de le voir, expriment leurs sentiments pour se plaindre ou émettre des critiques et sont donc persuadés qu'une femme évoque ses problèmes parce qu'elle refuse d'en assumer la responsabilité ou veut la leur faire porter. Ce qui peut parfois être le cas, mais leur réelle motivation consiste le plus souvent à créer des liens ou à évacuer la tension.

Un homme conclut qu'une femme lui fait des reproches alors qu'elle ne fait qu'exprimer ses sentiments.

Cette subtilité échappe à la plupart des Martiens car, sur leur planète, on n'exprime pas ses sentiments, à moins de vouloir obtenir quelque chose en retour. Si un problème surgit et qu'un Martien ne réussit pas à le résoudre, il fera de son mieux pour s'en accommoder avant de tourner définitivement la page. Serrer les dents, être stoïque comptent parmi ses expressions préférées. Et il a faite sienne la devise suivante : « Si on ne peut résoudre un problème, autant l'oublier. »

Sur Mars, il n'y a pas de raison de prendre ombrage d'un problème et de le ressasser s'il est insoluble.

Les Vénusiennes ne voient pas les choses de cet œil. Elles se diront plutôt : « Si on ne peut résoudre un problème, on peut au moins en parler. » Évoquer frustrations et déceptions leur permet d'apaiser leurs angoisses. Elles rebondissent sur un échec en allant vers les autres, en dialoguant et en consolidant par là même les liens professionnels. Toute déconvenue est ainsi transformée en échange enrichissant.

Il faut impérativement que les hommes cessent de prendre les remarques des femmes comme des attaques personnelles ; il s'agit en réalité d'un appel à la sollicitude, à la compréhension, au respect ou à l'attention. En clair, elles réclament par ce biais un soutien affectif.

Les hommes ont du mal à distinguer les récriminations des simples manifestations affectives : sur Mars, on ne disserte pas sur ses sentiments.

Lorsque les hommes se méprennent sur les femmes – ce qui se produit fréquemment, n'oublions pas qu'ils viennent de Mars –, elles se sentent dévalorisées, voire ignorées, et concluent qu'on les tient volontairement à l'écart. De là à se sentir victimes d'injustice, il n'y a qu'un pas. En réalité elles sont jugées à la même aune que leurs collègues masculins. Maigre consolation ! Mais en gardant à l'esprit que les hommes viennent d'une autre planète, elles parviendront peut-être à ne pas s'en offusquer. Plus elles approfondiront leur connaissance des hommes, plus elles seront à même de traduire correctement leurs réactions critiques et distantes face à leur besoin de s'épancher sur leur lieu de travail.

EN PRATIQUE

De leur côté, les hommes peuvent mettre en pratique ce qu'ils ont appris sur les femmes en leur prêtant une oreille attentive. S'ils ne perdent pas de vue que les femmes viennent de Vénus et que leur fonctionnement est différent du leur, ils veilleront à ne pas porter des jugements hâtifs, tout disposés qu'ils seront à faire l'apprentissage de ces deux arts que sont la patience et l'écoute ; ils n'en marqueront que plus de points auprès de leurs collègues féminines.

En ne perdant pas de vue que les femmes viennent de Vénus, les hommes peuvent s'efforcer de leur prêter une oreille attentive.

Les femmes doivent également prendre conscience que peu d'hommes sont passés maîtres dans ces deux arts.

Dans le milieu extrêmement compétitif du travail, il se trouve toujours un collègue prêt à saisir la moindre occasion pour empiéter sur vos plates-bandes, alors autant ne pas lui faciliter les choses. Une femme, en choisissant le bon moment et le bon interlocuteur pour se confier, augmentera ses chances d'être appréciée de tous.

Quand la tension lui pèse, mais que le contexte se prête mal aux épanchements, il vaut mieux qu'elle s'abstienne. Plus tard, elle pourra remettre de l'ordre dans ses sentiments avec une amie ou en consignant par écrit ce qu'elle aurait pu dire. Tenir régulièrement un journal peut s'avérer aussi déstressant que se confier. Au travail, elle doit pourtant se garder de confidences répétées qui risqueraient de provoquer des orages entre ceux qui font partie du cercle des intimes et ceux qui en sont exclus.

Tenir régulièrement un journal peut s'avérer aussi déstressant que se confier à une amie.

Pour recouvrer sa sérénité, une femme a besoin de sentir qu'elle peut tout dire de ce qu'elle éprouve, même si ses sentiments ne sont que passagers : il lui arrive d'avoir la sensation, un instant, que le monde entier est ligué contre elle et l'instant d'après, de se sentir soutenue et appréciée. Lorsqu'elle prend le temps de sonder ses émotions négatives, des sentiments plus positifs, reflets de sa véritable personnalité, émergent. Au travail, il est essentiel qu'elle opère une sélection : ses réflexions, prises hors contexte, sont susceptibles d'être mal interprétées. Les mots ont une forte résonance. Longtemps après, votre confident se souviendra de la remarque désagréable que vous avez émise sur une tierce personne et pourrait s'en faire l'écho, nuisant ainsi, intentionnellement ou non, à votre carrière.

Des accusations proférées sur le coup de la colère risquent de vous poursuivre très longtemps. Les commérages inoffensifs, même s'ils tiennent lieu d'exutoires, peuvent se révéler autant de bombes à retardement. Cette pratique, lorsqu'elle est tolérée sur le lieu de travail, a de grandes chances de dégénérer en règlement de comptes. Mieux vaut passer sous silence les défauts de ses collègues pour se focaliser sur leurs qualités. Une entreprise dans laquelle des collaborateurs se tirent dans les pattes est difficilement gérable.

Une entreprise dans laquelle des collaborateurs se tirent dans les pattes est difficilement gérable.

Les hommes et les femmes doivent s'assurer avant toute chose qu'ils ne recherchent pas dans leur seul travail la satisfaction de leurs besoins émotionnels. En cas de stress, il leur faut multiplier les soupapes de sécurité à l'extérieur. De plus en plus d'entreprises s'attachent à cultiver le bien-être de leurs employés en leur proposant des emplois du temps flexibles, des séminaires sur le développement personnel, des activités extra-professionnelles et en mettant à leur disposition des salles de sport. Ce transfert de la vie émotionnelle hors de la sphère du travail a fait ses preuves : la productivité s'en est trouvée notablement augmentée et le stress diminué.

RÂLER SUR MARS = MÉCONTENTEMENT SUR VÉNUS

Une femme a du mal à accorder sa confiance à un homme lorsqu'il grogne et paraît renâcler à faire ce qu'on lui demande. Ces grognements masculins sont pour elle source de confusion : elle en déduit qu'il refuse de lui apporter le soutien attendu, qu'il estime en avoir déjà suffisamment fait ou qu'elle dépasse les bornes. Elle a l'impression de constamment marcher sur des œufs en sa présence et de ne pas pouvoir compter sur lui.

Une femme interprète la réticence d'un homme comme une forme de résistance.

Sur Mars, un énorme fossé sépare la *réticence* de la *résistance*. Lorsqu'un homme ronchonne, sa réticence a moins à voir avec la requête en elle-même qu'avec le fait qu'il doive interrompre ce qu'il a en cours. C'est plutôt un signe encourageant : ses protestations signifient qu'il prend sa demande en considération. Dans le cas contraire, il se contenterait de lui adresser un sourire poli et de refuser. Les Vénusiennes doivent se familiariser avec le grognement martien pour ne pas passer à côté de ce qui est souvent une manifestation de bonne volonté.

Lorsque les hommes ronchonnent, ce n'est pas pour signifier qu'ils se désintéressent totalement de votre sort ou qu'ils ne sont pas disposés à répondre favorablement à votre requête.

Tout comme les femmes maîtrisent leur anxiété en exprimant leurs émotions, les hommes gèrent le stress en rouspétant. Lorsqu'il s'agit pour lui de réorganiser ses activités, il manifeste sa réserve par des ronchonnements, des marmonnements, des grognements, tout en délibérant sur la marche à suivre. Et il émet éventuellement quelques objections. Mais l'orage n'est que de courte durée : tout retourne très vite à la normale.

Plus un homme est concentré quand on requiert son attention, plus il râle. Une fois encore, ce n'est pas en réponse à ce qu'on lui demande ou en signe de désaccord, mais parce qu'il répugne à délaisser son activité du moment pour se consacrer à une autre. Une fois qu'il sera de nouveau accaparé par sa tâche, toutes ses réticences s'envoleront.

Imaginons qu'il fasse route vers le sud et que vous lui intimiez de se diriger dans la direction opposée. Il va mettre un brusque coup de frein, le temps pour lui d'assimiler vos directives. Une femme a du mal à comprendre sa réaction, car dans la même situation, elle continuerait à conduire tout en évaluant le pour et le contre d'un demi-tour. « Une chose à la fois » est son credo. Le Martien peut s'adapter mais a besoin de grogner pour faire la transition et intégrer de nouvelles données. Les femmes ne se reconnaissent pas dans ce mode de fonctionnement car elles sont habituées à jongler avec plusieurs idées. Cette agilité présente toutefois un inconvénient : à considérer la masse de leurs problèmes, elles finissent, en période de stress, par se sentir accablées et ne réussissent à ne pas perdre pied qu'en évoquant leurs difficultés avec leur entourage.

Sur Mars, un homme peut grogner, grommeler, ronchonner pendant qu'il considère une requête. Ce n'est que temporaire.

Une Vénusienne qui rouspète n'envoie pas le même message : sa réticence risque fort de se muer en résistance. C'est pourquoi une femme va avoir tendance à faire marche arrière devant un homme grognon. Sur Vénus, c'est le signe qu'il ne faut pas insister : vous êtes déjà allée trop loin et si vous continuez dans le même sens, vous allez vous attirer le ressentiment de votre interlocuteur. Voilà pourquoi il est important qu'une femme saisisse que râler a une tout autre signification sur Mars.

LA RÉACTION VÉNUSIENNE AUX GROGNEMENTS

Si une femme sollicite l'aide d'un homme et qu'il grogne, elle se mettra en tête qu'il refuse d'accéder à sa demande – ou qu'il s'en acquittera à contrecœur – et adoptera en retour une attitude peu constructive. Suivant le cas, elle fait marche arrière, justifie sa requête, explique son problème en détail ou se montre exigeante. Toutes réactions qui ne font qu'accroître la réticence de son collaborateur, le braquer, alors qu'il était prêt l'instant d'avant à céder et à s'exécuter. Passons en revue ces quatre cas de figure :

1. Elle se ravise : en réponse à ses ronchonnements et pour éviter tout ressentiment, elle revient sur sa demande en lui disant : « Ne te fatigue pas, je vais le faire moi-même », et augmente ainsi son sentiment de frustration. Or, une fois qu'il a pesé le pour et le contre, s'il répond favorablement, et même s'il grogne, elle ne devrait pas se raviser. Après tout, les borborygmes de protestation masculins ne signifient rien d'autre que : « Je vais le faire, bien que je sois déjà occupé. J'espère vraiment que tu apprécies. » En lui montrant à quel point vous êtes touchée, ses ronchonnements ont de bonnes chances de cesser et il affichera plus d'empressement à vous aider la prochaine fois.

Les femmes, comme nous l'avons vu, ont besoin d'évoquer leurs problèmes pour qu'on leur témoigne sollicitude et attention ; il en va de même pour les hommes : leurs grognements sont leur façon à eux de réclamer reconnaissance et appréciation – la juste rétribution de leurs efforts.

Au lieu de faire marche arrière comme le lui commande son instinct, une femme devrait laisser un homme ronchonner sans jamais perdre patience et lui dire ensuite combien elle apprécie qu'il accepte de lui prêter mainforte. Ses remerciements auront vite raison de ses grognements. Voyons ensemble quelques-unes des remarques dont elle devrait s'abstenir :

- « Ce n'est vraiment pas la peine que tu le fasses. Je vais m'en occuper. »
- « Je t'en demande peut-être trop. Oublie ça, je vais le faire. »

– « Je ne me rendais pas compte à quel point c'était contraignant pour toi. Je peux le faire. »
– « Ce n'est vraiment pas si important que ça, je m'en chargerai seule. »
– « Désolée de t'avoir dérangé. Je peux me débrouiller seule. »

2. Elle justifie sa requête : parfois elle préférera argumenter plutôt que de se raviser. Elle mettra alors involontairement son interlocuteur sur la défensive : celui-ci risque en plus de se sentir manipulé et d'en concevoir de la rancœur. Dans ce cas précis, c'est la façon dont elle présente et défend sa demande qui est en cause. Pour ne pas provoquer de levée de bouclier, une femme doit s'efforcer d'être aussi concise que possible quand elle sollicite le soutien d'un homme et ne pas se sentir obligée de se justifier. Elle ne peut y parvenir qu'en admettant que, lorsqu'il ronchonne, il ne remet pas en cause sa requête. Au contraire, il évalue le temps nécessaire pour se faire à cette idée. Examinons différents exemples de justification :

– « Tu m'avais promis de le faire il y a de cela trois jours, et j'attends encore. »
– « Ce n'est pas beaucoup demander. »
– « Cela fait partie des attributions de ton poste. »
– « On est vraiment en retard, ça ne peut plus attendre. »
– « Je dois passer des dizaines de coups de fil, faire un dépôt à la banque et mettre à jour notre base de données. De ton côté, est-ce que tu peux te charger de ça ? »

3. Elle expose son problème en long et en large : pour légitimer davantage sa demande et vaincre les réticences de son collaborateur, elle se lance dans des explications interminables. Si cette méthode fonctionne sur Vénus, sur Mars, elle est rédhibitoire. Plus une femme s'appesantit, plus son interlocuteur dispose d'arguments pour lui tenir tête. Elle s'imagine le motiver mais ne parvient qu'à le décourager. Au lieu de s'évertuer à lui fournir toutes les données du problème, elle devrait lui démontrer à quel point elle compte sur son aide. En mettant l'accent sur les résultats et la considération qu'il en retirera, elle aura plus de chances de le convaincre.

Face aux ronchonnements d'un homme, la meilleure approche consiste à garder le silence et à attendre que l'orage passe. Il ne fait qu'évacuer ses dernières réticences. Plus une femme étaie sa requête, plus elle lui donne de munitions qui lui permettront de tenir un siège... et elle aura bien du mal alors à le faire revenir à de meilleurs sentiments. Voyons plus précisément les explications auxquelles elle se sent forcée de recourir :

- « Je ne vais jamais m'en sortir. Je ne sais pas ce que je vais bien pouvoir faire... »
- « J'ai tellement à faire. J'ai des milliers de choses en attente et il est impossible que j'y arrive seule. J'ai vraiment besoin de ton aide... »
- « Je sais que tu es débordé, mais il faut que quelqu'un s'en occupe. Notre présentation est prévue pour demain et on ne sait même pas si... »
- « Si ce n'est pas terminé aujourd'hui, nous allons perdre notre client. Je lui avais promis que tout serait fini dans les temps... »
- « Il faut que nous procédions différemment parce que notre plan initial n'a pas fonctionné. J'en ai discuté avec la direction et ils veulent qu'on modifie notre approche. Ils pensent que... »

4. Elle se montre exigeante : quand elle a le sentiment qu'il ne veut pas lui accorder son soutien alors que, selon elle, il lui revient de droit, elle peut riposter par des exigences. Il ne s'en hérissera que davantage et menacera de s'enferrer dans son entêtement et sa résistance. Ci-dessous quelques remarques qui fâchent :

– « Il faut que tu le fasses. »
– « Peu importe que tu sois déjà occupé. Je veux que tu te mettes sur ce dossier. »
– « Je n'arrive pas à le croire ! Tu es censé... »
– « Fais-en ta priorité. C'est ton boulot de... »
– « Tu n'écoutes pas. Je veux que tu... »

Savoir tirer les bonnes conclusions

Pour ne pas que leur conversation dégénère en dialogue de sourds, les femmes doivent apprendre à tirer les bonnes conclusions des grognements des hommes. Ceux-ci sont également tenus de décrypter ceux de leurs collègues féminines pour répondre en conséquence : contrairement à eux, les femmes ne râlent pas pour relâcher la pression mais pour signifier qu'elles sont débordées et ont besoin d'aide.

Les Vénusiennes ronchonnent pour signifier qu'elles sont débordées et ont besoin d'aide.

Sur Vénus on considère qu'il est très impoli d'insister auprès d'une femme qui rouspète. Il vaut mieux se raviser ou alors parler plus en détail de ce qui vous préoccupe. En appuyant fortement sa requête, un homme peut parvenir à ses fins, mais non sans s'attirer le ressentiment de sa collègue. Pour pouvoir réagir de manière appropriée, il doit tenir compte du fait que les protestations de ce type n'ont pas la même signification sur Mars que sur Vénus.

Un homme croit à tort que si une femme consent à l'aider et qu'il lui en témoigne de la reconnaissance, elle ne lui en tiendra pas rigueur plus tard. Il se trompe : apprécier son travail à sa juste valeur ne suffit pas. Elle aimerait qu'il ne se contente pas de la solliciter mais qu'il lui propose son aide à l'occasion, quand elle est surchargée.

De même, un homme aura tout à gagner à surveiller ses grognements intempestifs. Il n'en a peut-être pas conscience, mais ils intimident ses collègues vénusiennes et les tiennent à distance. Il devrait s'efforcer de compenser en redoublant d'efforts pour se montrer plus amical. Et ne pas hésiter à s'excuser le cas échant et à expliquer « qu'il était sous pression ».

ÉVITEZ DE JOUER SUR LES ÉMOTIONS QUAND VOUS FAITES DES REPROCHES

Les femmes utilisent naturellement une large palette émotionnelle pour exprimer ce qu'elles ressentent. C'est leur façon de dire : « J'ai un gros problème et j'ai besoin de toute votre attention. » Quand elles veulent instaurer des limites et des règles de conduite, elles perdent toute crédibilité si elles laissent libre cours à leurs émotions négatives. Des critiques pourtant légitimes, des suggestions par ailleurs intéressantes ne seront pas prises au sérieux si elles emploient un ton plus émotif que rationnel.

Cette propension à se servir de leurs émotions pour donner plus de force à leurs reproches nuit à leur image et affaiblit leurs revendications. Si une femme veut établir une réputation de professionnalisme, elle doit s'efforcer de transmettre ses critiques sans recourir à l'émotivité et c'est à ce prix-là qu'elle gagnera le respect de ses collaborateurs. Elle peut, quand elle est plus détendue, montrer ce qu'elle éprouve, mais elle doit prendre conscience que si elle veut faire évoluer les choses au travail et obtenir plus facilement ce qu'elle désire, notamment avec ses collaborateurs masculins, il va lui falloir canaliser ses émotions.

Lorsqu'elle a des raisons de se plaindre, elle doit le faire d'une manière qui sera comprise et respectée par les hommes, en s'exprimant avec objectivité. Si elle est bouleversée, mieux vaut attendre de reprendre le contrôle. Pour être acceptée et reconnue par ses collègues, il est impératif qu'elle fasse abstraction de ce qu'elle ressent lorsqu'elle se livre à des récriminations et qu'elle s'efforce de conserver un ton neutre et pondéré. Ce n'est qu'à condition de rester impartiale qu'elle pourra injecter une petite dose d'émotivité. Elle doit cependant garder à l'esprit qu'elle sera évaluée en fonction de sa capacité à demeurer objective et à s'abstenir de juger ceux qui l'entourent. Voici quelques exemples de communication neutre :

1. Ne dites pas : « J'ai du mal à croire qu'on ait pu me traiter ainsi. » En restant trop vague, vous desservez votre cas. Dites plutôt : « Je lui ai dit que nous n'avions pas ce dossier et il a élevé la voix et s'est lancé dans une diatribe qui a duré vingt minutes. Je l'ai écouté poliment puis je l'ai prié de formuler ses reproches par écrit. » Vous êtes objective car vous évoquez ce qui s'est passé et ce que vous avez fait, non ce que vous avez ressenti. Vous sortez du cadre professionnel lorsque vous faites part de vos sentiments et émettez un jugement sur la personne.

2. Évitez : « Il n'a montré aucune considération pour moi ou mes besoins. » Rabaisser un homme devant ses collègues le met sur la défensive. Soyez plus précise et moins critique. Préférez : « Je lui ai demandé de m'écouter quelques instants et il a continué à parler. »

3. Plutôt que : « Je n'ai pas pu faire ce qu'on m'avait demandé. » Se répandre en excuses donne l'image

d'une personne démunie et incompétente. Soyez plus claire et racontez exactement ce qui s'est passé. Laissez les autres arriver à leurs propres déductions. De cette façon, vous ne vous mettez pas à dos le sexe opposé. Optez pour : « Je suis arrivée à huit heures et demie mais j'ai trouvé porte close. J'ai essayé en vain d'entrer. Au final, j'ai perdu deux heures. » Privilégiez les faits : décrivez la situation et ses conséquences pour vous.

4. Ne dites pas : « Il est impossible. Je refuse de travailler avec lui. » En critiquant son collègue à la cantonade, une femme risque de passer pour la mégère de service. Elle doit se montrer moins subjective, dire clairement quelles mesures sont à prendre et proposer des solutions. Essayez plutôt : « Il est entré dans mon bureau, s'est mis à me poser mille questions sur ce que j'étais en train de faire. Quand je lui ai dit qu'on pourrait en reparler à un autre moment, il m'a fait comprendre que je devais faire ce qu'il disait ou bien je perdrais mon travail. Je l'ai invité à se procurer le descriptif de mon poste pour qu'il comprenne qu'il n'était pas mon supérieur hiérarchique. »

5. Évitez : « Je ne le crois pas capable de faire ce travail. » Multipliez les exemples et décrivez exactement en quoi il ne vous semble pas correspondre au profil. Préférez : « Je lui ai demandé trois fois de me faire parvenir le bilan de ces six dernières semaines et il ne l'a toujours pas fait. Il a prétendu qu'il était occupé et qu'il s'en chargerait très prochainement. Je pense qu'il n'a ni le temps ni l'énergie nécessaires pour mener à bien ce nouveau projet. Je suis tout aussi capable que lui. Je l'ai déjà prouvé par le passé et je suis convaincue que je peux très bien m'en sortir. »

6. Ne dites pas : « Il ne prête jamais attention à ce que je lui dis. Je ne peux rien en tirer. » Cette remarque est très chargée émotionnellement et, outre qu'elle dresse un portrait peu flatteur de vous en vous posant en victime, elle risque de susciter l'antagonisme de vos collègues masculins. Recourir à des arguments affectifs ne fonctionne jamais et vous donne le mauvais rôle. Un homme ne pourra s'empêcher de penser : « Pas étonnant, je réagirais comme lui si elle s'adressait à moi de cette façon. » Ce n'est pas en procédant ainsi que vous vous mettrez vos collaborateurs dans la poche. Si toutefois vous réussissez, vous en ressortirez avec l'étiquette « hyperémotive et incapable de gérer les situations difficiles ». Pour ne pas jouer le rôle de la victime, évitez d'en prendre le ton !

Méfiez-vous de la portée des questions rhétoriques

Les femmes ne se rendent pas compte qu'elles mettent involontairement à mal leur image de professionnelles lorsqu'elles laissent transparaître leurs émotions au travers de questions... qui n'en sont pas vraiment ! Exprimer la colère ou la frustration par des questions rhétoriques s'apparente, pour un Martien, à une provocation et lui fait l'effet d'une gifle. Une Vénusienne ne voit là rien d'autre que la simple manifestation de sentiments dont sont coutumières les femmes quand elles cherchent à s'affirmer ou à créer des liens.

Une question purement rhétorique n'appelle pas de réponse mais véhicule un message qui varie du jugement implicite sur Mars à la communication normale d'émotions sur Vénus. « Comment as-tu pu oublier ? » Cette question, en apparence anodine, peut se transformer en déclaration de guerre si celui qui la pose emploie un ton agressif et n'attend pas de réponse. Un homme entendra :

« Tu devrais avoir honte. » L'interlocuteur, placé en position d'infériorité, se sent accusé de mensonge ou d'incompétence. Bien que ce ne soit pas son intention, c'est pourtant ce message qu'une femme envoie.

Lorsqu'une femme pose une question rhétorique, un homme entend un jugement implicite.

Souvent, c'est par ce biais qu'une femme informe son vis-à-vis qu'elle est mécontente ou déçue, sans pour autant porter de jugement de valeur. Les femmes sont moins promptes à tirer des conclusions que les hommes et attendent pour cela d'avoir toutes les cartes en main. Ce qui ne les empêche pas de manifester leur mécontentement ou leur frustration a priori. Les hommes sont désarçonnés car eux font l'inverse : ils jugent d'abord – même si leurs jugements ne remettent pas nécessairement en cause leurs collaborateurs – et expriment leurs émotions négatives ensuite.

Dès lors qu'une femme pose une question sur le ton du reproche, et n'attend pas de réponse, un homme en conclut qu'elle l'a jugé et condamné sans lui accorder le bénéfice du doute. Il serait plus réceptif si elle se montrait plus directe, moins subjective, et disait par exemple : « C'est ridicule » ou « Ça n'a pas de sens » ou encore « Ça ne me plaît pas du tout. »

Lorsqu'une cliente, une collaboratrice ou une supérieure hiérarchique exprime sa frustration ou sa déception par une forme interrogative, un homme doit apprendre à ne pas se sentir agressé : il n'est pas en train d'être jugé. Cette question est au contraire un signe positif : elle n'a pas encore rendu de verdict et est disposée à reconsidérer la situation sous un angle favorable. Sa colère s'atténuera d'ailleurs au fil de la conversation : elle n'est qu'éphémère. Comme un motif dans le sable, elle s'effacera sans laisser de trace pour peu qu'on prête attention à ses observations. En revanche, si l'homme se braque et choisit d'attaquer pour se défendre, alors le jugement de la femme risque de devenir aussi immuable qu'un texte gravé dans la pierre.

Sa colère s'effacera sans laisser de trace si une femme a la possibilité de se faire entendre.

Une fois ces clarifications faites, il devient plus facile pour les hommes de procéder à quelques ajustements dans leur comportement, mais les femmes ne peuvent présumer que leurs clients, collaborateurs et patrons arriveront toujours à cerner leurs intentions. Elles doivent donc prendre garde à ne pas se retrouver en porte-à-faux. Lorsqu'elles s'aperçoivent qu'elles ont involontairement froissé la susceptibilité de leurs interlocuteurs, elles peuvent rattraper la situation en s'excusant par une petite phrase du style : « Désolée, je ne voulais pas avoir l'air de vous mettre en cause. »

Si une femme s'aperçoit qu'elle a, par sa question, froissé son interlocuteur, elle peut rattraper la situation par une petite phrase d'excuse.

Prenons quelques questions rhétoriques banales et traduisons pour chacune ce qu'un homme entend : aucune n'aurait la même portée si le ton était plus amical et le contenu moins affectif. Dès que s'y greffent des sentiments négatifs – frustration, colère, déception, inquiétude et urgence –, elles prennent une signification des plus offensantes pour un Martien.

Pour bien comprendre, il faut vous projeter dans l'une de ces situations au moment de formuler ces questions. Vous verrez qu'en substituant à chacune une phrase plus directe vous ferez passer le même message, mais d'une manière que les hommes apprécieront et respecteront davantage.

Question rhétorique	Ce qu'un homme entend	Comment être plus directe
Comment as-tu pu faire une chose pareille ?	Tu es incompétent.	Je n'aime pas que...
Comment comptais-tu t'y prendre ?	Tu as besoin de mes conseils, tu ne peux pas y arriver seul.	Ça ne me convient pas. Je préférerais...
Qu'avais-tu en tête ?	Tu es stupide.	Je ne comprends pas ton raisonnement. Je penserais plutôt que...
Pourquoi as-tu fait ça ?	Tu manques d'efficacité.	C'est une perte de temps. Nous aurions pu...
Qu'est-ce que ça signifie ?	Tu es manipulateur, on ne peut pas te faire confiance.	J'ai du mal à comprendre. Il me semble que....
Quand vas-tu t'y mettre ?	Tu es irresponsable, je ne peux pas compter sur toi.	J'ai vraiment besoin qu'on fasse vite...
Que comptes-tu faire à ce sujet ?	Tout est ta faute.	C'est vraiment absurde. Pour sortir de cette impasse nous devons...
Que suis-je censée faire maintenant ?	Tu m'as mise dans un sale pétrin.	Je ne peux rien faire seule, il va falloir que tu m'aides.
Tu sais ce que tu dois faire ?	Tu ne vas probablement pas t'en sortir.	C'est compliqué, il va falloir que nous en discutions.

Tu te sens prêt ?	Tu n'es pas préparé pour ce projet.	C'est un vrai défi, si tu as besoin de mon aide, n'hésite pas.
Tu vas t'en rappeler ?	Tu vas probablement oublier comme c'est déjà arrivé. Je ne suis pas sûre de pouvoir te faire confiance.	Il est vraiment important de s'en souvenir. Ils nous attendent au tournant...
D'où vient ce problème ?	Il n'y a aucune raison. Tu fais mal ton boulot.	On n'était pas censé avoir ce problème, je pensais que...

Nous n'avons pas évoqué l'usage que font les hommes de ces questions rhétoriques : non qu'ils n'y aient jamais recours, mais eux les utilisent en connaissance de cause pour provoquer et rabaisser leur interlocuteur. Les femmes sont plus à même à présent de comprendre pourquoi elles poussent inconsciemment les hommes dans leurs derniers retranchements lorsqu'elles leur posent ce genre de questions.

Évitez les interrogatoires.

L'équivalent masculin de la question rhétorique est l'interrogatoire. Les hommes qui soumettent leurs collègues féminines à ces interrogatoires renvoient une image de froideur et d'indifférence. Leur capacité d'aller à l'essentiel sans perdre de temps impressionne favorablement un Martien, mais une Vénusienne – ignorante de son système de valeurs – vit ces questions directes comme une agression d'autant plus violente qu'un homme libère ses émotions négatives dans le même temps. Alors qu'il ne désire rien d'autre qu'une réponse à ses questions, elle a le sentiment d'être accusée et jugée pour un crime qu'elle n'a pas commis.

Tout Martien est respectueux de la présomption d'innocence. Difficile à croire pour une Vénusienne, qui a souvent l'impression qu'on la juge coupable avant même la tenue du procès. Quand un homme est en colère, il se fait très vite une opinion défavorable, mais aussi critique qu'elle puisse paraître aux yeux de son interlocutrice, elle ne constitue en rien un jugement définitif. Il ne demande qu'à être convaincu, comme en témoignent ses questions. Même si son intention initiale est de rassembler suffisamment de preuves à charge, tout élément invalidant ses conclusions l'amènera à classer l'affaire. En ce qui le concerne, son opinion n'a pas valeur de condamnation, mais lui sert à déterminer s'il y a matière à ouvrir une enquête.

Si un homme pose des questions, cela signifie qu'il n'a pas arrêté son jugement.

Quand une femme pose une question rhétorique, elle n'attend pas de réponse, elle veut simplement être entendue. En revanche, un homme attend bel et bien des réponses à ses questions, même s'il ne cherche dans un premier temps qu'à établir la culpabilité de celle qu'il interroge, il peut très bien réviser son jugement après avoir entendu sa plaidoirie. En clair, si son attitude porte à croire qu'il est convaincu d'avoir raison, des arguments rationnels l'amèneront néanmoins à changer d'avis.

Une Vénusienne se sent très mal à l'aise dans ce genre de situation car elle a le sentiment qu'une fois sa première impression établie, un homme ne reviendra pas dessus. De son côté, elle a plutôt tendance à recueillir le maximum d'informations avant de trancher, mais son jugement, une fois rendu, est moins susceptible d'évoluer. Elle ignore par conséquent que lorsqu'un Martien en colère pose des questions, elle a tout lieu de s'en réjouir : rien n'est joué, il peut très bien revoir sa position. Le chien aboie mais ne mord pas.

Quand un homme en colère pose des questions, sur Mars, c'est plutôt positif.

Un Martien exposé au feu de questions d'un congénère ne se sentira pas menacé. Au contraire, il saisira la perche qui lui est tendue pour s'expliquer ; il sait d'instinct que son locuteur est prêt à entendre ce qu'il a à dire pour sa défense et qu'il ne court aucun risque de se faire mordre. Une Vénusienne en revanche se dira : « Attention, chien méchant ! »

Ces réactions opposées sont à mettre en relation avec l'usage que chacun fait de la parole : sur Vénus, elle sert avant tout à soulager ; sur Mars, à résoudre les problèmes. Si un homme obtient une réponse qui le satisfait, il redeviendra plus calme et plus ouvert ; toute trace d'agressivité s'envolera.

Une femme doit décrypter correctement le signal qu'un homme énervé lui envoie lorsqu'il la « cuisine » : il est temps pour elle d'abandonner son rôle d'auditrice et de se défendre des accusations qui pèsent sur elle. Même si cela va à l'encontre de ses principes vénusiens, c'est le seul moyen de se faire respecter sur l'autre planète : face à un homme furieux, elle doit adopter une attitude sereine et assurée et prendre la parole plutôt que d'écouter attentivement.

Si elle garde son sang-froid, son inquisiteur fera automatiquement de même, se détendra et se montrera plus objectif et attentif. Plus il est hors de lui, plus elle devra développer d'arguments pour le ramener à la raison. Si elle oppose à ses questions une explication sensée, il s'apaisera et redeviendra plus positif.

Si elle garde son sang-froid, il fera automatiquement de même, se détendra et se montrera plus objectif et attentif.

Supposons que, au milieu d'une dispute, un homme s'emporte. Le plus sage pour la femme est de reformuler sa question posément avant d'y répondre.

Les hommes ignorent à quel point ils paraissent insensibles quand ils sont énervés. Quand ils exigent des réponses à tout prix, elles ont le sentiment de passer littéralement à la question, tout en confirmant la mauvaise opinion qu'ils ont d'elles. Pour éviter ce genre de malentendus, un Martien doit contrôler ses sentiments et faire davantage attention aux signaux qu'il émet à son insu. En suivant ces suggestions, il peut apprendre à se montrer plus compréhensif et moins intimidant.

Il est en colère et demande :	Elle le prend comme une attaque personnelle et entend :	Comment il peut radoucir sa question :
Que comptes-tu faire à ce propos ?	Tu ne prends pas en compte mes exigences et tu es irresponsable.	Est-ce que tu peux m'expliquer quelle approche tu as choisie ?
Pourquoi n'as-tu pas terminé ?	Tu me déçois.	Explique-moi la situation. Comment puis-je t'aider à terminer ?
Qu'est-ce que tu veux dire par là ?	Ça ne veut rien dire du tout.	Pourrais-tu reformuler ta phrase ? Je ne suis pas sûr de bien comprendre.
Mais où voulais-tu en venir ?	Tu es une idiote.	Est-ce que tu peux m'éclairer sur ton raisonnement ?

Quand auras-tu terminé ?	Tu mets trop de temps, comme d'habitude.	Voyons ensemble tes plans pour finir le projet. Est-ce que je peux t'aider en quoi que ce soit ?
Pourquoi as-tu fait ça ?	Tu es incapable de faire ce qu'il faut.	Peux-tu m'expliquer ta démarche ?
Pourquoi n'as-tu pas appelé ?	Tu aurais dû appeler : à cause de toi, je suis dans la mouise jusqu'au cou.	Dis-moi comment ça se présente et en quoi je peux t'être utile.
Qu'avais-tu l'intention de faire ?	Tu manques de conscience professionnelle. Tu n'avais pas l'intention de faire quoi que ce soit.	Discutons ensemble de tes solutions pour résoudre ce problème. Qui sait, je peux peut-être te venir en aide.

CHAPITRE 4

Monsieur réponse-à-tout et le Comité d'amélioration de l'entreprise

Dans le cadre professionnel, les femmes ont un reproche majeur à faire aux hommes : ils manquent d'attention. Soit ils les ignorent complètement lorsqu'elles leur parlent, soit ils les écoutent quelques instants avant de vite coiffer leur casquette de Monsieur réponse-à-tout et, tout fier, de brandir une solution à leur problème. Ils n'imaginent pas alors à quel point ils sabordent leurs relations avec elles. Elles auront beau déplorer pour la énième fois qu'ils n'écoutent pas, ils n'y comprendront rien et la situation n'évoluera pas.

Au travail, un homme fait souvent naître sans le savoir des bastions de résistance en ne témoignant pas à ses collaboratrices un intérêt sincère. Il se considère comme un modèle d'efficacité et ne se rend pas compte qu'il renvoie en fait une image de froideur.

C'est à tort qu'un homme pense faire bonne impression à une femme en lui proposant des solutions instantanées.

Les hommes, eux, reprochent d'ordinaire à leurs collègues féminines de poser trop de questions et de vouloir tout chambouler, y compris ce qui leur paraît déjà satisfaisant. Ils s'agacent de cet interventionnisme. Dès lors que quelque chose fonctionne, pourquoi en effet y changer quoi que ce soit ? La frustration sur Mars provient de ce que les femmes, elles, désirent toujours procéder à des « améliorations », à leurs yeux masculins injustifiées. Or une femme impliquée dans son travail finit par laisser s'exprimer ses instincts nourriciers et s'applique à tout embellir autour d'elle. Elle instaure un Comité d'amélioration de l'entreprise, qui vise – bien sûr – en priorité ses collaborateurs, supérieurs ou subordonnés du sexe masculin.

Parce qu'elles ne comprennent pas combien les hommes sont différents, les femmes ont tendance à leur offrir des conseils gratuits sur la manière dont ils pourraient se perfectionner. Elles pensent témoigner d'une forme d'encouragement en les questionnant et en les guidant quand elles trouvent à redire à leur comportement. Mais, de même que les hommes commettent l'erreur de les interrompre avec des solutions intempestives, les femmes font fausse route en prodiguant des conseils non sollicités. Les uns passent ainsi pour des ours mal léchés, et les autres pour des empêcheuses de tourner en rond.

Nos principales erreurs :
Les hommes proposent des solutions intempestives.
Les femmes dispensent des conseils non sollicités.

Ces deux problèmes peuvent être résolus dès lors qu'on saisit les raisons qui poussent les hommes à émettre des solutions de dépannage et les femmes à suggérer des améliorations. Faisons donc un saut dans le temps pour explorer la vie sur Mars et Vénus. Si les deux sexes ont aujourd'hui beaucoup évolué, au point de se ressembler, une grande partie de nos différences restent plus ou moins vivaces. Ce retour en arrière nous aidera à porter sur nos particularités respectives un regard compréhensif et impartial chaque fois qu'elles se manifesteront.

LA VIE SUR MARS

Les valeurs primordiales sur Mars sont le pouvoir, la compétence, l'efficacité, l'action et la réussite. Au travail, un Martien s'efforce toujours de prouver son mérite et d'élargir le champ de son pouvoir et de ses compétences. Il mesure sa valeur personnelle en fonction de son aptitude à mener à bien les tâches qui lui sont confiées, et sa réussite en fonction de ses résultats. Être efficace et exceller dans son domaine sont ses principales sources de satisfaction.

Un homme mesure sa valeur personnelle en fonction de ses résultats.

Tout sur Mars reflète ces valeurs, même les vêtements. Les agents de police, les soldats, les hommes d'affaires, les scientifiques, les chauffeurs, les pilotes, les techniciens, les médecins, les avocats et les chefs cuisiniers portent tous un uniforme qui identifie leurs compétences et leur pouvoir.

Les Martiens ne s'adonnent pas à la lecture de magazines abordant la psychologie, le couple, ou la mode. Parce qu'il leur faut de l'action et du concret, leur préférence va aux publications qui mettent en exergue l'argent, les voitures de course et les activités de plein air comme la chasse et la pêche. Dans la presse quotidienne, ce sont les pages consacrées à l'actualité, à la météo et aux sports qui attirent leur attention.

Ces quelques caractéristiques mettent au jour que leurs objectifs et les moyens de les atteindre leur importent davantage que les gens et les sentiments. Dans le monde du travail, les enjeux financiers priment à leurs yeux sur les relations personnelles. Aujourd'hui encore, dans notre société, les hommes rêvent de voitures puissantes, d'ordinateurs ultrarapides et de gadgets technologiques dernier cri, tandis que les femmes rêvent du prince charmant. D'une manière générale, les Martiens s'intéressent aux « choses » concrètes qui leur permettent de mener à bien la tâche qu'ils se sont fixée et d'asseoir leur autorité.

Dans le monde martien du travail, les profits importent bien plus que les relations personnelles.

Les Martiens se targuent de pouvoir se débrouiller seuls. L'autonomie représente pour eux un symbole d'efficacité, de pouvoir et de compétence, et la réussite individuelle, parce qu'elle apporte la preuve éclatante de leur valeur, un motif d'autosatisfaction et une clé qui leur ouvrira d'autres portes. Les Martiens mènent de véritables campagnes publicitaires pour mettre en avant leurs qualités. Il va donc sans dire qu'ils se soucient beaucoup de leur image. Conséquence logique : ils croient souvent à tort qu'une femme ne suivant pas leur exemple n'a jamais rien fait dont elle puisse se vanter. La modestie est tout sauf une vertu sur Mars.

Une femme qui ne se vante pas de ses capacités donne souvent l'impression à un homme de n'avoir aucun succès à son actif.

Sur Mars, la compétence n'est rien si les autres n'en ont pas conscience. Le moindre succès est relayé par une stratégie commerciale. Comprendre cette caractéristique martienne éclairera les femmes sur les raisons pour lesquelles un homme rechigne à se laisser « améliorer », contredire ou dicter sa conduite. Offrir à un homme des conseils non sollicités implique qu'il ne sait pas ce qu'il faut faire ou qu'il ne peut le faire par lui-même. Sur sa planète, cela s'apparente à une insulte, surtout quand les conseils en question sont prodigués devant témoins. Ceux-ci concluront en effet qu'il n'est pas capable de s'en sortir seul. En pareille situation, une femme sera plus avisée d'agir en privé, de telle sorte que son collègue puisse « sauver les apparences ».

Offrir à un homme des conseils qu'il n'a pas sollicités implique qu'il ne sait pas ce qu'il faut faire ou qu'il ne peut le faire par lui-même.

Puisqu'il règle seul ses problèmes, un Martien les évoquera rarement devant ses collègues, sauf si l'avis d'un expert lui est nécessaire. « Pourquoi y mêler quelqu'un d'autre alors que je peux me débrouiller sans personne ? » raisonne-t-il. Demander de l'aide passerait alors pour un signe de faiblesse.

En revanche, solliciter un concours extérieur quand c'est vraiment nécessaire est un signe de sagesse. Dans ce cas, il s'adressera à quelqu'un qu'il respecte. Parler d'un problème sur Mars indique que vous ne parvenez pas à le résoudre seul. C'est un appel du pied. Voilà pourquoi les hommes concluent tout de suite qu'une femme attend leurs conseils lorsqu'elle aborde un problème et qu'elle est incompétente si la solution leur paraît évidente.

Parler d'un problème sur Mars est un appel aux conseils d'autrui.

Quand elle fait part d'une difficulté à un homme, une femme lui donne l'impression de ne pouvoir en venir à bout seule. En réalité, elle ne lui expose la situation que dans le but de le préparer à la solution qu'elle a déjà élaborée. Et même si elle attend effectivement une aide de sa part, il doit néanmoins la laisser finir. Ainsi, elle sera sûre qu'ils envisagent bien la question sous le même angle.

Quand une femme veut suggérer quelques changements, elle commence par détailler ce qui ne va pas. La plupart du temps, elle sait déjà où elle veut en venir, mais cherche tout de même à faire approuver sa proposition en procédant d'abord ainsi.

Parler d'un problème sur Vénus n'est pas un appel aux conseils d'autrui.

Les hommes devraient dans un premier temps écouter les femmes, et ensuite seulement ce qu'elles préconisent. À tous les niveaux de l'entreprise, ils se figurent que si elles leur confient leurs problèmes, c'est parce qu'elles sont incapables de les régler seules.

Il leur faudrait comprendre que cette attitude n'équivaut pas nécessairement à un appel à l'aide. Une directrice, une employée ou une cliente n'ont que faire des solutions toutes prêtes à l'emploi que leur fournissent les hommes. Il leur importe davantage d'être entendues puis guidées dans leur prise de décision. Une fois la situation exposée, une femme pourra alors avoir envie de poser des questions à son interlocuteur ou s'attendra à ce qu'il la prie d'éclaircir certains points pour mieux la conseiller. Un homme ne trouvera pas de moyen plus efficace, pour établir des rapports de confiance avec le sexe opposé, que de lui prêter une oreille attentive, de lui réclamer des détails, puis, si on lui en fait la demande, d'apporter ses conseils.

LA VIE SUR VÉNUS

Si les Vénusiennes respectent l'efficacité et la réussite professionnelle, elles placent encore plus haut des valeurs comme l'entraide, la confiance et la communication. Plus concernées que les Martiens par la qualité des relations humaines et des conditions de travail, elles consacrent davantage de temps à se soutenir et se rassurer mutuellement. Elles ne mesurent pas tant leur valeur personnelle en fonction de leurs revenus qu'en fonction des bons rapports qu'elles entretiennent avec leurs collègues. Le partage, le travail en équipe et la collaboration au succès de leur entreprise leur procure une grande satisfaction.

Une femme mesure avant tout sa valeur personnelle dans le monde du travail en fonction de la qualité de ses relations avec les autres.

Tout sur Vénus reflète cette façon de penser. Les Vénusiennes ont sans cesse les mots « harmonie », « solidarité » et « soutien mutuel » à la bouche. Elles privilégient les rapports humains à la réussite individuelle et l'amélioration des conditions de vie sur leur lieu de travail à l'efficacité et la rentabilité à tout prix. À bien des égards, leur monde est aux antipodes de Mars.

Les Vénusiennes ne s'embarrassent pas d'uniformes pour afficher leurs compétences : elles aiment au contraire changer tous les jours de tenue en fonction de leur humeur. La beauté et l'expression de soi comptent beaucoup pour elles. Signe que les valeurs vénusiennes gagnent du terrain aujourd'hui, les tailleurs stricts ont été relégués au placard et les femmes n'ont plus à se déguiser en « battantes ». Le monde du travail est désormais moins à cheval sur les codes vestimentaires, au point que même les hommes commencent à s'habiller plus simplement.

Par ailleurs, les Vénusiennes aiment pouvoir compter les unes sur les autres. Un homme ne s'encombre en général que d'un petit portefeuille, alors qu'une femme préférera un gros sac à main pour être sûre d'y caser tout ce dont elle – ou ses amies – pourraient avoir besoin. Elle va même jusqu'à en posséder plusieurs, adaptés à toutes les circonstances et assortis à sa garde-robe.

Sur Vénus, la communication passe avant tout le reste. S'assurer que chacun a la possibilité d'exprimer ses besoins et trouve en retour une oreille attentive importe plus que de brandir vite fait bien fait une solution à un problème. Les bénéfices de l'entreprise sont d'abord le résultat d'un travail d'équipe constructif, et non l'inverse. Parler de ses réussites, mais aussi de ses difficultés, est un moyen de renforcer le sentiment général de soutien et de confiance.

Sur Vénus, l'ambiance au sein d'une entreprise dépend plus de la qualité des relations humaines que des résultats financiers.

Un homme a du mal à comprendre cela. Un directeur croit souvent qu'une employée devrait se satisfaire d'un bon salaire ou d'une promotion. Il ne se rend pas compte que l'argent n'est rien au regard du soutien qu'elle reçoit de ses collègues. De même, un vendeur ignore que les femmes ne cherchent pas seulement à faire des économies, mais aussi à nouer des rapports humains et amicaux. S'il leur témoignait de l'intérêt, il gagnerait des clientes fidèles et enthousiastes, même sans pratiquer les prix les plus bas.

L'admettre n'est pas chose aisée pour un homme. Il y parviendra en effectuant un rapprochement entre cette expérience féminine de la solidarité et la satisfaction qu'il éprouve à remporter une course, relever un défi, résoudre un problème ou une énigme. Les femmes pensent d'abord en termes de liens affectifs, non en termes d'objectifs à atteindre. Elles préfèrent cultiver des qualités comme la bonté, le respect et la compréhension. C'est ainsi qu'elles iront déjeuner ensemble pour discuter de sujets à la fois personnels et professionnels et qu'elles se manifesteront leur amitié en s'inquiétant les unes des autres.

Les Vénusiennes préfèrent cultiver des qualités comme la bonté, le respect et la compréhension.

Quand deux Martiens se retrouvent au restaurant pour discuter d'un projet ou d'une affaire, ils ne perdent pas de temps en « bavardages » et en viennent tout de suite au fait. N'oublions pas qu'ils ont l'efficacité et la compétence pour seul credo.

De plus en plus d'hommes reconnaissent cependant l'importance de ces échanges anodins. Il arrive qu'une simple conversation à l'occasion d'une partie de golf contribue à l'obtention d'un marché et à la consolidation d'une relation. Un green figure un terrain neutre où l'on peut parler de tout et de rien. Les conversations y sont plus intimes, libres et informelles que dans un bureau.

Sur Mars, jouer au golf en bavardant contribue parfois à l'obtention un marché et à la consolidation d'une relation.

Sur Vénus, tout le monde se passionne pour la psychologie et possède un diplôme de psychothérapeute. Les femmes s'intéressent beaucoup à leur développement personnel, à la spiritualité et à tout ce qui peut embellir la vie et va dans le sens du bien-être et de l'épanouissement. En saluant une collègue par son nom, en lui envoyant une carte postale de son lieu de vacances ou en lui souhaitant son anniversaire, une Vénusienne fait preuve d'une sollicitude qui renforce leur confiance mutuelle.

Sur Vénus, tout le monde se passionne pour la psychologie et possède un diplôme de psychothérapeute.

Les Vénusiennes sont très intuitives, comme si elles étaient dotées de petites antennes qu'elles déploieraient pour capter les pensées et les sentiments des personnes qui leur sont chères. Elles se flattent de savoir anticiper les besoins d'autrui et considèrent comme une preuve d'affection et de considération le fait d'offrir leur aide sans en être priées. Elles qualifieront donc d'égoïste ou de peu attentionné un homme qui n'agira pas de même.

Sur Vénus, proposer son aide sans en être prié est un gage d'affection et de considération.

Étant donné que prouver sa compétence professionnelle reste secondaire sur Vénus, les habitantes de cette planète ne jugent pas offensant d'offrir leurs services, ni déshonorant d'avoir besoin d'aide. Voilà pourquoi, alors qu'elles sont pleines de bonnes intentions, les femmes se fourvoient en procédant ainsi avec les hommes. Elles n'imaginent pas une seconde que, sur Mars, prendre l'initiative d'aider quelqu'un relève presque du crime de lèse-majesté. Un homme y verra le message implicite qu'on ne le croit pas capable de se débrouiller seul.

Comment une femme pourrait-elle concevoir cette répugnance masculine vis-à-vis de toute aide non sollicitée alors qu'elle-même considère celle-ci comme une source d'enrichissement personnel ? Elle le perçoit comme une marque de soutien. Et même si elle n'a pas besoin d'aide, elle appréciera l'intention. À cet égard, Mars et Vénus s'opposent radicalement.

Proposer spontanément son aide à un Martien ne fait que l'ennuyer et l'agacer.

Les Vénusiennes croient dur comme fer que si quelque chose tourne rond, on doit pouvoir le faire tourner plus rond encore. Il est dans leur nature de vouloir tout améliorer et cette volonté est d'autant plus forte qu'elles prennent leur travail à cœur.

Sur Mars, on a pour devise de ne rien changer à ce qui marche. D'instinct, les hommes s'y refusent et s'en tiennent à cette règle d'or : « Ne touchons à rien tant que ce n'est pas cassé. » Sur Vénus, au contraire, on aura tendance à dire : « Voyons comment l'améliorer. »

La moindre remise en cause du statu quo signifie que quelque chose ne va pas. De manière similaire, essayer de corriger ou d'aider un homme revient à lui faire comprendre qu'il est « défectueux ». Même si telle n'est pas l'intention d'une Vénusienne, c'est le message qu'il captera. Sourd à sa sollicitude et à sa bienveillance, il la considérera comme une casse-pieds toujours prompte à critiquer autrui et à se mêler de ce qui ne la regarde pas.

À LA DÉCHARGE DE MONSIEUR RÉPONSE-À-TOUT ET DU COMITÉ D'AMÉLIORATION DE L'ENTREPRISE

En soulignant ces deux grandes différences, je ne dis pas que Monsieur réponse-à-tout et le Comité d'amélioration de l'entreprise sont tous deux des cas désespérés. Ces caractéristiques martiennes et vénusiennes sont essentielles à la réussite professionnelle. Bien avant que les Vénusiennes n'entrent sur le marché du travail, les Martiens capables d'incarner ces deux tendances à la fois étaient les plus heureux en affaires. La clé du succès se trouve là, dans l'expression conjointe des instincts « réparateur » et « perfectionniste ».

La frustration éprouvée par les hommes et les femmes vient de ce qu'ils expriment ces qualités avec maladresse et jamais au bon moment. En soi, il n'y a rien de répréhensible à résoudre des problèmes ou à aspirer à la perfection. Le changement est après tout la condition préalable à un succès durable. Grâce à cet aperçu de la vie sur Mars et Vénus, il suffira d'un peu de bon sens pour éviter que nos planètes respectives n'entrent en collision sur notre lieu de travail.

Le changement est la condition préalable à un succès durable.

Dès lors qu'ils se comprennent, hommes et femmes savent offrir leurs conseils au moment idoine et quand s'en abstenir. En respectant les besoins de chacun, ils pourront se témoigner un soutien réciproque. Certes, cette transition ne s'effectuera pas du jour au lendemain. Pour apprendre à danser, il faut d'abord savoir tenir en équilibre sur ses jambes.

HALTE AUX SOLUTIONS INTEMPESTIVES !

En gardant à l'esprit que les femmes viennent de Vénus, un homme ne risquera plus de mal interpréter le besoin qu'ont ses collègues féminines d'être écoutées sans être interrompues. Un homme ne devrait jamais supposer qu'une femme n'a pas déjà une solution en tête quand elle évoque un point épineux, mais se rappeler qu'elle cherche juste son approbation. C'est rabaisser une femme que de croire qu'elle a toujours besoin d'aide. S'il veut forcer son respect et son admiration, un homme aura donc intérêt à l'écouter et à l'interroger dans un deuxième temps.

C'est rabaisser une femme que de croire qu'elle a toujours besoin d'aide.

Offrir ses services à une femme sans qu'elle vous l'ait demandé tend à la dévaloriser. Elle n'en sera que plus confortée dans son impression de n'être ni écoutée, ni respectée. L'homme, lui, pensera avoir été attentif alors qu'en fait il n'aura pas saisi le message qu'elle voulait faire passer.

Voici quelques exemples de la manière dont, par inadvertance, un Martien amène une femme à croire qu'il n'a pas envie de l'écouter ou que ses propos lui importent peu. Ces remarques, anodines sur Mars, s'avèrent parfois insultantes sur Vénus. Un homme devrait donc les éviter au maximum lorsqu'il s'adresse à une collègue, ou les reformuler de manière plus positive.

Pour tous les cas suivants, imaginez qu'une femme ait manifesté son exaspération face à la photocopieuse de son bureau. En déduisant à tort qu'elle émet un SOS, un homme adoptera une attitude qui conviendra peut-être sur Mars, mais pas sur Vénus. La seconde colonne comporte des exemples de ce qu'il aurait dû dire.

OFFRIR DES SOLUTIONS / OFFRIR SON SOUTIEN

Quand elle s'exclame : « La photocopieuse n'arrête pas de tomber en panne. On ne sait jamais quand elle va marcher... », il répond...

Réponse appropriée sur Mars	**Réponse appropriée sur Vénus**
Ne t'inquiète pas. Je vais te montrer comment la réparer.	À ton avis, qu'est-ce qu'on peut faire ?
Ce n'est pas grave. Il y en a une autre au premier étage.	Combien de fois est-elle tombée en panne ?
Parles-en à Darrel, il s'y connaît.	Je croyais que Darrel venait juste de la réparer !

Et alors ?	C'est vraiment énervant !
Je n'ai pas le temps de m'en occuper pour le moment.	Hm, ça a commencé quand ?
Ma foi, je ne peux rien y faire.	Je sais. Elle m'a fait le même coup l'autre jour.
OK, je verrai ça plus tard.	Si tu as besoin d'aide, dis-le-moi.
Tu ne m'apprends rien.	Oui, tout va de travers cette semaine. Mon téléphone ne marche pas non plus.
Laisse tes documents sur mon bureau, je les photocopierai plus tard.	Tu veux que je t'aide ?

Chacun de ces exemples montre que, sur Vénus, proposer de l'aide, témoigner un peu de compassion ou poser une simple question est plus à propos que brandir une solution immédiate. Ainsi, un homme ne signifiera pas à sa collègue qu'elle est « une faible femme » perdue sans lui.

HALTE AUX CONSEILS NON SOLLICITÉS !

Tout comme les hommes ont le don d'intervenir à tout bout de champ, les femmes sont trop prodigues de conseils. Pas étonnant donc qu'elles rencontrent une certaine résistance de la part de leurs confrères, car leurs suggestions arrivent souvent au mauvais moment. Un homme tient à se débrouiller seul. Et à moins de faire savoir autour de lui qu'il apprécierait un coup de main, il aime avant tout qu'on le laisse régler les choses à sa manière. Si elle n'est pas au courant de cette caractéristique masculine, une femme risquera très vite d'offenser ses collègues du sexe opposé, quand elle ne se les mettra pas à dos. L'histoire qui suit le prouve.

À moins de réclamer lui-même un coup de main, un homme apprécie avant tout qu'on le laisse agir à sa guise.

Teresa avait remarqué que Jackson était tendu. Il disposait d'un délai très court pour mener une tâche à bien et avait pris du retard sur son planning. Afin de lui remonter le moral, elle est passée le voir à son bureau, pensant lui apporter un peu de réconfort vénusien. Si son intention était louable, elle n'a réussi qu'à l'agacer et à le fermer à toute suggestion.

Jackson était plongé dans une pile de dossiers lorsque Teresa est venue tourner autour de lui. Il ne voulait visiblement pas être dérangé et il le lui a fait savoir par un grognement, qu'elle a malheureusement pris pour un appel à l'aide.

Elle a alors tenté d'agir en conséquence : « Quel bazar ici ! Je me demande comment tu fais pour t'y retrouver. Si tu faisais le ménage sur ton bureau, tu y verrais plus clair. »

En langage vénusien, cela voulait dire : « Je te fais confiance, tu vas t'en sortir. Simplement, cela ne doit pas être facile de travailler dans un désordre pareil. Je comprends ta frustration. Voici quelques conseils qui te faciliteront la tâche. »

Jackson en a été contrarié et même un peu offensé. Lui avait entendu : « Je ne crois pas que tu finiras à temps. Je sais mieux que toi comment il faut s'y prendre. Tu es incompétent. Suis mes conseils et tout se passera bien. »

Ignorante des valeurs martiennes, Teresa ne pouvait deviner à quel point il importait à Jackson d'atteindre ses objectifs sans aide extérieure. Ses conseils lui ont fait l'effet d'une insulte parce qu'il ne lui avait rien demandé. Or, les Martiens ne proposent jamais leur assistance à moins d'en être priés et la plus grande marque d'estime à leur donner est de partir du principe qu'ils peuvent résoudre seuls leurs problèmes, sauf demande explicite.

Après avoir appris que les hommes viennent de Mars, Teresa a éprouvé un grand soulagement : elle comprenait enfin pourquoi elle se sentait aussi exclue par ses collègues masculins. Ses efforts pour s'intégrer ne faisaient en réalité que les rebuter. Elle s'est donc abstenue de dispenser ses conseils à tort et à travers, et a regagné peu à peu leur respect.

Sur Mars, dire à quelqu'un ce qu'il sait déjà ou le conseiller alors qu'il n'a rien demandé écorne son amour-propre. Au sein d'une hiérarchie, les rapports sont toujours un peu tendus entre un homme et son supérieur, les Martiens appréciant fort peu qu'on leur dicte leur conduite. Un patron peut détendre les esprits en félicitant ses employés pour leur travail à la moindre occasion et en ne les guidant que lorsque cela lui apparaît nécessaire. Tout patron un peu avisé agirait d'instinct de la sorte.

DEUX GENRES D'HOMMES, UN TYPE DE COMPORTEMENT

On distingue deux genres d'hommes au travail. Les premiers râlent, font la moue ou campent sur leurs positions lorsqu'une femme essaie de les changer ; les autres acceptent avec le sourire de suivre ses conseils, avant de les oublier tout aussi vite et de reprendre leurs vieilles habitudes. Un Martien oppose toujours une résistance, active ou passive. Qu'il en soit conscient ou non, il commettra les mêmes erreurs.

Quand il se sent agressé ou critiqué, un homme adopte la politique de l'autruche. Sa défense consiste à ne pas se remettre en cause et à ne pas changer d'un iota, persuader de finir par prouver au bout du compte qu'il a raison. Une femme ne manquera pas de le déplorer, et à juste titre. Elle aussi cependant se met sur la défensive en pareil cas, mais d'une tout autre manière. Elle justifiera sa frustration ou sa colère alors qu'un homme essaiera d'en minimiser les causes. Qu'un Martien dise à une Vénusienne qu'elle se fait une montagne de pas grand-chose, et elle s'obstinera encore plus pour qu'il la prenne au sérieux.

Si elle veut établir de bons rapports avec un homme, une femme ne trouvera pas plus sûr moyen que de renoncer à le faire « convertir ». Le tableau ci-dessous résume comment s'y prendre :

COMMENT NE PLUS TENTER D'AMÉLIORER UN HOMME

Ce qu'une femme doit se rappeler	**Ce qu'elle peut ou ne peut pas faire**
Ne le questionnez pas trop quand il est contrarié, sinon il devinera que vous essayez de le faire changer.	Faites comme s'il n'était pas contrarié, sauf s'il souhaite se confier à vous. Si vous lui demandez : « Que se passe-t-il ? » et qu'il vous répond : « Rien », laissez tomber.
N'essayez pas de le réconforter de quelque manière que ce soit. Ses grognements ne sont pas une invitation à lui donner des conseils.	Prenez garde à ne pas prendre parti pour quelqu'un qu'il a pris en grippe. Essayez plutôt de le calmer en lui expliquant pourquoi cette personne n'a pas tous les torts.
En le conseillant malgré lui, vous risquez de le vexer et de lui donner l'impression que vous le prenez pour un incapable.	Patience ! Faites-lui confiance : s'il a besoin d'aide, il saura vous trouver. Plus vous le jugerez capable de se débrouiller seul, moins il répugnera à vous demander conseil.

Si un homme montre de la mauvaise volonté à faire ce que vous lui demandez, ce n'est que temporaire. Cela ne signifie pas qu'il ne prend pas cette requête en considération.	Après avoir exprimé une requête, ne dites rien. Sans essayer de lui en expliquer le bien-fondé, laissez-le rouspéter dans son coin. Quand il l'aura compris, oubliez sa réaction et remerciez-le d'avoir exécuté la tâche en question.
Ne faites pas de concessions dans l'espoir de changer un homme – il se sentira contraint et forcé de se plier à vos désirs et s'y refusera d'autant plus.	Ne faites pas de concessions en espérant arriver à vos fins. Soyez brève et directe. S'il répond non, réitérez votre requête et tenez-vous prête à négocier. Les hommes n'aiment pas qu'on use de détours avec eux.
Il sera d'autant plus compréhensif à votre égard que vous serez tolérante vis-à-vis de lui.	Détendez-vous et renoncez à vouloir le transformer. Apprenez à accepter ses défauts. Ménagez ses sentiments, visez moins la perfection et surtout, ne lui faites pas la morale.
Les hommes ont besoin de garder la tête haute en présence de tiers.	Veillez à ne pas le reprendre devant autrui. Vous marquerez des points en atténuant ses erreurs par des remarques comme « Il n'y a aucun problème » ou bien « Ce n'est pas grave. »

Dans tous les cas, vous susciterez moins de résistance chez un homme si, en lui donnant un conseil gratuit, vous ménagez son amour-propre.

Il arrive parfois que, de par la nature de son poste, une femme soit contrainte de faire des recommandations à un homme. Voici quelques trucs pour mieux lui faire avaler la pilule...

SIX ASTUCES POUR DONNER DES CONSEILS NON SOLLICITÉS

1. Les demandes directes sont en général mieux tolérées que les suggestions et les conseils. Au lieu de dire : « Vous devriez nettoyer les filtres quand vous aurez fini », optez pour : « Vous voudrez bien nettoyer les filtres quand vous aurez fini ? » ou encore « Merci de nettoyer les filtres quand vous aurez fini. »

2. Préférez l'emploi de « Voudriez-vous... » à celui de « Pourriez-vous... ». Le premier est plus direct et sous-entend par ailleurs que vous faites entièrement confiance à la personne. Bannissez donc les formules du type : « Pourriez-vous jeter un œil à ce dossier ? » et remplacez-les par : « Voudriez-vous jeter un œil là-dessus ? »

3. Tenez-vous-en aux faits et soyez concise. Signalez par exemple que la peinture du mur n'est pas encore sèche, sans rien ajouter. Un homme n'a pas besoin qu'on lui dise de faire attention ou de ne pas poser les mains à cet endroit.

4. Ne présumez pas en savoir plus long que lui. Faites plutôt part de votre expérience et ne dites pas : « Ne vous inquiétez pas, les avions sont toujours en retard », mais : « À votre place, je ne m'inquiéterais pas. Les avions que j'ai pris jusqu'à maintenant sont toujours arrivés en retard. »

5. Ne partez pas du principe qu'il a besoin d'aide. Au lieu de lancer : « Le papier se trouve dans le tiroir du bas », dites : « Si vous le cherchez, le papier se trouve dans le tiroir du bas. »

6. Ne croyez pas qu'il vous demande votre avis. Gardez-vous d'exprimer votre pensée de but en blanc et si, malgré tout, vous tenez à le faire, prenez un air décontracté : « Si vous voulez mon avis... rien ne nous oblige à finir ce rapport ce soir. »

Ces six conseils visent en particulier les cadres des deux sexes qui ont pour responsabilité de diriger des hommes. Ils serviront également aux femmes à tous les échelons de l'entreprise, lorsque leur fonction ou les circonstances leur imposeront de faire quelques suggestions.

Par ailleurs, certaines remarques préliminaires atténuent le côté blessant – pour un Martien – des conseils non sollicités.

1. J'ai une idée qui pourrait être utile...
2. Si tu veux mon avis...
3. Tu le sais probablement déjà, mais...
4. Tu y as sûrement déjà pensé, mais je te le rappelle au cas où...
5. Je sais que tu n'as rien demandé, mais on ne sait jamais...
6. Pourquoi ne pas essayer...
7. Si tu veux un coup de main, appelle-moi...
8. Voudrais-tu me rendre service...
9. La poste ferme dans dix minutes, voudrais-tu...
10. Si tu veux mon avis, je dirais...

Histoire de s'entraîner à comprendre les réactions masculines, les lectrices peuvent imaginer des situations où s'appliqueraient ces formules destinées à ménager la susceptibilité masculine. Les hommes, eux, en se souvenant des moments où les conseils intempestifs d'une femme les ont exaspérés, devraient garder à l'esprit qu'elle essayait seulement de rendre service, sans forcément douter de leurs capacités.

EN PRATIQUE

À défaut d'être toujours efficaces, ces expressions auront le mérite de vous faciliter la tâche. Il arrive parfois qu'un homme ne soit pas disposé à entendre nos remarques, et rien de ce que l'on pourra dire ou faire n'y changera quoi que ce soit. Lui témoigner encore plus d'égards en mettant en pratique les conseils ci-dessus atténuera tout du moins ses grognements et le fera vite passer à autre chose.

Voyons maintenant comment procéder. Avant toute chose, rappelez-vous que ces précautions sont inutiles lorsqu'un homme vous demande clairement de l'aider. Sur Mars, seuls les conseils non sollicités sont insultants. Voici dix exemples sur la manière de s'y prendre avec un homme sans chatouiller son amour-propre.

Donner des conseils non sollicités	Lui permettre de sauver la face
Tu pensais appeler le service commercial ? Je suis sûre qu'ils veulent savoir où en est cette commande. Tu peux leur passer un coup de fil ?	Je ne sais pas si tu es au courant, mais le service commercial a appelé pour se renseigner sur cette commande. Ils semblaient inquiets. Ça t'ennuierait de leur passer un coup de fil ?
N'oublie pas de dire à Harry que nous n'avons toujours pas reçu sa lettre.	Si tu vois Harry, tu veux bien me rendre un service et lui dire que nous n'avons pas reçu sa lettre ?

Il vaut mieux ne pas utiliser cette photocopieuse. Tu pourrais t'attirer des ennuis.	Je préfère te prévenir au cas où : Richard n'aime pas qu'on abuse de la photocopieuse.
Où vas-tu ? Tu dois encore rencontrer nos clients. Si tu pars maintenant, tu risques d'être en retard.	Tu le sais probablement déjà, mais je te le rappelle au cas où, nos clients arrivent à 16 heures.
Prends quelques minutes pour te calmer et relire tes notes avant d'aller faire ta présentation.	Je ne suis pas pressée. Si tu veux prendre un peu de temps pour relire tes notes avant la présentation, ça ne me dérange pas.
Tu ne devrais pas passer autant de temps sur ce projet. Nous devons d'abord traiter les commandes de Noël.	Je suis un peu stressée par les commandes de Noël. Tu aurais cinq minutes pour m'aider ?
Pourquoi payer aussi cher ? Je sais où tu peux trouver les mêmes à moitié prix.	Si je peux me permettre un conseil, tu peux acheter les mêmes à moitié prix ailleurs.
Ce n'est pas un nouveau portable qu'il te faut, mais un plus gros disque dur. Tu peux le remplacer sans devoir tout racheter.	Je ne t'apprendrai rien si je te dis que tu n'as pas besoin d'acheter un nouveau portable. Tu peux te contenter de remplacer le disque dur.
Tu ne prévois pas assez de temps pour finir. Tu devrais au moins appeler pour prévenir que tu seras peut-être en retard.	Il est déjà 15 h 30. Tu ne crois pas qu'il faudrait leur passer un coup de fil ?
Il me semble que si tu écoutais tout ce qu'elle a à dire, elle oublierait cette histoire.	À sa place, j'oublierais cette histoire si j'étais sûre que tu as vraiment compris où je voulais en venir. Elle a peut-être juste besoin qu'on l'écoute.

Il serait vain de sermonner un Martien par des « Ne ronchonne pas » ou « Ne t'énerve pas ». Quand un homme est énervé, il n'y a pas grand-chose à faire et une femme sentira bien qu'elle le dérange, même s'il se contient. La sincérité et le respect sont les meilleurs remèdes à cette situation – surtout sur Vénus. Un homme mettra plus à l'aise sa supérieure, sa collaboratrice, son employée ou sa cliente en trouvant une répartie qui sonnera comme un encouragement. Lui-même se sentira mieux. Voyons quelques exemples de répliques possibles, en gardant à l'esprit que, selon les situations, certaines seront préférables à d'autres.

Sept réparties à l'attention des hommes

Imaginez un homme qui a un coup de fil à passer. Une foule d'autres tâches l'attendent aussi, mais, pour l'heure, il ne peut détourner son attention d'un dossier qu'il juge prioritaire et ce contretemps l'exaspère. Sa collègue, Linda, entre alors dans son bureau et lui dit : « Il est déjà 15 heures. Il faudrait que tu appelles Sam tout de suite. » Conséquence : il va reporter sur elle toute sa frustration.

Il lui suffirait d'employer l'une des réparties ci-dessous pour détendre l'atmosphère et éviter de reporter son hostilité sur Linda. Au lieu de lui jeter un regard furibond ou de se mettre à pester, il ferait mieux de respirer profondément pour se calmer, et d'opter pour l'une des solutions suivantes :

1. Dire d'un ton léger : « Merci de ton soutien. »
2. Paraître sûr de lui et la rassurer : « Je n'y manquerai pas » ou « Je vais le faire tout de suite ».
3. Jouer la carte de la sincérité : « Je sais, mais merci de me le rappeler. »
4. Adopter un ton amical : « En effet, tu as raison. »

5. Dire poliment : « J'avais prévu de l'appeler cet après-midi, mais puisque tu m'en parles, autant le faire maintenant. »
6. Faire profil bas et répondre simplement : « OK », « Bien sûr » ou « Sans problème ».
7. Marquer son respect : « Avec plaisir » ou « Bien sûr, j'en serai ravi. »

Inspirer profondément lui permet de se contrôler. Chose plus importante encore, en veillant à ne faire aucun reproche infondé à sa collègue, il se comporte en homme responsable. En soi, prendre une inspiration prouve qu'il se sentait déjà énervé et que Linda n'y était pour rien. S'il a ce réflexe, un homme s'apercevra qu'il ne peut imputer qu'à lui son sentiment de frustration. Il s'en libérera plus facilement et sera à même de communiquer de manière à gagner la confiance et l'estime d'autrui.

Lorsqu'ils respecteront ce qui les sépare sur le plan professionnel, hommes et femmes entretiendront de meilleurs rapports. Le statut de Monsieur réponse-à-tout ou de membre du Comité d'amélioration de l'entreprise ne sera plus perçu comme un handicap, mais comme un atout. On prend plaisir à travailler avec des gens quand on sait répondre à leurs besoins et eux aux nôtres. Mais pour instaurer de tels rapports, les deux sexes doivent d'abord s'entraîner à mieux s'écouter et à se témoigner plus de respect.

CHAPITRE 5

Les hommes se retirent dans leur caverne, les femmes discutent

Les hommes et les femmes ont deux façons bien distinctes d'aborder les problèmes. Spontanément, un homme se retire dans sa caverne pour réfléchir seul tandis qu'une femme se tourne vers ses semblables pour en discuter. Cette différence, lorsqu'elle n'est pas assimilée, est à l'origine de bien des conflits entre les sexes.

RÉSOUDRE LES PROBLÈMES SUR MARS

Sur Mars, un homme prend la mesure d'un problème et tente de le régler par lui-même. Lorsqu'il y parvient, il en ressort plein d'assurance et empli d'une nouvelle vigueur, prêt à se lancer dans d'autres défis. En revanche, dès qu'il est tributaire du bon vouloir d'autrui pour se mettre au travail, il éprouve une grande frustration : dépendre des autres, quand ce n'est pas indispensable, constitue à ses yeux une perte de temps et d'énergie. Pour se protéger le plus possible de ces aléas, il pratique la politique du tout ou rien : soit il contrôle un projet de A à Z soit il s'en dissocie ou se borne à apporter son soutien si nécessaire. La collaboration n'est pas son fort !

Dépendre des autres, quand ce n'est pas indispensable, constitue aux yeux d'un Martien une perte de temps et d'énergie.

Travailler en solo évite de nombreuses tensions et procure souvent davantage de reconnaissance. Au cours d'un match de basket-ball, plusieurs joueurs inscrivent des paniers, mais la victoire est généralement attribuée au dernier qui marque. Rien de plus naturel que de rechercher l'approbation de ses pairs ! Il ne suffit pas de faire du bon travail, encore faut-il que les autres en soient conscients et vous en attribuent le mérite.

Les hommes mesurent leur valeur à l'aune de leurs résultats. Vos efforts, quand ils sont reconnus, se traduisent pour vous par une augmentation ou une promotion et pour l'entreprise par l'accroissement des parts de marché et la hausse des ventes. Peu importe que vous soyez expert dans votre domaine : si vous êtes le seul à le savoir, vous n'en retirerez aucun bénéfice.

RÉSOUDRE LES PROBLÈMES SUR VÉNUS

Sur Vénus, l'approche n'est pas la même : toute difficulté représente une occasion de s'ouvrir aux autres, de mettre en commun des idées et de collaborer. Une Vénusienne considère que l'union fait la force et, sur sa planète, on intègre dans une équipe toutes les bonnes volontés.

Une femme démontre son respect pour ses collaborateurs quand elle les inclue dans le processus de résolution d'un problème. Les exclure reviendrait à les estimer incapables d'apporter leur contribution et ils ne manqueraient pas de se sentir personnellement mis en cause et d'en prendre ombrage.

Même si une femme ne doute pas de ses capacités à s'en sortir seule, elle ménage la susceptibilité de ceux qui l'entourent en leur demandant leur avis. Elle contribue ainsi à établir de solides relations de travail. En évoquant ce qui la tracasse, elle ne fait en aucun cas l'aveu de son impuissance. À l'inverse des hommes, elle ne cherche pas à faire ses preuves à tout prix : elle désire avant tout donner la possibilité à ses collègues, ses supérieurs ou ses employés de prendre part aux décisions.

En évoquant ce qui la tracasse, une femme ne fait en aucun cas l'aveu de son impuissance.

Sur Vénus, discuter de ses soucis est également la meilleure façon d'en venir à bout. Il en découle parfois des bienfaits insoupçonnés. Comme découvrir qu'un collègue est confronté au même problème, et que vous pouvez faire d'une pierre deux coups, ou qu'un autre travaille déjà à une solution possible et qu'il est donc inutile d'arriver séparément à la même conclusion, ou enfin qu'un troisième a en sa possession des informations qui apportent un nouvel éclairage. Évoquer ensemble ses tracas peut se comparer à planter des graines : vous ne savez jamais si elles vont germer, mais il faut les semer pour en avoir le cœur net.

RÉSOUDRE DES PROBLÈMES DANS SA CAVERNE

Pour de nombreux hommes, le succès dépend de leur capacité de fuir toute distraction afin de se concentrer sur ce qui les préoccupe. Sur Mars, on appelle cela « se retirer dans sa caverne ». Une fois à l'abri, ils font le vide et se consacrent à la recherche de solutions sans être dérangés.

Tout Martien doit donc avoir une caverne imaginaire qui lui permette de tenir le monde à distance et de s'absorber pleinement dans une tâche. Plus celle-ci sera importante, plus il se repliera sur lui-même. Dans ces moments-là, il perd toute notion du monde alentour et répugne à être interrompu.

Tout Martien a une caverne imaginaire qui lui permet de tenir le monde à distance et de s'absorber pleinement dans une tâche.

En s'isolant, un homme s'efforce de trouver la réponse à ce qui le perturbe. Quand un problème surgit, il s'y attaque immédiatement, ou il le met de côté, mais dans les deux cas il évite de s'appesantir dessus.

GÉRER LE STRESS DANS SA CAVERNE

Quand une difficulté fait l'objet d'une discussion et qu'aucune solution n'est trouvée, un homme en conçoit une grande anxiété. Il a un seuil de tolérance au stress moins élevé que ses collègues féminines. Face à un problème, il ressent un besoin quasi viscéral de le résoudre ou du moins de s'y atteler. Le simple fait de mettre sur pied un plan d'action suffit à faire retomber la tension alors qu'en parler ne contribue qu'à la faire monter d'un cran.

Les hommes ont un seuil de tolérance au stress moins élevé que les femmes.

Écouter une femme retourner un problème dans tous les sens accroît son impatience et sa nervosité. Il n'a qu'une hâte : passer de la théorie à la pratique. En se retranchant dans sa caverne pour méditer, il peut se détendre. Si toutefois il stagne, c'est en se détournant momentanément de ses préoccupations et en se consacrant à une activité qui lui apporte plus de satisfaction qu'il parviendra à se calmer.

Les hommes se détendent en agissant, les femmes en parlant.

Quand il redirige son énergie vers un nouvel objet, il sécrète des hormones qui l'aident à oublier ses soucis et à relaxer la partie de son cerveau mobilisée par le travail et les responsabilités. Platon a été le premier à mettre en avant cette technique de réduction du stress pour démontrer le bien-fondé du sport et des loisirs. En effet, la tension s'accumule si on sollicite en permanence la même partie du cerveau : en activant l'autre, celle qui est surmenée peut se mettre au repos.

Platon a noté qu'en activant une autre partie du cerveau, celle qui est surmenée peut se mettre au repos.

Un problème insoluble est un facteur de stress très important pour un homme. En mettant à contribution l'autre partie de son cerveau, celle soumise à forte pression peut se recharger et récupérer. En activant la fonction « loisirs », la fonction « travail » est mise en veille. Le cerveau libère alors des endorphines et des substances chimiques dans l'organisme qui induisent bien-être et détente.

LE GROUPE : UN FACTEUR DE STRESS

Le stress est souvent à son comble quand des hommes et des femmes se réunissent pour discuter d'une difficulté. Les femmes en profitent pour échanger des idées et réussissent ainsi à mieux contrôler leur anxiété. En revanche, les hommes, s'ils ont le sentiment que ces discussions ne mènent à rien se sentent encore plus angoissés et tendus. Ils interrompent régulièrement leurs collègues pour proposer des solutions, s'attirant ainsi leurs foudres, car elles préfèrent envisager d'abord le problème sous tous les angles avant de s'assurer de l'adéquation des solutions. Quand on n'est pas au fait de ces deux manières de procéder, des rancœurs s'installent inévitablement.

Le stress est souvent à son comble quand des hommes et des femmes se réunissent pour discuter d'une difficulté.

Les hommes, s'ils souhaitent être constructifs, doivent tolérer que chacun donne son avis. En gardant à l'esprit que les femmes éprouvent un réel besoin de parler de ce qui les préoccupent, un homme peut décompresser et prêter une oreille attentive à ses collègues : ses efforts seront largement récompensés. Certes, il ne résoudra pas le problème en question, mais il fera avancer ses relations avec ses collaboratrices en leur montrant que leur opinion est prise en considération. Les femmes peuvent également prendre note qu'en allant à l'essentiel, elles s'insinuent dans les bonnes grâces de leurs collaborateurs.

Ce qui ne signifie pas qu'elles doivent parler moins : elles parlent dans l'ensemble déjà trop peu. Dans une réunion, les hommes ont tendance à monopoliser la parole, alors que les femmes limitent leurs interventions pour laisser à tous la possibilité de s'exprimer. Sur sa planète, une femme montre ainsi qu'elle est polie ; quand elle agit de même sur Mars, elle donne l'impression qu'elle n'a rien d'intéressant à dire.

En parlant peu, une femme pense se montrer polie, mais elle donne l'impression aux Martiens qu'elle n'a rien d'intéressant à dire.

Pendant une séance de travail, les femmes entre elles veillent à inclure tout le monde dans la conversation et à ne pas l'accaparer au détriment de leurs collègues. En présence d'hommes, il ne faut pas qu'elles oublient qu'eux se conforment à des règles de conduite martiennes : elles peuvent donc intervenir quand bon leur semble et développer à loisir leurs suggestions.

Une femme conclura peut-être, du fait qu'elle perçoit un léger agacement dans l'auditoire, que les hommes répugnent à écouter ce qu'elle a à dire. Or cela ne se produit que lorsqu'elle s'appesantit inutilement sur un problème au lieu de se concentrer sur les moyens de le régler. Les hommes ne remettent pas en cause les solutions proposées mais perdent patience quand une femme passe trop de temps à énumérer les difficultés à surmonter.

LE DRAGON DANS SA GROTTE

Des ronchonnements, une certaine irritabilité sont des signes révélateurs qu'un homme se trouve dans sa caverne. Lorsqu'il veut faire avancer un projet, il peut, l'espace d'un instant, devenir grognon et irascible s'il a le sentiment qu'on lui met des bâtons dans les roues. Les femmes doivent apprendre à reconnaître ces symptômes pour ne pas les prendre comme une attaque personnelle.

Sur Mars figure devant chaque grotte un panneau sur lequel est inscrit : « Ne pas déranger sous peine d'attiser la colère du dragon. » Les autres Martiens accordent à leur congénère solitaire l'espace dont il a besoin. Ils savent d'instinct qu'il refera surface dès qu'il aura les idées claires. S'ils aperçoivent de la fumée, ils ne s'en inquiètent pas pour autant : un dragon ne sort jamais au grand jour. Vous ne vous exposez à ses flammes qu'en vous risquant dans son antre !

Sur Mars, figure devant chaque grotte un panneau sur lequel est inscrit : « Ne pas déranger sous peine d'attiser la colère du dragon. »

Les hommes saisissent sans peine le sens de cette mise en garde mais les Vénusiennes la perçoivent comme un SOS implicite.

Une femme peut avoir l'air distante ou plus indépendante, mais apprécier qu'on lui offre spontanément soutien et réconfort. Certaines femmes n'aiment pas demander ouvertement de l'aide, elles préfèrent le faire de manière détournée, en vous faisant remarquer par exemple qu'elles sont toutes seules pour effectuer un travail.

Quand un homme se réfugie dans sa caverne, une femme interprète à tort son désir de se retrouver seul comme un besoin d'être rassuré et réconforté. Elle le suivra et lui posera de nombreuses questions. Persuadée en bonne Vénusienne qu'elle a fait ce qu'on attendait d'elle, elle ne comprendra pas qu'un homme ronchonne, se montre encore plus contrarié, cassant, et pressé d'en finir. Elle prendra cette attitude masculine pour une marque de mépris.

Une femme interprète à tort le désir d'un homme de se retrouver seul comme un besoin d'être rassuré et réconforté.

Cette tendance martienne à se retrancher dans sa caverne et à rechigner à toute intrusion est une particularité biologique masculine. Pas étonnant que les femmes soient aussi déconcertées quand les hommes soufflent ainsi le chaud et le froid.

Toutefois, rien ne les empêche de communiquer avec un homme terré dans sa caverne. Elles doivent seulement lui préciser à l'avance combien de temps il devra leur accorder et se préparer à lui dire exactement quels sujets elles comptent aborder. Tous ces détails aideront un homme à faire la transition en douceur.

Quand un homme se trouve dans sa caverne, commencez par lui dire combien de temps vous souhaitez qu'il vous accorde.

Se familiariser avec cette propension masculine à l'isolement est pour une femme le B.A.-BA de la survie en entreprise. Que vous travailliez sous les ordres d'un homme ou que vous le dirigiez, vous éviterez bien des tensions en respectant son besoin d'introspection.

Les hommes, eux, doivent s'attendre à ce que les femmes se méprennent sur leur attitude, la ressentent comme une agression et leur retirent leur appui sous divers prétextes. Même si elles se trompent en croyant qu'ils font preuve de détachement et d'indifférence, ils seront mis à l'index. Forts de ce savoir, il ne tient qu'à eux de prendre les devants pour améliorer les relations et développer une coopération et un respect mutuel. En modérant dans un premier temps leurs grognements, bien des conflits seront tués dans l'œuf...

Prenons l'exemple d'un dentiste : quand une patiente le voit témoigner à ses assistants des deux sexes sollicitude et attention, il gagne son estime et sa fidélité. Les femmes sont particulièrement attentives à la manière dont vous traitez les autres. Dans tous les domaines, le succès est conditionné par les recommandations et le bouche-à-oreille. Il vous sera assuré si vous montrez que vous avez des égards pour autrui.

Quand vous êtes d'humeur introspective, pour arrondir les angles, des mots gentils, des témoignages de considération font souvent l'affaire.

Quand un homme s'isole et s'absorbe dans une tâche, il ne se rend pas compte à quel point son comportement affecte ses collègues.

Une attitude positive a un impact direct sur la réussite d'une entreprise. Les hommes qui occupent des postes à responsabilités ignorent souvent que lorsqu'ils s'isolent ainsi, ils renvoient à leurs collègues une image potentiellement négative. Ils peuvent toutefois facilement la corriger.

LA RÉACTION DES FEMMES À LA CAVERNE

Une femme réagit souvent de manière très critique. Nous allons voir ensemble quelques-unes des conclusions qu'elle peut tirer face à un homme retranché dans sa caverne :

1. **Elle se sent exclue** : elle a le sentiment que ses compétences ne sont ni perçues ni appréciées à leur juste valeur. Elle aura du mal à faire comme si de rien n'était.

2. **Il lui paraît insensible** : il lui donne l'impression de n'accorder aucune espèce d'importance à ce qu'elle peut penser ou faire.

3. **Il n'a jamais le temps** : il ne prend jamais le temps de discuter avec elle ou de s'intéresser à son avis.

4. **Il est froid** : il lui semble que seuls importent pour lui les résultats financiers de l'entreprise. Elle sait qu'elle ne pourra pas compter sur lui quand ils traitent une affaire.

5. **Il est intimidant** : elle ressent de l'intimidation face à lui, comme si rien de ce qu'elle faisait ne convenait. Elle se mettra à le craindre et prendra naturellement ses distances.

6. Elle se sent incomprise : elle croit qu'il ne comprend pas ses motivations. Si elle doit traiter avec un client, travailler avec un collaborateur ou un supérieur, elle a besoin avant tout de sentir qu'elle est comprise et appréciée.

7. Il lui paraît inaccessible : elle n'est pas à l'aise en sa présence, elle n'ose pas dire ce qu'elle pense ou lui demander ce qu'elle veut. Ce sentiment de frustration ira grandissant.

8. Il est détaché : il ne se soucie pas de ce qu'elle éprouve. Elle aimerait qu'il fasse preuve de plus d'enthousiasme et qu'il s'implique davantage. Et lorsqu'il est dans sa caverne, rien de tout cela ne transparaît, même si telle n'est pas son intention.

9. Il reste impassible : sa supérieure croira qu'il cherche à se démarquer de ses décisions et qu'il ne la respecte pas. Ses collègues ne se sentiront pas soutenues et rechigneront à l'aider en retour.

10. Il semble critique : ses employées concluront qu'elles ont commis une erreur ou que leur poste est menacé et paniqueront. Ce qui aura pour conséquence de les mettre sur la défensive car elles auront la sensation d'être décriées à tort.

11. Il est en colère : il ne lui adresse pas la parole parce qu'il lui en veut ou ne l'aime pas.

12. Il a l'air aux abois : ses supérieures, employées et clientes penseront que l'entreprise est en proie à de grandes difficultés et qu'il s'efforce de limiter la casse ! Quand les gens ne sont pas tenus au courant, ils concluent souvent au pire.

13. Il éprouve des rancœurs : elles se sont accumulées pour se dresser entre eux et il ne lui oppose plus que son indifférence. Elle en conçoit un fort sentiment d'injustice et deviendra soit agressive soit craintive.

14. Il se montre dédaigneux : quand un homme est dans sa caverne, il se consacre d'abord aux problèmes les plus urgents. Si les difficultés rencontrées par sa collègue lui paraissent mineures, il ne leur accordera pas toute son attention. Elle en conclura que, pour lui, ce qu'elle a à dire est sans importance et qu'il ne la prend pas au sérieux.

En consultant cette liste de temps à autre, un homme sera plus enclin à traiter les autres avec attention et ménagement. Tout comme il aura pris soin de se restreindre de ronchonner, il se fera un principe de bavarder davantage, d'être plus patient et ouvert. De même, les femmes, à la lecture de cette liste, se rappelleront que les hommes viennent de Mars et qu'il est naturel pour eux d'avoir des périodes de réclusion. À elles de ne pas se méprendre sur leur sens !

LA POLITIQUE DE L'INCLUSION ET DE L'EXCLUSION

Quand une femme voit un homme résoudre un problème en toute indépendance, elle se dit qu'il l'exclut parce qu'il ne l'estime pas capable de lui apporter une aide efficace. Il se mue soudain en un être insensible, incohérent et détaché alors qu'il s'efforce simplement de faire son travail ! Lorsque nous sommes confrontés à un comportement qui ne nous est pas familier, nous nous imaginons souvent le pire, et c'est encore plus vrai quand notre emploi est en jeu. Les hommes paraissent aux yeux de leurs collègues féminines toujours plus froids et plus durs qu'ils ne sont en réalité.

De la même façon, si une femme évoque avec un homme une difficulté dont elle pourrait très bien venir à bout seule, il en déduit qu'elle n'en est pas capable. Il n'envisage même pas qu'elle puisse déjà avoir une idée de la solution et qu'elle demande son avis dans le seul but de le faire participer à ses projets.

Prenons des exemples concrets pour illustrer ces deux politiques :

Karen est commerciale. On lui signale dans une note que les ventes sont à la traîne dans une région donnée. Son premier réflexe est de communiquer cette information à ceux qui travaillent avec elles. Après en avoir discuté avec ses collaborateurs, elle fixe un rendez-vous avec son supérieur et lui expose les faits.

Avant la réunion, elle est arrivée sans aucun mal à ses propres conclusions. Mais comme elle considère qu'il s'agit là d'un problème sérieux, elle souhaite inclure Jérôme, son chef. Sur Vénus, exclure un collaborateur d'une décision importante, même si la solution tombe sous le sens, s'apparente à une marque de mépris.

Sur Vénus, exclure un collaborateur d'une décision importante, même si la solution tombe sous le sens, est une marque de mépris.

Lorsqu'elle pénètre dans le bureau de Jérôme, elle a une idée très précise de la marche à suivre, mais n'en fait pas état immédiatement. Elle dresse un compte rendu de la situation et demande à Jérôme ce qu'il en pense. Il lui suggère des mesures évidentes et elle convient avec lui que ce sont celles qui s'imposent. Elle entreprend alors de les mettre en place.

Elle quitte donc le bureau persuadée d'avoir fait la preuve qu'elle était compétente et consciencieuse. Ce n'est pourtant pas l'impression que Jérôme en retire. Il ne peut s'empêcher de se demander pour quelles raisons elle est venue le voir et lui a fait perdre son temps alors que la solution était évidente. Et logiquement il émet des doutes sur ses compétences.

Tout cela aurait pu être évité. En abordant le sujet avec son patron, Karen aurait dû passer moins de temps à parler du problème et en venir plus rapidement à ce qu'elle comptait faire.

Les femmes ne doivent pas perdre de vue qu'il vaut mieux, avec les hommes, passer plus de temps à évoquer les solutions que les problèmes. Si elles tardent trop à faire des suggestions, ils penseront que vous n'en avez pas.

Il vaut mieux, avec les hommes, passer plus de temps à évoquer les solutions que les problèmes.

Renversons les rôles et imaginons à présent que Karen est la chef de Jérôme.

Jérôme est commercial. On lui signale dans une note que les ventes chutent dans une région. Il laisse tout en plan pour se consacrer à la question. Quand Karen s'aperçoit qu'il a abandonné ses autres tâches, elle est mécontente. Elle ne comprend pas pourquoi il n'est pas venu la voir pour lui demander son opinion. Et puis, quelle négligence que d'avoir fui ses autres responsabilités ! Aussi décide-t-elle d'avoir une discussion avec lui.

Après leur conversation, Jérôme a l'impression qu'il est puni pour avoir pris la bonne décision. Karen le submerge de questions et il se retrouve comme un écolier face à sa maîtresse. Mais à son sens, à quoi bon en parler, pourquoi ne pas agir ?

Quand une femme discute des difficultés inhérentes à un projet, un homme pense : à quoi bon en parler, pourquoi ne pas agir ?

Au lieu d'être récompensé pour son sens de l'initiative, il a le sentiment d'être brimé. Karen elle, a senti qu'il se braquait quand elle a voulu lui proposer son aide. Elle en déduit qu'il refuse le travail d'équipe et, en conséquence, lui retire sa confiance. Leur discussion n'aura pas permis de mettre les choses à plat et la tension reste latente.

Dans cet exemple, Jérôme a pris sur lui de résoudre seul le problème. Une telle attitude lui aurait valu l'appréciation de ses pairs martiens. Mais pas sur Vénus : Karen attendait qu'il en réfère d'abord à elle. Ensemble, ils seraient parvenus à une conclusion qui les aurait satisfait tous deux.

Jérôme aurait pu parer aux reproches de Karen en prenant le temps de la mettre au courant et en lui disant qu'il s'occupait de tout mais que ses suggestions étaient les bienvenues. Une simple note d'information aurait permis d'expliquer clairement la situation.

ABORDER LES PROBLÈMES COLLECTIVEMENT : AVANTAGES ET INCONVÉNIENTS

Sur Vénus, parler des problèmes est un moyen de se sentir mieux mais sur Terre, où hommes et femmes collaborent, les avantages le disputent aux inconvénients. Voici une liste qui vous permettra de faire un choix, en fonction du contexte :

1. Avantage : en incluant les autres dans la discussion, il en ressort une meilleure perception des difficultés, la situation s'en trouve éclaircie et la solution devient limpide. Dans ce cas, une réflexion globale permet de régler la situation avec rapidité et efficacité.

Inconvénient : de points de vue opposés surgissent parfois de nouveaux conflits qui viendront perturber et ralentir les débats. Sans compter que vos adversaires peuvent unir leurs forces contre vous. D'autres encore éprouveront le sentiment de n'avoir pas pu s'exprimer et leur amour-propre risque d'en prendre un coup. Plus il y a de monde, plus il y a de susceptibilités à ménager et plus cela prend de temps. Parfois il vaut mieux passer outre et faire ce que vous jugez être dans l'intérêt de l'entreprise.

2. Avantage : en consultant vos collaborateurs, vous vous assurez de leur soutien dans la mise en place d'une solution. Une décision concertée est une décision appréciée. Une meilleure compréhension des problèmes amène les gens à proposer plus volontiers leur aide. La bonne volonté de chacun augmente les chances qu'un tel problème ne se représente pas à l'avenir.

Inconvénient : certains peuvent avoir envie d'évoquer les difficultés qu'ils rencontrent. Plutôt que leur soutien, vous écopez d'ennuis supplémentaires. L'horizon s'obscurcit et toute chance de résolution rapide disparaît. Quelques-uns estimeront en outre que vous n'avez pas su mettre à profit leurs conseils et vous retireront leur aval.

Débattre d'un problème lui fait parfois prendre des proportions démesurées. Sans vous en rendre compte, vous faites une montagne d'une peccadille, ou du moins donnez-vous cette impression à vos collaborateurs. Les esprits pragmatiques perçoivent les bavardages comme une perte de temps. Vous passerez alors pour un fauteur de troubles...

Quand une question a pris une telle ampleur que vous vous retrouvez à faire du surplace, changez d'approche. Pour débloquer la situation, décomposez le problème en ses points essentiels : il vous paraîtra immédiatement plus gérable. En procédant étape par étape, les difficultés s'aplaniront les unes après les autres. Quand vous êtes face à un mur, plutôt que de réfléchir au moyen de l'abattre en une seule fois, commencez par retirer une brique, les autres suivront.

3. Avantage : quand tout le monde participe, il se crée une forte émulation qui renforce la motivation. Les dirigeants avisés savent très bien que pour dynamiser une équipe et mieux la diriger il faut savoir l'impliquer dans le processus de décision.

Inconvénient : informer vos collaborateurs de vos difficultés nuit à votre image. Comme nous l'avons vu, sur Mars, évoquer ses problèmes est signe de faiblesse. Ceux qui sont directement en compétition avec vous en profiteront pour vous dénigrer et tenter d'affaiblir vos positions. Ils peuvent également saisir cette occasion pour se mettre en avant. En ne taisant rien des obstacles qui se dressent sur votre route, vous vous exposez aux attaques.

Si vous circulez en voiture et que vous désirez changer de voie, la politesse et le code de la route veulent que vous en avertissiez les autres conducteurs. Dans certaines villes, quand vous mettez votre clignotant pour vous rabattre, la voiture sur la file d'à côté va accélérer pour ne pas vous laissez passer. Le travail est tout aussi compétitif. Quand les ventes de votre secteur diminuent, la cote de vos collègues remonte. Si vous n'êtes plus à la hauteur, ils vous mettent au rebut. Même si ce monde n'est pas celui dont nous rêvons, c'est celui dans lequel nous vivons. Il n'est certes pas peuplé uniquement de requins, mais ils existent, et il nous appartient de composer avec eux.

4. Avantage : quand tous vos collaborateurs agissent de concert, les liens se renforcent. Un esprit d'équipe se développe et génère davantage de confiance et une plus grande coopération. La synergie qui résulte de la mise en commun de talents divers est elle-même source de créativité. Au vu des effets positifs, de plus en plus d'entreprises optent pour une résolution collective des problèmes. Elles cimentent également la cohésion du groupe en proposant des activités physiques, des journées thématiques ou des retraites.

Inconvénient : la familiarité risque d'engendrer le mépris. Tous les employés se retrouvent sur un pied d'égalité quand leur avis est sollicité. Si vous bénéficiez de privilèges ou avez obtenu de l'avancement, vous susciterez la jalousie. Au lieu de générer un climat d'entente, ces sessions vont attiser les rancœurs de ceux qui n'ont pas le même statut dans la société. Ils trouveront injuste d'être moins reconnus alors qu'ils sont tout aussi compétents.

Des dissensions pourraient voir le jour. Les employés ont besoin d'un dirigeant fort ou bien ils s'en détournent. À évoquer trop de difficultés, vous provoquez panique et frustration chez vos collaborateurs. Pourquoi devraient-ils se donner tant de mal ? Et si leur patron lui-même échoue, pourquoi eux réussiraient-ils ? Pour ne pas les accabler, pensez à toujours mettre l'accent sur les progrès accomplis.

5. Avantage : de plus en plus de femmes occupent des postes clés, mais ne sont pas toujours bien acceptées par les hommes. Au sein d'un groupe, un homme va prendre conscience de l'intérêt d'échanger des idées et adhérer rapidement à ce principe. Une fois qu'il reconnaîtra l'utilité de ces débats, il montrera davantage de considération pour les femmes et leurs méthodes de travail et moins de réticence à se conformer à leurs directives.

Inconvénient : sur Mars, les hommes respectent les décisionnaires. En l'absence de propositions de votre part, ils vous traiteront avec mépris. Dire ouvertement ce qui vous tracasse revient à étaler votre incompétence au grand jour. Lorsque les femmes qui ont d'importantes responsabilités s'ouvrent de leurs préoccupations, les hommes les considèrent incapables de faire face, leur ôtent toute estime et font preuve de mauvaise volonté ou de ressentiment.

LE TRAVAIL D'ÉQUIPE

Apprécié sur Mars comme sur Vénus, il ne renvoie pas du tout à la même réalité. Sur Mars, cela signifie que chacun possède un domaine d'expertise précis. En tant que membres d'une même équipe, les Martiens travaillent main dans la main, mais n'échangent ni ne partagent leurs rôles.

Sur Vénus au contraire, les responsabilités et les décisions sont collégiales. Tout est pris en charge collectivement et il n'existe pas de stricte délimitation entre les différentes fonctions. Les Vénusiennes font preuve d'une plus grande flexibilité et adaptabilité. Cette vision, fondamentalement égalitariste, ne ressemble en rien à l'idéal martien. Les hommes et les femmes conscients de ces divergences pratiqueront à bon escient une politique d'inclusion ou d'exclusion.

Il ne viendrait jamais à l'esprit d'un défenseur de prendre le poste d'attaquant.

Une femme qui travaille seule ou dirige une équipe veut pouvoir compter sur l'assistance de ceux qui l'entourent en cas de pépin. Cette volonté est plus souvent interprétée par ses collaborateurs comme un signe de faiblesse que comme une stratégie efficace pour résoudre les difficultés et lutter contre le stress.

Quand un homme évolue dans un environnement où la collaboration est très développée, il est important pour lui de conserver un domaine dont il sera l'unique dépositaire. Devoir évoquer des problèmes sans pouvoir prendre d'actions immédiates s'avère minant à la longue. C'est pourquoi il est essentiel qu'il garde le contrôle d'un secteur – aussi petit fût-il.

Des concessions s'imposent donc. Une femme n'aura pas à renoncer à son désir de coopération si elle respecte le besoin de réclusion de son collègue. De même lui pourra continuer à régler seul des problèmes quand il aura compris que les femmes n'exigent pas une collaboration absolue mais veulent simplement être entendues. Il mènera de front travail en solo et travail d'équipe.

CHAPITRE 6

Gérer ses émotions au travail

La sensibilité est le propre de l'être humain, mais hommes et femmes l'expriment différemment sur leur lieu de travail. Évoquer leurs émotions permet à deux personnes – quand elles parlent le même langage – de renforcer les liens qui les unissent. Ce partage, s'il répond aux attentes de chacun, favorise la coopération et la confiance à tous les niveaux de l'entreprise. Dès lors, la productivité augmente et les employés s'épanouissent, tandis que le stress et la tension, eux, diminuent.

Les émotions transparaissent dans les mots, les gestes, les expressions du visage et la voix. On estime que seuls 20 % des échanges se font par la parole. Les mots sont certes importants, mais pas autant que le langage corporel. Un sourire, un éclat de rire, un murmure d'approbation, l'assurance qui se dégage d'une remarque ou un hochement de tête valent parfois plus que tous les beaux discours. Les sentiments que vous manifestez ainsi trouvent un écho chez votre interlocuteur. La plupart des dirigeants ne prennent en compte que les faits, les chiffres et la logique avant d'arrêter leur décision, indifférents au fait que, au moment de signer un contrat, ce sont parfois une intuition ou une impression qui font pencher la balance.

Parler de ses émotions sur Mars et Vénus

Sur Vénus, le fait d'exprimer ses émotions, même les plus négatives, renforce la confiance et le respect. Sur Mars en revanche, ce n'est qu'en faisant preuve d'un esprit positif que l'on s'attire l'approbation de ses collègues. D'une manière générale, les Martiens préfèrent les signes d'assurance, de joie, de satisfaction, de fierté, d'humour, de soulagement ou de détente à l'expression de pensées plus lugubres.

Par conséquent, un Martien aura tendance à laisser paraître avant tout ses sentiments positifs. Quand il traverse une période difficile, il veille à expliquer sa frustration de manière impersonnelle, avec une certaine réserve, toujours afin de s'arroger le respect d'autrui. Il admettra par exemple qu'il est agacé par le retard d'une livraison, source de mécontentement ponctuelle, mais ne dira pas pour autant qu'il a passé une mauvaise journée.

Un homme exprime d'instinct ses émotions négatives de manière impersonnelle.

Sur Vénus, toutes les émotions sont légitimes. Rien n'est tout noir ni tout blanc. Si le produit que vous présentez à une Vénusienne ne l'emballe pas, mais que vous prêtez une oreille attentive à ses réactions, elle en sera enchantée et ira peut-être même jusqu'à faire affaire avec vous.

Pour les femmes, toutes les émotions, qu'elles soient positives ou négatives, sont l'occasion d'un échange avec autrui, à condition toutefois d'y mettre les formes. Elles accordent une égale importance à tout ce qui les touche de près ou de loin et ne s'en cachent pas : sur leur planète, en effet, aucun tabou ne frappe par exemple l'aveu de la vulnérabilité. Contrairement aux hommes, elles ne voient pas là une forme de faiblesse.

LES SENTIMENTS QUE L'ON EXPRIME ET CEUX QUE L'ON ÉTOUFFE

Il est facile de situer la frontière entre le positif et le négatif, mais savoir reconnaître parmi toutes nos émotions celles qui sont trop personnelles pour être divulguées requiert un peu d'entraînement. La plupart des hommes veillent par réflexe à taire ce qui, pour eux, relève de l'intime, mais laissent sans peine paraître des émotions qui ne les engagent pas personnellement. Les femmes, elles, ont l'attitude inverse. Cette différence ne prêterait pas à conséquence si chacun n'interprétait et ne critiquait de manière inconsidérée le comportement du sexe opposé.

Les hommes veillent par réflexe à taire ce qui, pour eux, relève de l'intime, mais laissent facilement paraître des émotions qui ne les engagent pas personnellement.

Voici quelques exemples montrant combien une situation donnée affecte plus ou moins vivement les deux sexes.

La phrase : « Des documents ont été égarés, j'ignore ce que nous allons faire » a été déclinée sur différents tons émotionnels. Dans tous les cas, Martiens et Vénusiennes n'entendent pas la même chose. Le tableau ci-dessous rend bien compte de ces divergences :

Réaction impersonnelle	Réaction personnelle
Quand un homme dit : « Des documents ont été égarés. J'ignore ce que nous allons faire », il signifie que :	Quand une femme dit : « Des documents ont été égarés. J'ignore ce que nous allons faire », elle signifie que :
Il est énervé parce que ces documents perdus lui font manquer une affaire.	Elle est énervée parce qu'elle avait demandé ces documents et qu'elle a l'impression que personne ne se préoccupe de ses désirs.
Il est déçu que les ventes aient chuté au cours des derniers mois.	Elle est déçue que ses idées pour faire grimper les ventes n'aient pas été retenues.
Il craint de ne pas avoir assez de temps pour terminer le projet dans les délais impartis.	Elle craint d'être blâmée si le projet n'est pas fini à temps et de perdre son emploi.
Il est gêné à l'idée que le travail ait été bâclé à cause de la perte de ces documents.	Elle est gênée à l'idée que les autres puissent la juger inefficace et négligente.
Il est en colère parce que, sans ces documents, le travail ne pourra être fini.	Elle est en colère parce que, sans ces documents, elle perdra de sa crédibilité.
Il est triste de voir tout le temps perdu sur un projet qui n'aboutira pas.	Elle est triste d'avoir déçu les autres et perdu son temps.
Il est angoissé parce qu'il ne sait pas comment rattraper le temps perdu.	Elle est angoissée à l'idée de perdre l'estime de ses collègues.
Il est désolé que ces documents aient été égarés car le projet ne sera pas achevé à temps.	Elle est désolée que ces documents aient été perdus et se sent complètement impuissante.

Il est furieux parce que leurs concurrents remporteront le marché.	Elle est furieuse parce qu'elle a travaillé dur pour pas grand-chose et qu'elle risque de ne pas obtenir de promotion.
Il est blessé d'avoir autant travaillé sur un projet qui a échoué.	Elle est blessée d'avoir autant travaillé sur ce projet sans que ses efforts soient reconnus.
Il craint que l'image de l'entreprise en pâtisse et qu'une pareille affaire ne se représente pas.	Elle craint que l'image de l'entreprise en pâtisse et elle a l'impression de ne pouvoir faire confiance à personne dans son service.
Il a honte que ce projet ait échoué et que l'image de l'entreprise soit sérieusement écornée.	Elle a honte que le projet ait échoué et qu'elle-même soit peu professionnelle.

Chacun de ces exemples illustre le décalage entre les deux sexes. Un homme pensera qu'une femme exprimant ce qu'elle ressent au plus profond d'elle-même lui adresse un reproche, alors qu'une femme aura cette impression face à un homme qui affiche une réaction froide et impersonnelle.

Parce qu'elles ignorent cette différence, les femmes se sentent souvent en butte à l'hostilité des hommes ou interprètent mal leurs réactions, même s'ils sont pleins de bonnes intentions. À leur place, un Martien ne prendrait pas les choses autant à cœur. Il arrive que les voix de deux hommes comportent une forte charge affective au cours d'une discussion animée, sans qu'aucun ne se considère pris à parti ni ne se mette sur la défensive. Une femme assistant à leur conversation s'inquiétera, mais leurs collègues masculins, habitués à ces échanges, n'y accorderont aucune importance. Si, en revanche, la discussion prenait un tour plus personnel, ils interviendraient sans hésiter afin d'éviter qu'elle ne s'envenime et ne débouche sur une dispute.

Contrairement aux femmes, les hommes se sentent critiqués ou blâmés quand on donne libre cours devant eux à des sentiments intimes. Prenons l'exemple de la colère : l'une des chansons de Barbara Streisand a rendu célèbre l'idée selon laquelle celle des hommes est respectée, et celle des femmes dénigrée. On peut le vérifier tous les jours. Cela relève certes d'une injustice criante mais, par chance, il existe un moyen de réconcilier Martiens et Vénusiennes à cet égard.

Il faut d'abord garder à l'esprit que toutes les femmes ne suscitent pas de jugement aussi négatif quand elles s'emportent. Certaines donnent une impression de détermination et d'autorité. L'explication en est simple : quiconque exprime sa colère de manière impersonnelle capte aussitôt l'attention et le respect des hommes. En revanche, la colère d'une femme qui se sent personnellement attaquée, vexée ou blessée renvoie l'image d'une râleuse. Les Vénusiennes n'en prendront pas ombrage mais le sang des Martiens risque de ne faire qu'un tour.

La colère d'une femme la fait souvent passer pour une râleuse, alors que celle d'un homme a davantage tendance à être respectée.

Si une femme se montre agacée pour des raisons personnelles, les hommes s'imaginent qu'elle fuit ses responsabilités et s'abrite derrière les autres. Ils voient dans la colère le signe d'une force de caractère et d'une conviction profondes quand elle est liée à une situation ou des circonstances données, non à une réaction émotionnelle.

Seul le contexte détermine quelles émotions il convient d'extérioriser. Lorsqu'une femme veut gagner l'estime d'un collègue, elle doit se garder de s'épancher devant lui. Son attitude peut être mal interprétée si, comme cela arrive souvent, le collègue en question n'est pas familier des mœurs vénusiennes. Il risque de la percevoir comme une femme égoïste qui s'apitoie sur son sort ou jette la pierre aux autres. Mais il ignore que, en opposant à ces confidences une certaine réserve, il donne l'impression d'être froid et irrespectueux.

Le personnage joué par Jack Nicholson dans *Pour le meilleur et pour le pire* – film qui lui valut l'oscar du meilleur acteur – explique comment il est parvenu à une meilleure compréhension des femmes : « Je pense à mes amis, je leur retire raison et sens des responsabilités, et je sais ainsi ce que pensent les femmes. » Parce qu'il est très répandu, ce raisonnement, aussi caricatural soit-il, symbolise la façon dont les hommes se méprennent sur les pensées et les sentiments de leurs collègues féminines. Une meilleure appréhension de nos différences dissipera ces malentendus.

Ce que femmes et hommes se reprochent

Confronté aux émotions d'une femme, l'homme a tendance à se mettre sur la défensive et, parce qu'il se sent visé personnellement, à lui faire des reproches. De son côté, face à l'attitude réservée d'un homme – qu'elle ne manquera pas d'interpréter comme un signe d'insensibilité et un manque de respect –, la femme se replie sur elle-même et prend à son tour ses distances.

Les hommes ne sont pas moins sensibles que les femmes, mais, à moins de se sentir victimes d'une véritable injustice, ils préfèrent garder leurs sentiments pour eux. Telle est la conception martienne du professionnalisme, érigée en règle absolue. Être compétent consiste avant tout à évaluer les moyens à mettre en œuvre pour effectuer une tâche donnée et à l'accomplir au mieux, sans penser à soi-même.

Sur Vénus, la règle diffère légèrement. D'une manière générale, et à moins de faire l'objet d'une injustice flagrante, les femmes, elles, évitent le mode impersonnel et essaient de rester plus spontanées. Mais, comme les Martiens, elles jugent inconvenant de rejeter la responsabilité de leurs actes sur autrui.

Les hommes ont souvent l'impression que les femmes émettent à leur encontre des critiques injustifiées, même si elles s'en défendent. « Je ne te reproche rien, je te dis simplement ce que j'éprouve », expliquent-elles souvent. De même, les femmes reprochent aux hommes de les blâmer, alors qu'ils sont en réalité contrariés et tentent simplement de leur faire comprendre en quoi ils pensent avoir raison. Elles en déduisent que seul compte pour eux d'avoir le dernier mot ; aussi les évitent-elles, persuadées qu'ils sont incapables de les écouter. Pourtant, elles font erreur : plus attentifs qu'elles ne le pensent, ils sont prêts à tenir compte de leurs remarques.

COMMENT DONNER ET RECEVOIR DE L'AIDE

En exprimant ce qui la touche, une femme espère un réconfort moral de la part de son interlocuteur et lui donne par sa confidence une preuve de la confiance qu'elle lui porte. Dans ces moments-là, il suffirait qu'un homme modifie quelque peu son comportement pour renforcer leurs liens professionnels.

Un Martien n'a pas le réflexe de rassurer une collègue, parce que lui-même n'attend aucun soutien affectif lorsqu'il extériorise ses émotions négatives. Ainsi, en cas de déception, il n'espère pas qu'une femme lui témoigne de la compassion en disant : « Je sais à quel point tu es déçu. » Sur sa planète, ce genre de réaction est jugé condescendant. Il se sentirait au mieux mal à l'aise, mais y verrait plus probablement une injure. Pourtant, ce sont ces mêmes mots qui réconforteraient une femme.

En interprétant correctement les sentiments d'une femme, sans se montrer trop distant, un homme lui donne déjà l'impression de la soutenir. Et cette impression sera renforcée s'il ajoute une remarque encourageante et bienveillante à son égard. Voyons quelques exemples.

COMMENT OFFRIR SON SOUTIEN SUR VÉNUS

Prenons le cas d'une femme qui s'exclame : « Des documents se sont égarés. Je ne sais pas quoi faire. » La première colonne du tableau ci-dessous répertorie les différentes émotions exprimées par une femme et la manière de les interpréter. La deuxième colonne propose à chaque fois le meilleur moyen de la rassurer.

Ce qu'elle ressent	Comment un homme peut la rassurer
Son ton est celui de la frustration. Elle est énervée que ces documents aient été perdus. Elle les avait demandés et a l'impression qu'on ne prête pas attention à ses désirs.	Lui dire : « C'est vraiment énervant. Tu les avais expressément demandés. Ils feront plus attention la prochaine fois. »
Elle a l'air déçu. Elle l'est effectivement parce que ses idées pour faire grimper les ventes n'ont pas été retenues.	Lui dire : « Tu dois être très déçue. Tu avais plein de bonnes idées et ils ont fait la sourde oreille... Ils t'écouteront peut-être la prochaine fois. »
L'inquiétude perce dans sa voix. Elle craint d'être critiquée si le projet n'est pas fini à temps et de perdre son emploi.	Lui dire : « Tu crains de perdre ton poste ? Tout le monde s'inquiète pour ce projet. Mais même s'il n'est pas fini à temps, ce ne sera pas ta faute. Tu as fait du bon travail. »

Elle semble embarrassée. Elle est mal à l'aise à l'idée que les autres la jugent inefficace et négligente.	Lui dire : « Tu parais gênée. Ce n'était pas ta faute. Nous savons combien tu t'es investie dans ce projet, et quel soin tu y as apporté. »
Sa voix tremble de rage. Elle est en colère parce que la perte de ces documents peut nuire à sa crédibilité.	Lui dire : « Il y a de quoi être en colère. Je sais que ce n'est pas ta faute. Quelle injustice... Tu as fait du bon travail. »
Elle parle avec tristesse. Elle est abattue parce qu'elle pensait que les choses se passeraient mieux. Au lieu de quoi elle a perdu son temps.	Lui dire : « Cela m'attriste aussi. Je sais que tu t'attendais à ce que les choses tournent différemment. Tu as fais de ton mieux, on ne peut pas exiger de toi l'impossible. »
Sa voix est apeurée. Elle redoute de ne pas avoir le temps de redresser la situation et de décevoir ses collègues.	Lui dire : « Je comprends que tu aies peur. Tout te tombe dessus en même temps... Ne t'inquiète pas, ça va aller. »
Elle parle avec regret. Elle est désolée que ces documents aient été perdus et se sent impuissante.	Lui dire : « Je sais que tu es désolée. Personne ne te demande de les faire réapparaître d'un coup de baguette magique... Ce n'est pas grave. »
Elle semble hors d'elle. La perte de ces documents la rend furieuse parce qu'elle s'est donné beaucoup de mal pour rien et que sa promotion lui sera peut-être refusée.	Lui dire : « Moi aussi, à ta place, je serais furieux. Tu as travaillé dur et voilà le résultat. J'apprécie tous tes efforts. Ça n'a pas dû être facile pour toi... Tu mérites quand même une promotion. »
Elle a l'air blessé. Elle est froissée parce qu'elle a travaillé dur sur ce projet et qu'un de leurs concurrents l'emportera peut-être.	Lui dire : « Ce doit être pénible. Tant d'efforts pour rien. Tu ne méritais pas ça... Je suis sûr que tout finira par rentrer dans l'ordre. »

Sa voix est anxieuse. Elle craint que l'image de l'entreprise en pâtisse et a l'impression de ne pouvoir faire confiance à personne dans son service.	Lui dire : « C'est horrible ! Tout le monde est débordé, comment peut-on se fier à qui que ce soit pour se rappeler quelque chose ? Tout finira par s'arranger. »
Sa honte est perceptible. Elle vit très mal l'échec de ce projet et a peur de ne pas paraître très professionnelle.	Lui dire : « Je sais que tu le vis mal. Tu as fait le maximum. Personne ne peut exiger de toi la perfection. Tu as géré cette affaire avec professionnalisme et compétence. »

Dans ses moments de déprime, une Vénusienne apprécie que l'on s'intéresse à ce qu'elle éprouve et qu'on lui témoigne de la compassion. Sur sa planète, la communion de sentiments est d'usage : on rassure les êtres qui nous sont chers en partageant leurs joies et leurs peines. Par ailleurs, quelques remarques encourageantes et valorisantes donneront encore plus à une femme l'impression de ne pas se retrouver seule dans l'adversité.

Pour réconforter une femme,
il faut partager ses émotions.

Les mêmes remarques peuvent cependant se retourner contre vous si vous les adressez à un homme. Rappelez-vous que les Martiens mesurent leur valeur personnelle à l'aune de leurs compétences. Leur proposer de l'aide, s'ils ne vous ont rien demandé, revient à leur dire que vous ne les trouvez pas à la hauteur. La plupart du temps, les hommes se moquent d'être rassurés. Leur attitude impersonnelle appelle donc un autre type de soutien.

Quand le besoin s'en fait sentir, les hommes se témoignent en effet indirectement leur sollicitude en veillant à la formuler de telle sorte que l'honneur reste sauf. Ils reconnaissent ainsi que l'un des leurs traverse un moment difficile mais qu'ils le croient capable de gérer au mieux la situation. À l'inverse, ils voient vite dans les réflexions bienveillantes des Vénusiennes la preuve qu'elles ne leur font pas confiance ou qu'elles leur reprochent de ne pouvoir s'en sortir sans soutien affectif.

Les Martiens voient vite dans les réflexions bienveillantes des Vénusiennes la preuve qu'elles ne leur font pas confiance.

Sur Mars, attirer l'attention sur les émotions négatives d'autrui est une erreur. Dans la mesure du possible, elles doivent être relativisées ou ignorées. Accorder trop d'importance à ce que ressent l'autre revient en effet à amplifier ses problèmes et à accroître son sentiment d'échec. Dans leur ensemble, les hommes estiment totalement inconvenant de dire à quelqu'un : « Je sais que tu souffres, laisse-moi t'aider. »

Calquer son attitude sur celle d'une personne affligée n'a d'effet que sur Vénus. Si un homme est déçu, inutile de vous sentir déçue « pour lui ». S'il est inquiet, ne prenez pas vous aussi une voix inquiète. Et s'il est triste, ne prenez pas part à sa peine. Vous ne ferez qu'empirer les choses. Ce n'est que lorsqu'il est heureux que vous pouvez adresser à un homme un sourire de connivence.

Les hommes n'ont même pas conscience de réagir ainsi. Ils ne sont sûrs que d'une chose : ils ne supportent pas la compassion d'une femme à leur égard. Voilà pourquoi ils ne s'épanchent pas auprès leurs collègues féminines et n'ont pas la moindre idée de la manière dont il convient de leur exprimer leur sollicitude.

Il ne faut pas non plus en conclure que tous rejetteront le moindre geste amical. Simplement, lorsqu'une femme les voit esquisser un mouvement de recul, elle doit savoir qu'il y a une raison à ce comportement. En fait, ils ne refusent pas tant son aide que sa compassion. En gardant cette distinction à l'esprit, elle évitera de prendre les choses trop à cœur et lancera, par exemple, pour s'excuser de son impair : « Désolée, je n'aurais pas dû me mettre dans tous mes états. » Moins elle en dira, mieux cela vaudra.

Sans cela, une femme ne songerait pas à s'excuser de sa maladresse, ce qui serait d'autant plus regrettable que quelques mots suffisent pour détendre un homme et lui faire oublier son ressentiment.

COMMENT OFFRIR SON SOUTIEN SUR MARS

De même que les femmes apprécient d'être rassurées en période de stress, les hommes aiment être encouragés. Ils ne sont jamais aussi heureux que lorsqu'ils sont estimés, soutenus et salués pour leurs performances. S'ils sont tendus et expriment des émotions négatives, une femme sera bien inspirée de leur adresser quelques remarques toutes martiennes qui trouveront un écho favorable auprès d'eux.

Encourager un homme, au lieu d'essayer de le rassurer, revient à dire : « Je ne me fais aucun souci, tu peux t'en sortir sans mon aide. » Sur Mars, cette attitude est synonyme de confiance, d'acceptation et d'estime.

Encourager un homme, au lieu d'essayer de le rassurer, revient à dire : « Je ne me fais aucun souci, tu peux t'en sortir sans mon aide. »

Gardez toujours à l'esprit que les mots seuls ne suffisent pas. La façon de les dire compte aussi. Pour motiver quelqu'un, veillez à ce que votre ton ne soit pas compatissant. Évitez la commisération et montrez-vous positive, voire enjouée. L'empathie alourdit souvent l'atmosphère, contrairement aux encouragements. Imaginez que vous avez devant vous l'homme le plus compétent au monde. La dernière chose dont il aura envie, c'est que vous soyez « désolée » pour lui. Voyons quelques exemples :

Ce qu'un homme ressent	**Ce qu'une femme peut dire pour le soutenir**
Il est frustré que les documents aient été perdus et qu'une occasion de décrocher un contrat soit gâchée.	« Je suis bien contente de ne pas avoir à faire ton travail », d'un air soulagé.
Il est déçu que les ventes aient baissé au cours des derniers mois.	« On ne gagne pas à tous les coups », d'une voix neutre.
Il craint de ne pas avoir le temps de finir ce projet.	« Je ne m'inquiète pas pour toi, tu vas trouver une solution », d'un air assuré.
Il est embarrassé et se dit que la perte de ces documents a nui à la qualité de son travail.	« Ma foi, tu ne peux pas réussir à tous les coups », d'un air dégagé.
Il est furieux parce que, sans ces documents, il ne peut prouver ce dont il est capable.	« Je suppose qu'on ne te verserait pas un salaire de ministre si tu n'étais pas compétent », d'un air enjoué.
Il est triste d'avoir perdu son temps et de devoir tout recommencer.	« Tu as fait ce qu'il était humainement possible de faire », d'un ton neutre.
Il s'inquiète car il ne sait pas comment rattraper le temps perdu.	« Tant qu'il y a de la vie... », d'un ton plein d'allant.
Il déplore la perte de ces documents parce que le travail ne sera pas terminé à temps.	« Ce n'est pas la fin du monde », d'un air insouciant.

Il est furieux parce qu'une autre entreprise héritera du projet.	« Je suis bien contente que ce ne soit pas moi qui ai égaré ces documents », d'un air soulagé.
Il est frustré parce qu'il a travaillé dur pour rien.	« Tu t'en remettras », d'un ton calme.
Il craint que l'image de son entreprise en pâtisse et qu'une occasion de conclure un tel contrat ne se représente pas.	« Il y aura forcément d'autres occasions », d'un air confiant.
Il a honte que ce projet ait échoué et que l'image de l'entreprise en ait souffert.	« Tout le monde fait des erreurs. C'est la vie », d'un air résigné.

En s'entraînant à prodiguer de tels encouragements, à la fois simples et dynamiques, une femme apporte à un homme le type de réconfort qu'il apprécie. Et si, de surcroît, elle imagine la résistance qu'elle-même opposerait à un tel soutien, elle commencera à comprendre pourquoi les hommes rechignent à prononcer les mots qui rassurent les Vénusiennes.

La technique de la marche arrière

Dès lors qu'hommes et femmes reconnaîtront qu'ils parlent des langages différents, ils commenceront à y voir un peu plus clair et pourront mettre fin à toutes leurs disputes. En allant au-delà des apparences, ils comprendront que, la plupart du temps, le sexe opposé n'est pas un adversaire mais un allié qui s'efforce de les aider. Chaque fois que nous nous sentons offensés, nous ne faisons en fait que nous méprendre sur les paroles et les intentions de notre interlocuteur.

Si l'on s'efforçait de ne voir que le bon côté des autres, ils agiraient de même avec nous. Voilà ce qui distingue les vrais pros des dilettantes : ils ne perdent pas de temps à ressasser des malentendus, mais font en sorte de les dissiper rapidement. Plutôt que de s'appesantir sur des divergences, mieux vaut faire très vite marche arrière et expliquer ce que vous vouliez dire, avec plus de clarté cette fois : c'est le meilleur moyen d'améliorer la communication.

Pour améliorer la communication, mieux vaut faire marche arrière en cas de malentendu et expliquer ce que vous vouliez dire avec plus de clarté.

Au lieu de vous enliser dans une dispute où chacun reproche à l'autre des propos qu'il pense l'avoir entendu tenir, ayez recours à cette technique : elle vous permettra de rectifier une fausse impression. Pour mieux communiquer et réduire les tensions au travail, il faut admettre qu'il est tout aussi facile de se méprendre sur les paroles d'autrui que de mal se faire comprendre. Nous ne parvenons en effet pas toujours à traduire ce que nous pensons ou ce que nous voulons exprimer.

Une certaine souplesse s'avère nécessaire afin que nous puissions corriger nos impairs et laisser les autres corriger les leurs. Chaque fois que nous nous querellons sur le sens de nos propos, en cherchant à déterminer qui a tort et qui a raison, mieux vaut siffler un temps mort, respirer à fond et faire aussitôt marche arrière.

Vous ne pouvez prétendre avoir compris à cent pour cent le message exprimé par autrui. Vous n'êtes capable au mieux que d'expliquer ce que vous pensez avoir entendu. Si votre interlocuteur affirme que vous déformez ses paroles, inutile de le contredire. Camper sur vos positions dans ce cas est à la fois ridicule et nuisible en termes de rapports professionnels. En prenant conscience de nos différents modes de communication, nous ouvrirons les yeux et verrons alors que nous nous méprenons la plupart du temps sur les intentions de nos collègues, en particulier lorsqu'ils nous contrarient. Les dires des uns et des autres sont souvent mal interprétés et, lorsque les choses dégénèrent, les gens ont plus vite fait de hausser le ton que de lancer simplement : « Reprenons depuis le début et sans fausse note cette fois. »

Voici quelques exemples de remarques qui vous permettront de faire marche arrière :

1. « Laisse-moi essayer de le formuler différemment. »
2. « Ce n'est pas exactement ce que je voulais dire. Laisse-moi réessayer. »
3. « Reprenons cette conversation depuis le début. »
4. « Je crois que nous sommes partis sur un malentendu. Je vais tenter de m'exprimer plus clairement. »
5. « Excuse-moi, je me suis mal fait comprendre. Laisse-moi recommencer. »
6. « Voilà ce que moi j'ai compris. Je me trompe ? »
7. « Si ce n'est pas ce que tu voulais dire, voudrais-tu essayer de l'exprimer différemment afin que je puisse mieux comprendre ? »

Les gens font souvent l'erreur de s'en tenir à ce qu'ils ont compris, sans chercher à savoir ce que leur interlocuteur voulait vraiment dire. Même lorsque celui-ci précise son propos, ils refusent de changer d'avis. Une pareille attitude n'est guère constructive.

La technique de la marche arrière peut être utilisée en solitaire. Mettez-la en pratique lorsqu'un collègue vous offense et imaginez ce que vous auriez voulu entendre au lieu de nourrir de la rancœur à son égard.

Grâce à cette gymnastique mentale, vous prendrez le contrôle de vos émotions. User ainsi de votre imagination vous évitera d'envisager le pire et de voir les choses plus noires qu'elles ne sont, surtout en période de stress. Vous évacuerez une grande partie de vos angoisses.

Quand nous sommes stressés, nous voyons toujours les choses plus noires qu'elles ne sont.

Cette méthode paraît très simple en apparence, mais beaucoup de personnes se refusent à l'appliquer. Nous sommes si habitués à ressentir un stress lié au travail et à nous poser en victimes qu'il nous est difficile de changer de comportement. Aussi aurions-nous intérêt à prendre régulièrement quelques minutes pour imaginer ou réécrire une conversation telle que nous aurions voulu qu'elle se passe. Nous développerons ainsi peu à peu la souplesse nécessaire pour mieux communiquer et mieux gérer les tensions occasionnées par les petits malentendus.

Lorsqu'ils ne sont pas sur la même longueur d'onde, hommes et femmes devraient reprendre mentalement leur conversation de zéro pour comprendre qu'ils attendent en fait du sexe opposé une attitude conforme à la leur. Ainsi éclairés sur tout ce qui sépare Martiens et Vénusiennes d'un point de vue professionnel, ils seront plus à même d'accepter ces différences et reconnaîtront plus volontiers leurs erreurs d'interprétation.

EXPRIMER SES ÉMOTIONS AU TRAVAIL

Le meilleur moyen de percer dans une entreprise est d'exprimer des émotions positives. Quand vous êtes sûr de vous, on vous fait confiance. Quand vous vous sentez bien dans votre peau et dans votre travail, les autres recherchent votre compagnie. Quand vous vous montrez calme, vous devenez pour vos collègues une oasis de paix vers laquelle ils convergent en période de crise. Et quand vous savez apprécier à leur juste valeur les occasions favorables qui se présentent à vous, vous en attirez sans cesse de nouvelles.

Quand vous vous sentez bien dans votre peau et dans votre travail, les autres apprécient votre compagnie.

On peut faire passer ses émotions par la parole mais le plus souvent, ce sont nos gestes et les intonations de notre voix qui les traduisent le mieux. Par exemple, une fois une tâche accomplie, il y a une grande différence entre pousser un soupir de soulagement et un soupir exaspéré. Dans les deux cas, on prend une profonde inspiration, mais le message transmis par la voix et l'expression du visage diffèrent complètement. Un soupir peut véhiculer des sentiments positifs, neutres ou négatifs.

Voici une petite liste des erreurs d'interprétation commises par les hommes :

Émotions négatives exprimées par une femme	Interprétation martienne
1. Elle est désolée et embarrassée.	Il en déduit qu'elle n'a pas atteint ses objectifs et qu'elle est incompétente.
2. Elle a l'air inquiet et craintif.	Il croit qu'elle doute d'elle-même, ou qu'elle fait preuve de faiblesse et d'impuissance.
3. Elle exprime sa déception et sa tristesse.	Il a l'impression qu'elle impute ses problèmes aux autres.
4. Elle traduit sa frustration, sa colère et son ressentiment.	Il juge qu'elle s'apitoie sur son sort ou qu'elle perd son temps à se plaindre au lieu d'agir.

Réprimer ses émotions négatives

Sur Mars, exprimer des émotions négatives est un signe de faiblesse, aussi ne les montre-t-on qu'en privé. Garder pour soi ses démons intérieurs s'apparente à une bonne hygiène de vie. Lorsque la frustration, la colère ou la déception s'emparent d'un Martien, il se maîtrise parfaitement jusqu'au moment où il peut enfin donner libre cours à ses sentiments et les analyser – en s'adonnant à une activité distrayante, relaxante ou stimulante, sans lien direct avec son travail. Après avoir recouvré son calme et sa sérénité, il peut de nouveau réfléchir aux causes de sa frustration, de manière plus positive cette fois.

Certains hommes, considérés faibles, peu sûrs d'eux ou mal élevés, affichent librement leurs émotions négatives. Ceux-là suscitent autant que les femmes le mépris de leurs collègues masculins. Sur Mars, les vrais pros effectuent leur travail sans se laisser affecter par ce qu'ils ressentent au plus profond d'eux-mêmes. L'expression propre au show-business : « le spectacle doit continuer » illustre bien cette mentalité.

Le vrai pro est celui qui effectue son travail sans se laisser affecter par ce qu'il ressent au plus profond de lui-même.

Les hommes portent le même jugement sur tous ceux qui expriment des émotions négatives, quel que soit leur sexe. Le manque de sang-froid équivalant pour eux à un manque de conscience professionnelle, donc à une faute grave, ils n'ont en effet aucune indulgence particulière vis-à-vis des hommes coupables de cette faiblesse. À moins de se rendre vraiment indispensable par quelque talent spécifique, un Martien incapable de maîtriser ses émotions sera donc aussi pénalisé qu'une femme en termes de carrière.

Dans ce domaine, les choses diffèrent radicalement sur Vénus, les femmes considérées équilibrées et bien élevées n'étant pas aussi pudiques vis-à-vis de leurs émotions les plus intimes. Les Vénusiennes ne jugent pas offensant d'extérioriser leurs sentiments négatifs, au contraire : elles trouvent là un moyen sain de satisfaire leurs besoins. Sur Vénus, comme nous l'avons déjà vu, parler de ses sentiments est un remède contre le stress, en même temps qu'un moyen de renforcer la confiance entre les individus.

Sur Vénus, extérioriser ses émotions négatives n'a rien d'offensant, au contraire : c'est un moyen sain de satisfaire ses besoins.

Les Vénusiennes ne se confient cependant pas à n'importe qui ni à n'importe quel moment. Celles qui affichent un fort tempérament sont capables comme les Martiens d'étouffer leurs émotions négatives. Elles ne se livrent qu'à une amie ou à un proche, et encore se contiennent-elles jusqu'à ce que le moment et l'endroit leur semblent appropriés. Voilà pourquoi, lorsque vous vous inquiétez pour elles, ces femmes vous répondent que tout va bien alors que ce n'est visiblement pas le cas.

Lorsque vous vous inquiétez pour elles, certaines femmes répondent que tout va bien alors que ce n'est visiblement pas le cas.

Elles veulent dire en réalité : « J'ai un problème, mais je ne suis pas sûre que le moment soit bien choisi pour en parler. Cependant, si tu y tiens vraiment et si tu en as le temps, pose-moi d'autres questions et je t'expliquerai tout. »

La différence entre hommes et femmes réside dans le fait que les premiers, en pareilles circonstances, refuseront obstinément d'évoquer ce qui les tracasse.

Ne rien dévoiler de leurs sentiments, même lorsqu'on les y invite, n'exigerait pas un effort insurmontable de la part des femmes. Après tout, on ne leur demande pas d'aller à l'encontre de leur nature et elles répriment déjà très bien leurs sentiments négatifs quand elles ne s'estiment pas soutenues. Mais pour faire carrière et épauler leurs collègues, elles doivent apprendre à réfréner aussi ces émotions dans le cadre du travail. Lorsqu'elles auront pris conscience de cette nécessité, elles ne perdront plus de temps à s'interroger sur les raisons qui leur font perdre l'estime et le soutien des hommes et sauront mieux s'y prendre avec ces derniers.

C'est en s'imposant une discipline rigoureuse que les deux sexes apprendront peu à peu à contrôler leurs émotions et leurs réactions. Cette règle de conduite – perçue comme du professionnalisme sur Mars et comme un désagrément sur Vénus – présente des bienfaits pour tous. Elle ne s'avérerait malsaine que si les femmes ne prenaient pas le temps d'évacuer leur stress en dehors du travail. Aussi ne faut-il pas s'interdire toute émotion, mais simplement attendre le bon moment pour exprimer celles qui vous tenaillent.

En plus de contribuer à votre réussite, cette discipline vous permettra peu à peu de mieux vous contrôler sur le plan affectif. En vous entraînant par exemple à masquer une déception jusqu'à ce qu'il soit opportun de l'extérioriser, vous la surmonterez plus facilement. Autre conséquence, vous serez moins désarmée devant le stress. Plus question dorénavant de vous laisser dominer par vos émotions : c'est vous qui en serez maîtresse.

Au lieu de vous laisser dominer par vos émotions, réprimez-les et apprenez à les maîtriser.

Comme, au cours d'une thérapie, il est utile de s'attarder sur les sentiments de frustration, certains en concluent à tort qu'ils devraient agir de même dans le cadre de leur profession. Or, l'entreprise n'a pas et ne devrait pas avoir vocation à soigner le mal-être de ses employés. Et il serait tout aussi déplacé de prendre sur votre temps de travail pour satisfaire vos besoins personnels et évoquer devant vos collègues vos problèmes affectifs. En veillant à vous ménager des instants de détente en dehors des horaires de bureau, vous trouverez le temps et le réconfort nécessaires pour gérer ces émotions « contenues ».

Si vous ne recevez aucun soutien affectif dans votre vie privée, envisagez éventuellement de consulter un psychothérapeute, mais ne vous tournez surtout pas vers vos collègues. Apprendre à taire ses émotions pour les exprimer ultérieurement tout à loisir, en dehors du travail, est l'attitude la plus saine que l'on puisse adopter.

Patienter pour exprimer ses émotions négatives au moment opportun est l'attitude la plus saine que l'on puisse adopter.

Par ses effets, cette autodiscipline est comparable au maquillage : elle rehausse les qualités essentielles d'une femme aux yeux de son entourage professionnel. Envisager les choses sous cet angle aidera celles qui rechignent à dissimuler une partie d'elles-mêmes, mais le font déjà à bien des égards. Nombre de femmes utilisent du fond de teint pour masquer les imperfections de leur peau, se font poser des couronnes dentaires, utilisent des dentifrices blanchissants et portent des vêtements qui mettent leur silhouette en valeur. Étouffer ses émotions négatives relève de la même démarche : c'est un moyen parmi d'autres de se présenter sous son meilleur jour.

Les femmes ne doivent pas pour autant nier leur personnalité. Simplement, il leur faut veiller à ne pas en dévoiler tous les côtés à la légère. Les grandes réussites sont souvent l'apanage de ceux qui ont su attendre le moment idoine pour exprimer avec sincérité certains traits de caractère.

Les grandes réussites sont souvent l'apanage de gens qui ont su attendre le moment le plus opportun pour exprimer avec sincérité certains aspects d'eux-mêmes.

Les Martiens eux aussi ont tout intérêt à ne pas montrer trop librement ce qu'ils ressentent. Certes, ils tendent à adhérer à cette idée parce qu'ils la mettent déjà en pratique, contrairement aux Vénusiennes, qui sont perçues comme plus émotives. Mais il ne s'agit là que de généralisations inexactes. Chacun réagit aux aléas de la vie en fonction de son tempérament, non de son genre. La différence entre hommes et femmes réside dans leur manière spécifique de gérer les émotions.

Les hommes ont une propension certaine à ne pas se laisser dominer par des pensées négatives. Pris de peur au cours d'un combat, ils peuvent n'en rien montrer et ne pas fuir à toutes jambes. En proie à la colère, ils veilleront à ne pas commettre de geste irréfléchi. Tristes, ils effectueront tout de même leur travail. D'une manière générale, les hommes ont déjà l'habitude de contenir leurs sentiments. Avec en plus une juste connaissance de ce que veulent les femmes, ils disposeront de tous les atouts pour optimiser la communication sur leur lieu de travail.

Lorsqu'ils prennent le temps d'évacuer leurs émotions en famille ou avec des amis, les deux sexes parviennent plus facilement à garder leur sang-froid sur leur lieu de travail. Cela suppose toutefois qu'ils trouvent un exutoire dans leur vie privée. Dans le cas contraire, ils courent droit à l'échec...

CHAPITRE 7

Pourquoi les hommes n'écoutent pas. Ou bien est-ce juste une impression ?

Les hommes poursuivent la réalisation de leurs objectifs sans s'apercevoir qu'ils le font au détriment de leurs relations avec leurs collaboratrices. Ils sont tellement accaparés par leur travail qu'ils en oublient de bavarder avec ceux qui les entourent, et laissent à penser qu'ils se désintéressent complètement de leur sort. Faire la preuve de sa compétence en tout instant ne suffit pas : si l'on n'est pas capable de nouer des liens avec ses collaborateurs, on perdra leur soutien.

En ne prenant pas le temps d'être à l'écoute, un homme passe pour indifférent. Par son comportement, il donne à une femme le sentiment de ne pas tenir compte de ses exigences et de ses désirs. Même s'il est irréprochable d'un point de vue professionnel, il ne suscitera ni admiration ni respect. Ainsi, en négligeant de témoigner aux femmes l'attention qu'elles réclament, un homme saborde toutes ses chances de réussite.

Les femmes rencontrent elles aussi des difficultés à trouver un juste équilibre dans leurs rapports professionnels avec leurs collègues masculins. Quand elles se sentent remises en cause, blessées et exclues par la façon d'agir en vigueur sur Mars, elles s'aliènent leurs collaborateurs qui ne les perçoivent plus que comme des obstacles. Au lieu d'être traitées avec chaleur et compassion, elles sont considérées, injustement, comme des fardeaux.

Les Martiens les accusent de créer des complications là où il n'y en a pas. Un de leurs vieux proverbes – que les femmes se devraient de connaître – dit la chose suivante : « Se sentir offensé, c'est faire soi-même offense. » Les femmes nuisent à leurs carrières et à leurs relations avec les hommes quand elles se vexent de certaines de leurs remarques ou de leurs actes. Même si un homme vous semble blessant, mieux vaut ne rien laisser paraître pour ne pas envenimer la situation.

Selon un vieux proverbe martien – qu'une femme se devrait de connaître : « Se sentir offensé, c'est faire soi-même offense. »

Une femme peut apprendre, en approfondissant ses connaissances des pratiques martiennes, à ne pas se formaliser d'une attitude qui la piquerait au vif sur Vénus. Dès qu'elle cesse de se comporter comme si on la rejetait ou la sous-estimait, les hommes deviennent plus ouverts et mieux disposés à son égard.

Souvent, une femme a le sentiment d'être tenue à l'écart, rabaissée ou remise en cause, alors qu'un homme cherche uniquement à ce que le travail soit fait. En prenant du recul sur la façon de procéder de ses collègues, elle pourrait en venir à accepter, ignorer ou même rire de certaines attitudes jugées auparavant désobligeantes ou menaçantes. Sur Mars, les affaires sont les affaires, il ne faut rien y voir de personnel.

COMMENT LES HOMMES SAPENT INCONSCIEMMENT LEUR RÉUSSITE

C'est dans leur façon de faire la sourde oreille que les hommes paraissent le plus souvent insensibles. Une femme monte sur ses grands chevaux quand un homme semble ne faire aucun cas de ce qu'elle ressent. Elle en retire l'impression d'être quantité négligeable. Prenons un exemple :

Une société à la technologie de pointe et à l'avenir très prometteur se prépare à entrer en bourse. Afin d'accroître la confiance d'actionnaires potentiels, les membres du conseil d'administration ont décidé de recruter un nouveau directeur général. Parmi les nombreux postulants, Richard Adkins fait figure de favori pour le poste. Il a lui-même monté une entreprise similaire, l'a fait prospérer avant de la vendre et d'en retirer un bénéfice de 300 millions de dollars. Sur Mars, et pour tous les hommes du conseil de direction, ses références font de lui le candidat idéal.

La présidente de la florissante start-up, la chercheuse Linda Tompkins, élabore elle-même les produits que la compagnie commercialise. Comme de bien entendu, le conseil d'administration a besoin de son aval pour élire le nouveau directeur général. Lors de son entretien, Richard Adkins fait forte impression sur tout le monde, à l'exception de Linda. Plus informé des us et coutumes vénusiens, il aurait pu réussir son examen de passage.

Pendant l'entrevue, Linda a insisté sur les spécificités de sa société et les défis uniques qu'elle avait à relever. Richard a répliqué par des commentaires pleins d'assurance : « J'en suis tout à fait conscient. Voici ce que nous pourrons faire... »

Affichant une grande maîtrise de soi, C.V. rutilant à l'appui, il a fourni sans hésitation une réponse à chacune des questions posées. Il a fait preuve de précision en préconisant de multiples solutions mais a mis Linda sur la défensive. Au bout de quelques minutes, elle s'est fermée à toutes ses suggestions, déterminée à ne pas l'embaucher. Quand elle a annoncé sa décision, les hommes, Richard compris, ont été stupéfaits.

Un homme qui s'exprime avec confiance et fait preuve de précision en préconisant de multiples solutions impressionne les hommes mais rebute les femmes.

Dans cet exemple, Richard a réussi à remporter l'adhésion de son auditoire masculin grâce à ses propositions et à son ton assuré. Mais en ne se montrant pas attentif, il a échoué auprès de Linda, qui l'aurait embauché s'il avait pris la peine d'écouter, de réfléchir et de s'informer sur la situation. En considérant plus longuement les particularités de l'entreprise, il serait parvenu à établir un dialogue – un vrai rapport.

Les hommes trouvent sécurisant qu'on leur propose des solutions avec aplomb et les femmes qu'on prenne en compte leurs besoins spécifiques. Linda n'a pas été convaincue par la confiance de Richard : elle savait qu'il n'était pas au fait des difficultés inhérentes à l'entreprise et au marché, pour la bonne et simple raison qu'elle ne lui en avait rien dit. Ce qui ne l'avait pas empêché de se comporter comme s'il détenait toutes les réponses. Linda l'a trouvé arrogant, présomptueux et incapable de répondre à ses attentes. Elle n'allait sûrement pas engager un homme qui venait de faire la preuve qu'il ne savait pas écouter.

L'INTÉRÊT DE SAVOIR ÉCOUTER

Sur Vénus, ce ne sont pas vos paroles ou vos actes qui prouvent à votre interlocuteur que vous tenez à lui, mais votre aptitude à lui prêter une oreille attentive et à témoigner votre empathie. Les hommes n'ont aucune idée de ce que les femmes entendent quand elles leur reprochent de ne pas les écouter. Illustrons, en dix points, ce que vous pourriez gagner en apprenant à accorder à une Vénusienne toute l'attention qu'elle désire :

1. En écoutant une femme patiemment jusqu'au bout, vous lui montrez que vous vous intéressez à elle et vous gagnez son estime. Elle traitera d'autant plus volontiers avec vous ou collaborera en toute harmonie.

2. Lorsque vous lui posez des questions pour obtenir des précisions, elle devient plus extravertie, participe davantage à la conversation, et est plus encline à faire affaire.

3. En ne l'interrompant pas par des suggestions intempestives, vous lui signifiez que vous ne prenez pas les difficultés exposées à la légère. Conséquence : elle prendra vos propositions au sérieux.

4. En revenant sur ce qu'elle vous dit, vous l'aidez à clarifier sa pensée et elle vous en sera reconnaissante. L'esprit plus clair, elle redevient disponible pour le travail.

5. Si vous la laissez soulever autant d'objections qu'elle le souhaite, vous lui faites passer le message que vous êtes là pour l'aider et la soutenir. Elle réalisera une transaction ou conclura un accord plus facilement.

6. Si vous retenez tout ce qu'elle vous dit et lui posez des questions pertinentes, elle saura que vous êtes capable de prendre en compte ses besoins. Et fera appel sans hésitation à vos services.

7. Quand vous la sentez frustrée, inquiète et déçue, n'essayez pas de la convaincre qu'il n'y a pas matière à se mettre dans un tel état : elle ne vous en appréciera que davantage. En faisant preuve de sollicitude à son égard, vous établissez des rapports de confiance mutuelle.

8. En vous abstenant d'offrir vos conseils, vous lui démontrez que vous ne mettez pas ses compétences en doute. Elle aura le sentiment d'être respectée et comprise et sera plus réceptive quand vous lui proposerez votre aide ou vos services.

9. Lorsque vous écoutez les doléances et les soucis de votre interlocutrice sans perdre patience, vous renvoyez l'image d'un homme compétent et digne de confiance. Elle ne mettra en doute ni vos capacités ni votre intérêt pour elle. Vous jetterez les bases d'une plus grande complicité.

10. Si vous lui prêtez une oreille compatissante, elle se sentira réconfortée et saura qu'elle peut compter sur vous. Elle deviendra une cliente fidèle et vous recommandera volontiers à ses amies.

APPRENDRE À ÉCOUTER SUR VÉNUS

Au travail, les femmes se rebiffent quand elles ont l'impression de ne pas être entendues. Pour ne pas prendre les choses au tragique, il suffirait qu'elles se rendent compte que les hommes n'ont pas conscience des réactions qu'ils suscitent.

Si un client entrait dans votre magasin de porcelaine et se mettait à casser volontairement ce qui lui tombe sous la main, vous vous sentiriez agressée. Si en revanche, à cause du manque de place et de sa maladresse, il renversait et brisait ces mêmes objets, vous ne le prendriez pas comme une attaque personnelle. Représentez-vous alors un homme comme un éléphant dans un magasin de porcelaine et votre environnement professionnel deviendra d'un seul coup moins froid et plus humain. La plupart du temps, un homme peut paraître distrait sans que ce soit de sa part une marque de mépris, en tout cas sur sa planète. Il ne se comporterait pas autrement avec son meilleur ami.

Quand il s'agit de prendre en compte les sentiments des Vénusiennes, les hommes ressemblent à des éléphants dans un magasin de porcelaine.

En reprochant aux hommes de ne pas les écouter, les femmes englobent plusieurs cas de figure. La liste ci-dessous permettra à un homme de comprendre un peu mieux ce que sa collègue ressent quand il ne lui prête pas attention et les femmes saisiront pourquoi un homme est convaincu de se montrer attentif alors qu'elles ont l'impression contraire. Passons en revue les 12 raisons les plus fréquentes qui font dire aux femmes qu'elles ne sont pas entendues.

1. Quand un homme ignore une femme

Il perd le fil : au beau milieu de la discussion, il regarde ailleurs ou se met à penser à autre chose. Quand il reprend ses esprits, il lui demande : « Tu disais ? » ou « Tu peux répéter ? » Une femme y voit la preuve qu'il ne l'écoutait pas et en prend ombrage. En ce qui le concerne, il a juste laissé sa pensée errer quelques instants mais est de nouveau tout ouïe. Ses questions sont le signe qu'il s'intéresse à la conversation. À l'inverse, une femme qui discute avec un ami se fait un devoir de lui accorder toute son attention. Elle démontre, en restant attentive, qu'elle se soucie de son interlocuteur. Et conclut qu'un homme facilement distrait se moque bien de ce qu'elle peut dire.

Si un homme est facilement distrait, une femme conclut qu'il se moque bien de ce qu'elle peut lui dire.

Cette propension à se laisser distraire a moins à voir avec son interlocutrice qu'avec la façon dont elle fait passer ses idées. Si elle ne va pas à l'essentiel avec un homme stressé, il se met à réfléchir à des questions plus urgentes et ses pensées s'égarent. Pour une femme, cette attitude est insultante. Elle n'ose jamais se comporter de la sorte avec un collègue de travail quand elle attache de l'importance à leurs relations. Un Martien, lui, ne le prend pas mal et en déduit d'instinct que son interlocuteur est tendu ; a contrario, une femme qui oublie que les hommes viennent de Mars est amenée à tirer de mauvaises conclusions.

Il arrive qu'un homme l'ignore un court instant sans en avoir conscience : il est ailleurs, en train de retourner un problème dans sa tête. Elle s'imagine qu'il se moque d'elle comme d'une guigne et lui ne s'en rend même pas compte. Fort de ce savoir, il peut s'efforcer de se concentrer sur ce que lui dit son interlocutrice et ne penser à rien d'autre. Dans cet exemple, il serait faux de conclure qu'il n'écoute pas et plus juste de dire qu'il ne lui accorde pas toute son attention.

2. Quand un homme émet une suggestion

Il lui propose de résoudre son problème avant même qu'elle ait fini de l'exposer. Il pense savoir où elle veut en venir, elle considère que tant qu'il ne disposera pas de toutes les données, il ne pourra fournir de solution adéquate. Or les femmes ont tendance à détailler le contexte avant de passer au cœur du sujet. Les hommes évoquent ce qui les tracasse sans perdre de temps et pensent prouver qu'ils sont des auditeurs attentifs en apportant rapidement des solutions.

En faisant cela, un homme ne doute pas un seul instant qu'il a bien saisi le fond de la pensée de son interlocutrice et réagi en conséquence. Si elle lui soutient qu'il se montre inattentif, il prend un air stupéfait, car il a écouté avant d'émettre des suggestions. Il ne se rend pas compte qu'il n'a pris en considération qu'une toute petite partie de ce qu'elle avait à dire et, en lui offrant une solution instantanée, il ne répond pas à ses attentes. Sur Mars il aurait révélé ainsi sa compétence, sur Vénus il trahit un manque d'égards. Quand une femme parle, mieux vaut lui prêter une oreille attentive jusqu'au bout avant de lui proposer une solution : elle estime que, sans une vision globale du problème, la conclusion sera forcément inadaptée.

Sur Vénus, on commence par parler de tout et de rien, avant d'entrer dans le vif du sujet.

Dans ce cas précis, plutôt que d'affirmer à son interlocuteur qu'il n'a pas écouté, il serait plus exact de nuancer en admettant qu'il n'a écouté qu'en partie. Ainsi, il se montrera plus réceptif aux reproches formulés et elle se sentira moins remise en question. Les femmes tiennent Monsieur réponse-à-tout en haute estime s'il se manifeste... une fois qu'elles ont fini de parler.

3. Quand un homme est persuadé qu'une femme réclame de l'aide

Il lui fait une suggestion sans qu'elle lui ait demandé quoi que ce soit et donne à penser qu'elle est incapable de se débrouiller seule. Contrairement à ce que croit une femme, son interlocuteur l'a écoutée – il a suivi sa démonstration avec attention et en donne pour preuve son excellente suggestion – mais en a déduit à tort qu'elle lui demandait de l'aide.

Les femmes ont tout intérêt à rester vigilantes : si elles s'aperçoivent qu'un homme se méprend sur leurs intentions, une réaction immédiate s'impose, sinon il risque de conclure à leur incompétence ou de les faire passer comme telles devant leurs collègues. Dès qu'il commence à émettre une suggestion, elle doit riposter et indiquer qu'elle aussi s'est livrée à ses propres déductions. Elle reprendra le contrôle en annonçant : « J'ai une proposition identique mais je veux d'abord m'assurer que tout le monde ici appréhende bien les difficultés. »

L'idéal serait d'éviter ces situations délicates en faisant savoir dès le début de la présentation qu'elle a mis au point un plan d'action efficace, mais désire, avant de le dévoiler, que chacun saisisse bien les enjeux du problème.

Lors d'une réunion avec son patron, s'il propose une solution avant elle, elle répliquera, en restant amicale et posée : « J'ai ma propre idée de ce qu'il convient de faire. Je voulais juste vous dresser un tableau précis de la situation. » Si la suggestion de son patron est identique à celle qu'elle avait elle-même préparée, à elle de trouver une parade : « Je suis également d'avis qu'il faut procéder ainsi. J'en ai déjà parlé au service commercial et ils sont d'accord. »

De cette façon, elle insinue, en glissant quelques détails significatifs, qu'elle a déjà travaillé à une solution et préparé le terrain pour la mettre en œuvre. Un homme appréciera qu'elle ait pris la peine d'envisager le meilleur moyen d'aplanir les difficultés avant de les lui soumettre. Lui-même n'évoque ses problèmes que lorsqu'il a réfléchi à une solution sinon il donnerait aux autres l'impression de se plaindre.

Sur Mars, évoquer ses problèmes peut facilement donner aux autres l'impression que vous vous plaignez.

Dans le cas évoqué ci-dessus, il est important de comprendre que son patron ignorait qu'elle avait déjà une idée en tête. Quand un homme s'ouvre de ses préoccupations, il met en avant les solutions potentielles, sans aucun préalable. Si une femme ne procède pas de même, ses auditeurs masculins se persuadent qu'elle est incapable de venir à bout du problème seule. Cette attitude paraît condescendante aux yeux d'une Vénusienne qui, naturellement, en conçoit de l'humiliation. Mais si elle considérait que les deux sexes abordent les problèmes différemment, elle n'aurait pas de raison de se sentir rabaissée.

4. Quand un homme oublie d'exécuter une tâche

Elle met cet oubli sur le compte de son inattention alors qu'il s'agit souvent d'une simple omission de sa part. Au lieu de décréter qu'il n'a pas écouté, il serait plus conforme à la réalité de conclure que sa requête lui est sorti de l'esprit ou qu'il a jugé qu'elle ne constituait pas une priorité.

Sur Vénus, il est important de garder en mémoire les demandes d'autrui. Les hommes, eux, ne se formalisent pas si vous omettez de faire un travail subalterne, du moment que vous vous souvenez des tâches importantes ou atteignez vos objectifs. Sur Vénus, les petits actes prouvent aux autres que vous êtes capable de grandes manœuvres. Ces valeurs vénusiennes entrent en ligne de compte quand une femme évalue le comportement d'un collègue. À ses yeux, s'acquitter d'une menue besogne conformément à ses vœux constitue une marque de respect.

Quand les hommes oublient d'effectuer un travail subalterne, les femmes le prennent comme un manque de respect à leur égard.

Un homme comprendra parfaitement qu'en parant au plus pressé son collaborateur ait négligé d'accomplir certaines tâches lui paraissant moins essentielles. Il ne lui en tiendra pas rigueur. Mais une femme si. En effet, dès lors qu'une personne compte vraiment à ses yeux, elle accorde autant d'importance aux petites choses qu'aux grandes. C'est sa façon de donner un tour plus personnel à une relation professionnelle.

Sur son lieu de travail, une femme se retrouve parfois dépassée par les événements car tout lui paraît essentiel. Elle embrasse indifféremment petits problèmes et grandes questions. Une Vénusienne appréciera à leur juste valeur les efforts qu'elle déploie pour tout prendre en charge, mais les hommes les interpréteront comme de l'incompétence ou une inaptitude à établir des priorités. Si elle travaille dans un environnement essentiellement masculin, elle peut donc prendre les choses un peu moins à cœur.

Sur Mars, négliger certaines tâches n'est pas mal vu tant que vous parez au plus pressé.

Une femme n'hésitera pas à rester debout toute la nuit pour effectuer le travail mis de côté par un homme parce qu'il ne le considérait ni urgent ni prioritaire. Ce dernier qualifiera le dévouement de sa collègue de perte de temps et ne lui témoignera aucune reconnaissance. Elle aura l'impression de lui avoir rendu service et de mériter des remerciements. Lui aurait préféré qu'elle dorme et soit de meilleure humeur...

Les hommes reprochent souvent aux femmes de ne pas savoir se fixer de priorités. Ils se trompent : les priorités diffèrent d'un sexe à l'autre. Un homme privilégie naturellement les performances, une femme la qualité des relations professionnelles. La réussite dans le monde du travail dépend du subtil dosage de ces deux valeurs parfois diamétralement opposées. Sur Mars, les Vénusiennes doivent remettre leurs instincts en question. En ouvrant les yeux sur les raisons véritables pour lesquelles les hommes oublient d'exécuter certaines tâches, elles relativiseront et apprendront à en faire moins sans culpabiliser.

5. Quand un homme n'en fait qu'à sa tête

Il ne suit pas ses recommandations et préfère se fier à son flair ou à son « radar interne ». Pour sa défense, il argue avoir prêté attention à ce que préconisait sa collègue et avoir opté pour la meilleure solution. Il convient de dire dans ce cas qu'il a bien écouté sa collaboratrice mais n'est pas allé dans son sens.

Quand une femme réprimande un homme pour son inattention, elle lui fait l'effet d'une mère priant son fils indiscipliné d'ouvrir bien grand ses oreilles. D'un chien ou d'un enfant désobéissant on dit généralement qu'ils n'écoutent pas. Ce reproche formulé à l'encontre d'un Martien adulte prend des accents condescendants et humiliants : il a la désagréable impression de se voir infliger le traitement réservé à un écolier ou à un caniche qui aurait fait une bêtise.

Quand une femme accuse un homme de ne pas l'écouter, ce reproche prend des accents condescendants et humiliants.

Ce qu'une femme qualifie d'acte de défiance est interprété sur Mars comme un signe d'assurance. Un homme suscite l'admiration de ses collègues quand il prend le risque d'écouter puis de suivre son instinct. Il fait un pari : si son intuition s'avère et qu'il atteint le but recherché, il se retrouve porté aux nues. Dans le cas contraire, il est taxé d'irresponsable. On ne le juge pas tant sur son acte que sur ce qui en résulte.

Un dirigeant passera l'éponge si son employé s'octroie certaines libertés à condition qu'elles soient payantes. S'il échoue, il en subira les conséquences : la sanction sera fonction des résultats – ou plutôt de leur absence.

Les femmes se mettent à dos leurs collègues masculins quand elles se plaignent que l'un d'eux n'a pas écouté ou ne s'est pas conformé à ses directives. Ce qui ne manque pas chez certains de déclencher la réflexion suivante : « Peut-être avait-il simplement trouvé une meilleure solution ? » Pour ne pas se voir infliger cette réponse, une femme doit mettre l'accent sur les mauvais résultats qui en ont découlé. En ne se focalisant pas sur son attitude mais sur ses aptitudes, elle prouve qu'elle n'en fait pas une affaire personnelle et que les bénéfices passent avant tout autre considération.

6. Quand un homme ne lui témoigne aucune sollicitude

Il ne lui manifeste pas la compassion que ressentirait une Vénusienne en pareil cas. Cela ne prouve pas qu'il ne lui prête pas son entière attention : il a une tout autre façon de répondre à ses émotions et de lui exprimer son soutien. Plutôt que de lui faire un procès d'intention, il serait plus équitable de dire qu'il ne montre pas l'empathie souhaitée.

Une femme ne doit pas se méprendre sur sa réaction ou se sentir blessée. Il a conscience de ce qu'elle éprouve, mais sur Mars, on préfère passer sous silence l'angoisse de ses pairs, afin d'indiquer qu'on conserve toute confiance dans leurs capacités à résoudre des difficultés. Une femme se retiendra donc de conclure qu'un homme est indifférent ou insensible à ses sentiments et se souviendra qu'il n'a pas appris à témoigner, comme elle, cette sollicitude toute vénusienne.

7. Quand un homme interrompt une femme

Il lui coupe la parole au milieu de la conversation. Les hommes s'interrompent souvent les uns les autres sans en déduire pour autant que leur interlocuteur ne les écoute pas, surtout si l'intervention a permis d'apporter une précision ou une rectification et a relancé la discussion. Une remarque pertinente est bien la preuve qu'il a suivi attentivement tout ce qui s'est dit. Une femme a du mal à concevoir qu'un homme l'écoute s'il agit de la sorte. C'est pourtant bien le cas, même s'il a fait preuve d'incorrection en ne la laissant pas terminer sa phrase.

Les hommes obéissent à leurs propres règles de communication, similaires à celles appliquées au basket-ball. Dans les deux cas, l'objectif est de marquer des points. Les joueurs tirent chacun à leur tour jusqu'à ce que le ballon entre dans le panier. Personne ne trouve à redire d'un joueur qui monopolise la balle s'il arrive à marquer. S'il rate son coup... c'est une autre histoire. Lorsqu'un homme interrompt son interlocutrice pour faire une remarque judicieuse, il ne lui vient pas à l'idée qu'il est impoli ou qu'il manque de considération. Si elle lui inflige une pénalité, il s'étonne que ses points ne soient pas comptabilisés. Il s'attend à ce qu'elle lui dise : « Bien joué. » Elle s'attend à ce qu'il s'excuse.

Quand un homme interrompt son interlocutrice à bon escient, il s'attend à ce qu'elle lui dise : « Bien joué. »

En prenant connaissance du règlement en usage sur Vénus, un homme peut s'abstenir d'intervenir de manière intempestive. Encore une fois, tout se passe comme sur un terrain de basket. Un joueur se voit parfois accorder, au cours d'une partie, des lancers francs : il dispose de tout son temps pour tirer sans interférence extérieure. Dans une discussion, si une femme ne se sent pas à l'aise lorsque la balle rebondit de camp en camp, elle peut dire franchement à son interlocuteur, sur un ton amical : « Laisse-moi quelques minutes pour t'expliquer tout ça en détail et ensuite tu me donneras ton avis. » Rien ne sert d'exiger ou de brandir des menaces. Votre vis-à-vis sera heureux de s'exécuter : il a simplement besoin de savoir ce qu'on attend de lui. Cette précision – en apparence anodine – fera toute la différence. S'il persiste à vous interrompre une fois, deux fois, répétez-lui, en restant courtoise, que vous aimeriez d'abord en finir avant de connaître son opinion.

Cette approche, ouverte et cordiale, sera beaucoup plus fructueuse qu'une litanie de reproches. Examinons huit des expressions les plus usitées par les femmes quand elles ont le sentiment qu'on ne leur accorde pas l'attention désirée. Tout est question d'attitude. Ces remarques n'auraient pas la même portée si le ton était à l'humour et non au ressentiment. Pour vous imaginer comment elles sont perçues par un homme, mettez-vous dans la peau d'une femme qui se sent tenue à l'écart et en éprouve de la rancœur et faites ensuite n'importe lequel de ces commentaires :

1. Je peux juste terminer ?
2. Je peux dire quelque chose ?
3. Laisse-moi parler.
4. Je veux simplement finir mon raisonnement.
5. Tu ne m'écoutes pas.
6. Tu ne fais pas attention.
7. Décidément, je ne peux pas en placer une.
8. Tu ne comprends pas.

Une femme qui prononce l'une des phrases ci-dessus avec colère fait sortir un homme de ses gonds. Après tout, il l'écoute, et elle n'a qu'à reprendre la parole pour finir de développer son argumentation. Ce genre de réparties implique qu'il y a faute alors qu'il pense respecter les règles. Sans ces précisions, les hommes et les femmes continueront à jouer les uns contre les autres, et non dans la même équipe.

Si une femme croit que son interlocuteur lui coupe la parole, le mieux est de garder son calme, de l'interrompre poliment et d'aller au bout de son raisonnement. Il suffit qu'elle l'écoute un instant puis acquiesce à ses propositions avant de reprendre en main la conversation en lançant : « Bonne idée, mais... » ou « OK, laisse-moi essayer de le reformuler autrement. »

Un abîme sépare « Tu ne fais pas attention » de « OK, laisse-moi essayer de le reformuler autrement. » En substance, le message est le même, mais dans le deuxième cas il n'est pas énoncé sur le mode de l'accusation – le signe pour son interlocuteur qu'elle n'en a pas pris offense.

8. Quand un homme finit sa phrase

Les hommes le font couramment entre eux sans que personne n'y trouve à redire. Au contraire, ils démontrent ainsi qu'ils ont bien saisi où l'autre voulait en venir, ce qui constitue la finalité de toute communication. Ils ne termineraient pas la phrase de leur interlocuteur s'ils n'avaient écouté et assimilé son raisonnement. Quand une femme reproche à un collègue de ne pas lui consacrer toute son attention parce qu'il met le point final à sa conclusion, il reste perplexe, parce qu'il croit lui avoir démontré le contraire. À lui d'intégrer que les femmes ne supportent pas que l'on termine leurs phrases à leur place. Et à elles de se rendre compte que le bavard les avait écoutées.

Une femme s'estime entendue non seulement si son propos est compris, mais également si elle a pu l'exprimer jusqu'au bout. Un Martien ignore que, sur Vénus, verbaliser sa pensée permet d'accéder à une plus grande conscience de soi. En traduisant ses idées en mots, une Vénusienne apprend à mieux se connaître elle-même et, au cours du processus, ses réflexions prennent une nouvelle impulsion et s'enrichissent. Quand un homme interrompt ce flot, elle se retrouve désorientée et sa créativité entravée.

S'exprimer permet à une femme d'accéder à une meilleure connaissance d'elle-même.

Même si un homme se figure entériner les propos de son interlocutrice en les finissant à sa place, elle ne l'entend pas de cette oreille et traduit : « Je devine déjà ce que tu vas dire alors ménage-toi cette peine. » Ce qui lui paraît présomptueux, car elle sait bien qu'il ne pourra restituer sa pensée qu'en partie. Il croit deviner dans quelle direction elle va, mais c'est tout bonnement impossible car elle-même n'en est jamais assurée à l'avance. Cette façon de laisser libre cours à sa réflexion au fil des mots échappe à toute logique martienne. Les hommes préparent ce qu'ils vont dire avant de prendre la parole et s'y tiennent. Les femmes se laissent porter par l'inspiration du moment et découvrent au fur et à mesure où elle les conduit.

9. Quand un homme présume des besoins d'une femme

Il présume connaître ses intentions alors qu'elle-même n'est pas encore fixée. Il suit la conversation en détail et tire ses propres conclusions. Si elles sont inexactes, cela ne signifie pas qu'il était inattentif : il pensait se montrer obligeant en traduisant sa requête. Cette conduite, tolérée sur Mars, s'apparente à de l'impolitesse et à de l'arrogance sur Vénus. Force est de constater pourtant qu'il était à l'écoute – en dépit de l'impression de son interlocutrice – mais que ses déductions sur les attentes de celle-ci se sont révélées fausses.

Un autre impair dont les hommes sont coutumiers consiste à croire que les femmes ont besoin de leur aide pour trancher. Le distinguo est très subtil : elle souhaitera qu'il énumère différentes options ou l'interroge sur ses besoins mais s'insurgera s'il prend la décision à sa place ou l'en croit incapable.

Une femme apprécie qu'un homme l'interroge sur ses besoins mais ne veut pas qu'il prenne de décision à sa place, sauf demande explicite de sa part.

Un homme a la réputation de ne pas aimer recevoir de directives. Ce n'est vrai que lorsqu'il pense pouvoir se débrouiller seul. S'il s'adresse à un collègue pourvu de qualifications qu'il n'a pas, il apprécie les suggestions de celui qu'il a sollicité. Du moment que son interlocuteur fait figure de spécialiste, il ne verra aucune difficulté à le laisser décider à sa place.

Cette dynamique est clairement en jeu lors d'une consultation médicale. Une femme veut que son médecin lui pose des questions et réponde aux siennes ; ainsi mise au courant des choix qui s'offrent à elle, elle sera plus à même de se faire sa propre opinion. Elle le tiendra en estime s'il ne suppose pas savoir à l'avance ce qui lui va.

Dans la même situation, un homme souhaite également qu'on lui expose différentes options, mais s'intéresse avant tout à savoir ce que préconise le praticien. S'il a entière confiance en lui, il suivra ses indications à la lettre. Et ne sera pas le moins du monde vexé si le médecin lui indique quelle voie emprunter. Pour lui, ses prescriptions font office de plan d'attaque visant à éradiquer le mal – il y adhère donc sans réserve.

Les hommes se montrent toujours réticents à solliciter des conseils, mais s'ils émanent d'un expert, ils les suivent à la lettre.

Les hommes ont dans l'idée que leurs compagnes aimeraient qu'ils devinent tous leurs désirs. Quoi de plus romantique qu'un homme allant au-devant des souhaits de sa bien-aimée ? Dans le milieu professionnel, les choses ne se déroulent pas exactement de la même manière. Si une femme est reconnaissante à un collègue de répondre à ses attentes, elle s'insurge s'il prétend lui dicter sa conduite.

Elle redoute qu'il veut exercer une influence sur elle par ce biais. S'il part du principe qu'il sait ce qu'elle désire, et ne se prive pas de le lui faire savoir, il la pousse à se plier à ses suggestions. Les Vénusiennes veulent ménager les autres et leur faire plaisir. Dotées d'une grande sensibilité, elles s'efforcent d'être à l'écoute de chacun et ont parfois des difficultés à faire la part entre leurs propres désirs et ceux de leur entourage. C'est pourquoi elles incluent avec plaisir un collègue dans leur prise de décision. Cependant, quand elles essaient de voir plus clair en elles-mêmes, la dernière chose dont elles ont envie est d'être soumises à pression et de se sentir obligées de satisfaire leur interlocuteur en abondant dans son sens. Au contraire, elles ont besoin d'avoir l'esprit tranquille et, affranchies de toutes contraintes, elles opteront pour leur solution à elles.

Voyons cinq situations où un homme fait l'erreur de présumer des besoins de sa collègue :

1. Il lui dit : « Le bureau latéral te conviendra parfaitement. »
Il devrait dire : « De ce côté, la vue est splendide. Voudrais-tu installer ton bureau ici ? »

2. Il lui dit : « Le mieux est que tu fasses une croix sur ce problème et que tu passes à autre chose. Appelle... »
Il devrait dire : « Heureusement, tu as fait une croix sur ce problème, tu peux maintenant passer à autre chose. Est-ce que tu voudrais appeler.... »

3. Il lui dit : « Cette voiture possède toutes les options qu'il te faut. Elle est faite pour toi. »
Il devrait dire : « Cette voiture possède toutes les options que tu désirais. Qu'en penses-tu ? »

4. Il lui dit : « Cet emplacement est idéal pour toi. Il réunit toutes les conditions que tu peux souhaiter. Tu n'as qu'à... »
Il devrait dire : « C'est un très bon emplacement. Il réunit toutes les conditions que tu avais fixées. Veux-tu en faire le tour ? »

5. Il lui dit : « Je pourrai passer discuter avec toi de la présentation jeudi après-midi. Sinon, je serai dans ton quartier vendredi. »
Il devrait dire : « Veux-tu que je passe discuter avec toi de la présentation ? Je suis disponible jeudi après-midi et je serai également dans ton quartier vendredi. »

Dans chacun des exemples énoncés ci-dessus, il croit deviner ce que sa collaboratrice a en tête et propose des suggestions sur cette base, avant qu'elle ait elle-même arrêté sa décision. Toutefois, il ne lui demande pas de faire un choix et ne la presse pas de suivre ses recommandations, évitant ainsi de la pousser dans ses derniers retranchements. Il adopte une attitude ouverte et s'assure son estime et sa coopération.

S'il ne corrige pas sa façon de s'exprimer, une femme doit rester ferme et amicale et ne pas se sentir forcée d'abonder dans son sens.

1. Il lui dit : « Le bureau latéral te conviendra parfaitement. »
Elle pourrait répliquer : « Qu'est-ce qui te fait penser ça ? » Et après avoir écouté sa réponse, ajouter : « Je ne suis pas sûre, je voudrais voir les autres. »

2. Il lui dit : « Le mieux est que tu fasses une croix sur ce problème et que tu passes à autre chose. Appelle... »
Elle pourrait répliquer : « Qu'est-ce qui te fait croire que j'en ai envie ? J'ai encore quelques idées qui pourraient faire toute la différence. »

3. Il lui dit : « Cette voiture possède toutes les options qu'il te faut. Elle est faite pour toi. »
Elle pourrait répliquer : « Je suis d'accord, elle possède toutes les options, mais j'ai besoin d'en voir plusieurs avant de me décider. »

4. Il lui dit : « Cet emplacement est idéal pour toi. Il réunit toutes les conditions que tu peux souhaiter. Tu n'as qu'à... »
Elle pourrait répliquer : « Très bien, mais j'ai besoin de beaucoup plus de temps pour en voir d'autres et je ne suis pas pressée. »

5. Il lui dit : « Je pourrai passer discuter avec toi de la présentation jeudi après-midi. Sinon, je serai dans ton quartier vendredi. »
Elle pourrait répliquer : « J'en prends bonne note mais je ne peux rien confirmer pour le moment. Je te répondrai dès que possible. »

En annonçant qu'elle ne s'est pas encore décidée, elle implique que les suppositions qu'il a émises n'étaient pas fondées, sans pour autant le remettre ouvertement à sa place ou rejeter en bloc ses suggestions. Elle ne réussirait qu'à le braquer en s'indignant et en ripostant sèchement : « Ce n'est pas du tout ce que je veux. »

Encore une fois, il faut garder à l'esprit que l'expression employée importe moins que l'inflexion de la voix. Même une affirmation aussi forte que : « Ce n'est pas du tout ce que je veux » serait jugée parfaitement acceptable sur Mars si elle était communiquée avec gentillesse et bienveillance. Les réponses suggérées ci-dessus s'adressent tout particulièrement aux femmes qui éprouvent le plus grand mal à conserver leur calme face à ces certitudes masculines ou à conjuguer affirmation de soi et coopération amicale.

10. Quand un homme dit comprendre les émotions de son interlocutrice

Il émaille sa conversation de « Je comprends » : il s'imagine lui remonter le moral en lui démontrant qu'il l'écoute et qu'il sait ce qu'elle éprouve. Or sur Vénus, vous ne pouvez vraiment compatir avec la personne que lorsqu'elle vous a fait part de l'ensemble de ses tracas. Vous risquez en revanche de faire un affront à votre interlocutrice qui traduira votre remarque par : « J'ai bien compris. Ce n'est pas la peine de continuer. Passons à autre chose. » Un Martien ne se doute pas à quel point il se révèle insultant.

Les femmes sont mieux préparées à faire face aux sentiments de détresse d'autrui. Comme elles possèdent un seuil de tolérance plus élevé, elles sont capables d'écouter patiemment sans ressentir le besoin irrépressible d'agir ou de trouver une solution. Un homme à qui l'on confie un problème veut le résoudre dans la minute qui suit. Si une femme lui fait part de ses sentiments, il croit qu'elle attire son attention sur une difficulté dont il est censé venir à bout. Il ignore qu'elle a juste besoin d'une oreille attentive.

« Je comprends » est sa façon à lui d'indiquer qu'il est tout disposé à apporter son aide et en a assez entendu pour pouvoir faire une suggestion. Ce qui résonne pour elle comme : « N'en dis pas davantage. Pourquoi ne pas faire autre chose ou changer de sujet ? »

Dans cet exemple, même si elle est persuadée du contraire, il s'est montré attentif, mais s'est trompé en estimant avoir exploré toute l'étendue de ses sentiments. En outre, il a déduit qu'elle voulait qu'il lui fournisse la clé de ses ennuis alors qu'elle désirait uniquement qu'il la laisse exprimer ses émotions avant de donner son avis. Un homme doit se souvenir qu'un « Je comprends » prononcé à contre-courant produit sur son interlocutrice l'effet d'une gifle.

Il peut tout aussi bien marquer son intérêt par des hochements de tête et, à l'occasion, des interjections encourageantes. Sur Vénus, ces petits signes prouvent que vous êtes au diapason.

Un homme peut marquer son intérêt par des hochements de tête et des interjections encourageantes.

Sur Mars cependant, leur signification est tout autre : elles servent à informer autrui que l'on partage la même vision des choses. Si votre interlocutrice se sent malheureuse et perdue, c'est de votre soutien dont vous devez l'assurer pour qu'elle reprenne espoir et il serait très mal venu de lui dire que vous êtes de son avis ! En maîtrisant la « ponctuation » vénusienne, un homme pourra insuffler à ses réactions la chaleur qui leur fait défaut.

11. Quand un homme présume des émotions d'une femme

Il émet des commentaires – qu'il juge sans conteste appropriés – comme « Tu ne devrais pas t'inquiéter » ou « Ce n'est pas si grave », persuadé qu'ils attestent de sa faculté d'écoute.

Par de telles interventions, il nie, sans le savoir, le bien-fondé des émotions de sa collègue et lui démontre qu'il n'écoute pas avec son cœur. Il lui prête attention, c'est indéniable, mais se fourvoie s'il pense que relativiser les sentiments de son interlocutrice aidera celle-ci à mieux les gérer. De son côté, une femme sera plus encline à se montrer clémente à son égard une fois qu'elle aura compris qu'il ne pensait pas à mal.

Un Martien met les émotions de ses congénères sur le compte d'une dramatisation excessive et les enjoint à ne pas s'en soucier outre mesure. Un tel conseil lui attirerait les foudres des Vénusiennes. Pour elles, les sentiments sont sacrés et c'est en les respectant que vous témoignez votre soutien. Les balayer d'un revers de la main revient sur Vénus à un camouflet : celle qui en est victime ne l'oubliera pas de sitôt.

Sur Vénus, les sentiments sont sacrés et les respecter est la meilleure façon de témoigner son soutien.

Passons en revue les expressions auxquelles les hommes ont recours pour se réconforter en période de crise :

1. Ça ne sert à rien de se plaindre.
2. Tu dramatises.
3. Ce n'est pas si grave.
4. N'en fais pas toute une histoire.
5. Ça ne s'est pas passé comme ça.
6. Ce n'est pas aussi terrible que tu le crois.
7. Laisse-moi souffler.
8. Arrête de ressasser ça.
9. Passons à quelque chose de plus divertissant.
10. OK, j'en ai assez entendu.
11. Ce qui est fait est fait. Ce n'est pas la peine de revenir dessus.
12. On peut parler d'autre chose ?

Un homme avisé se gardera de faire ces remarques à un étranger ou à un client et les réservera aux intimes. Il témoignera d'une plus grande sagesse encore en les épargnant à une collègue, même s'ils entretiennent de bons rapports. De son côté, une femme à qui l'on aura asséné un des commentaires précédents ne s'en formalisera pas si elle ne perd pas de vue que son interlocuteur avait les meilleures intentions du monde. Dès lors qu'elle parvient à prendre les réflexions d'un homme sur le ton de la plaisanterie, elle se verra ouvrir les portes de son club sans pour autant avoir à devenir comme lui. Elle réussira à établir une relation de camaraderie et d'estime mutuelles en jouant sur les mots. Voyons quelques-unes des reparties à renvoyer du tac au tac, pour diminuer le stress entre les deux sexes.

Il lâche :	**Elle réplique sur un ton enjoué :**
Ça ne sert à rien de se plaindre.	Hé, je ne fais que relâcher la pression !
Tu dramatises.	Ça ne durera pas !
Ce n'est pas si grave.	Peut-être, mais laisse-moi faire comme si pendant quelques minutes encore.
N'en fais pas toute une histoire.	OK, mais j'aimerais bien te dire ce que j'ai sur le cœur.
Ça ne s'est pas passé comme ça.	Disons que nous sommes d'accord pour être en désaccord.
Ce n'est pas aussi terrible que tu le penses.	Tu as certainement raison. Il me faut juste un peu de temps pour relativiser.
Laisse-moi souffler.	Oui, mai pas avant que j'aie terminé. Accorde-moi quelques minutes supplémentaires pour me plaindre.
Arrête de ressasser tout ça !	Je sais que tu en as marre mais ça ne devrait plus être long.

Passons à quelque chose de plus divertissant.	D'accord. Il n'y a pas de raison pour qu'on soit deux à souffrir. Remettons-nous au travail.
OK, j'en ai assez entendu.	Je suis sûre que tu peux faire mieux. Encore quelques minutes et je serai vraiment impressionnée.
Ce qui est fait est fait. Ce n'est pas la peine de revenir dessus.	Juste une dernière fois. Après, promis, tu n'en entendras plus parler.
On peut parler d'autre chose ?	Oui, je t'ai déjà suffisamment accablé.

Ces joutes verbales ne sont pas appropriées dans tous les contextes, mais lors de situations informelles, en petit groupe ou en réunion, le ton enjoué et compréhensif fera des merveilles pour réduire la tension.

12. Un homme change de sujet avant qu'elle ait terminé

Il change de sujet au lieu de demander de plus amples informations et de relancer ainsi la conversation. Une femme y voit la preuve qu'il ne l'écoute pas. Une Vénusienne reste sciemment silencieuse pour permettre à son interlocuteur de manifester son intérêt en l'interrogeant. En faisant une courte pause, elle lui offre la possibilité de réagir. Ce geste à la fois amical et respectueux vise à instaurer un véritable dialogue. Quand on la questionne, elle est amenée à clarifier sa pensée et à mieux l'adapter aux besoins de son auditoire. En répondant, elle est également consciente de gagner en intelligibilité.

Elle ne se sent vraiment entendue que si, après avoir marqué un temps d'arrêt, on lui demande des précisions. Elle considère qu'un interlocuteur attentif doit se rendre compte qu'elle n'a révélé qu'une partie de ses pensées et la prier de continuer.

Les Vénusiennes montrent qu'elles suivent un raisonnement en posant des questions qui appellent plus de précisions.

Un homme qui ignore tout du protocole vénusien conclut que la locutrice a fini de développer son argumentation. S'il ne sollicite pas davantage de détails, elle y verra la preuve qu'il se moque de ce qu'elle a à dire. Encore une fois, même si elle est persuadée du contraire, il lui a bel et bien prêté attention, mais a commis l'erreur de croire qu'elle avait terminé et n'a pas saisi qu'elle s'attendait en réalité à ce qu'il la questionne plus avant.

Les Martiens ne comptent pas sur les autres pour les induire à approfondir un sujet. Ils vont directement à l'essentiel. Il est impératif qu'une femme prenne conscience qu'en consacrant le premier round de sa présentation à une approche globale, elle réduit ses chances d'en sortir victorieuse. Un homme frappera fort immédiatement, ce n'est qu'ensuite qu'il fera une pause ou prendra les questions de l'auditoire. Il n'attend pas pour les donner qu'on sollicite les points essentiels de son raisonnement. Quand une femme procède de la sorte, ses collègues masculins jugent son exposé incomplet et plein d'omissions. En exprimant ses idées, elle doit être consciente qu'elle est évaluée sur les premiers arguments portés à l'attention générale. Si elle table sur le fait qu'on lui en demandera plus pour aller au fond des choses, elle met sa carrière en péril.

Naturellement, au cours d'une conversation, une femme tendra à extérioriser son intérêt par des questions, croyant en cela aider son interlocuteur à formuler ses pensées. Elle ignore qu'elle ne parvient qu'à le braquer : il se figure qu'elle lui reproche de n'être pas allé au bout de son raisonnement. En revanche, si elle met au jour une lacune dans sa présentation, il la prendra au sérieux. En cernant mieux la signification que revêtent les questions – ou leur absence – pour les deux sexes, bien des malentendus seront évités.

Si une femme met au jour, par sa question, une lacune dans la présentation de son interlocuteur, il la prendra au sérieux.

Un homme peut apprendre à ménager la susceptibilité de son interlocutrice en lui posant quelques questions au lieu de proposer tout de suite une solution ou de passer à autre chose. Les femmes qui interrogent leurs collègues dans le seul but de leur permettre de développer un sujet ou de clarifier leurs pensées, non seulement les braquent, mais en plus risquent de se ridiculiser en donnant l'impression de n'avoir pas compris du premier coup où ils voulaient en venir. Elles doivent donc manier les questions avec précaution et les utiliser uniquement en vue d'obtenir des éclaircissements. Voyons-en quelques-unes destinées à faire préciser à l'autre sa pensée :

1. Donc, ça reviendrait à dire que... ?
2. Est-ce que tu veux dire que... ?
3. Est-ce que tu penses vraiment que... ?
4. Comment se peut-il que... ?
5. Tu plaisantes, n'est-ce pas... ?
6. Est-ce qu'on peut raisonnablement affirmer que... ?
7. Est-ce qu'il serait plus productif de... ?
8. Dois-je en conclure que... ?
9. Ce que je comprends en t'écoutant c'est que... est-ce exact ?
10. Que dirais-tu si... ?

Si une femme est blessée par les propos d'un collègue, ses questions résonneront aux oreilles de ce dernier comme une agression. Toutefois, un homme pris entre deux feux – riposter à l'attaque ou apporter une réponse – choisit souvent de ne pas relever l'offense. Les Martiens ont coutume de se défier les uns des autres sans céder à l'animosité.

Au travail, ils appréhendent plus que tout les questions rhétoriques visant à créer des liens. Mais ils se délectent de se voir conférer un statut d'expert et de mettre leurs talents au service des autres. Si une femme, en les interrogeant, leur glisse à l'oreille combien leurs idées et leurs réponses lui sont précieuses, ils se feront une joie de la satisfaire.

Au travail, les hommes redoutent plus que tout les questions rhétoriques visant à créer des liens.

La liste ci-dessous servira aux hommes anxieux de trouver un moyen de changer de sujet ou d'assurer à leur interlocutrice qu'ils l'écoutent bien. Elle s'avérera également d'une grande utilité pour les femmes qui pourront ainsi se faire une meilleure idée de l'importance du ton employé : en répétant ces questions sur un mode dubitatif, elles se rendront mieux compte de ce qui faisait fuir les hommes. En les agrémentant d'un commentaire positif, elles enverront un message sans équivoque à leurs collègues masculins. Prenons quelques exemples :

1. Ta suggestion est vraiment utile. Est-ce que tu veux dire que... ?
2. C'est une très bonne idée. Est-ce que tu sous-entends que... ?
3. Je n'y aurais jamais pensé. Est-il vrai que... ?
4. Je suis stupéfaite. Comment se peut-il que... ?
5. A-t-on idée ? Tu n'es pas sérieux... ?

6. Tu es exactement celui à qui j'avais besoin de parler. Est-ce qu'on peut dire que... ?
7. Tu as sûrement raison, mais est-ce vraiment la manière la plus efficace de... ?
8. C'est parfaitement cohérent. Dois-je en conclure que... ?
9. C'est une excellente idée. Voyons ensemble si j'ai bien tout saisi. Donc, d'après toi... ?
10. C'est tout bonnement génial. Que penserais-tu si... ?

Quand elles marquent ainsi leur appréciation, elles ne donnent pas à leur interlocuteur l'impression de le remettre en cause. En l'occurrence, le fond importe moins que la forme : manifester son approbation en dit beaucoup plus long que les mots.

De manière analogue, si un homme fait l'effort d'écouter son interlocutrice avec courtoisie et de l'interroger ensuite, il éveille en lui des sentiments de sollicitude qui se manifestent jusque dans l'inflexion de sa voix. Libérer des émotions positives diminue considérablement le risque qu'un collègue adopte une attitude défensive.

Un homme ne voit aucune objection à ce que ses idées ou ses paroles soient contestées – tant que cela reste sur un plan strictement professionnel. S'il perçoit que c'est lui qui est visé, la riposte ne se fait pas attendre. Si on le met au défi, il se défend et traite son agresseur, devenu ennemi, sans ménagement. Les hommes réagissent mal quand leur interlocuteur en fait une affaire personnelle. Ce qui explique qu'ils s'évertuent à bannir les sentiments de la sphère professionnelle au profit des résultats.

En manifestant plus de sensibilité, les hommes se donneront les moyens de réussir et d'établir une coopération renforcée et des rapports harmonieux avec leurs collègues féminines, leurs supérieures hiérarchiques et leurs clientes. De leur côté, les femmes, au fait des spécificités de l'écoute au masculin, mettront toutes les chances de leur côté si elles cessent de traduire le comportement des hommes en termes trop personnels. Une meilleure compréhension et un plus grand respect garantissent que nul ne sera laissé pour compte.

CHAPITRE 8

Les lois viennent de Mars, les principes viennent de Vénus

Les hommes ont tendance à obéir à un ensemble de règles tacites visant à réduire les risques d'offenser quelqu'un dans le monde froid et compétitif du travail. Par leur attitude, ils montrent clairement que leurs décisions et leurs motivations sont strictement professionnelles. Au moment d'effectuer un choix, peu leur importe d'avoir affaire à un ami ou à un collègue qu'ils n'apprécient guère : ils se concentrent avant tout sur le moyen d'obtenir ce qu'ils désirent.

Les femmes, elles, ont plutôt tendance à suivre un ensemble de coutumes mettant l'accent sur les rapports humains et le bien-être d'autrui. Ces qualités, essentielles pour élever des enfants, sont également propices à un travail d'équipe harmonieux et à l'établissement de rapports de confiance entre employés. Confrontées à un choix difficile où rien ne fait pencher la balance d'un côté ou d'un autre, elles n'écoutent que leur sens de la loyauté et privilégient leurs réseaux de connaissances. C'est dire l'importance des liens tissés autour de soi dans le monde des affaires.

Les liens tissés autour de soi jouent parfois un rôle capital dans les affaires.

Le monde du travail a beaucoup changé. Les règles en vigueur sur Mars convenaient parfaitement dans un environnement où les rapports entre individus étaient restreints et les choix limités, mais elles sont aujourd'hui dépassées. À moins de s'en affranchir, les hommes finiront par se retrouver à la traîne. Grâce aux progrès technologiques, les moyens de communication et le traitement de l'information ont gagné en rapidité et en efficacité, ce qui se traduit tous les jours par de nouvelles avancées pour les entreprises, les employés et les clients. Rester compétitif sur un marché mondial en constante évolution requiert un juste équilibre entre les règles, les mœurs et les valeurs des Martiens et des Vénusiennes.

À moins de s'affranchir de leurs anciens codes de conduite, les hommes finiront par se retrouver à la traîne.

Les vieux principes martiens entrent souvent en conflit direct avec les valeurs vénusiennes car les comportements respectables et respectés sur Mars induisent la plupart du temps chez les femmes un sentiment d'abandon, de trahison et de méfiance. D'un autre côté, la propension des Vénusiennes à privilégier l'affectif est perçu comme un signe de faiblesse par les Martiens. Si elle parvient à comprendre les lignes de conduite propres à ces derniers, une femme dispose d'un avantage pour progresser dans tous les secteurs professionnels encore dominés par les hommes.

Pour changer les mentalités, il faut impérativement prendre conscience de la manière dont, par leur attitude, hommes et femmes se choquent parfois mutuellement. Si chacun apprend à mieux aider et à encourager autrui, le monde du travail, à n'en pas douter, sera le reflet du mélange harmonieux des valeurs martiennes et vénusiennes.

Les Vénusiennes ont d'importants efforts à fournir pour s'intégrer dans un environnement concurrentiel, où trouver le moyen d'augmenter les bénéfices et la productivité de l'entreprise est la seule chose qui compte : elles doivent en effet renoncer à certains de leurs principes – tâche d'autant plus ardue qu'elles ne sont pas toujours au courant des règles instaurées au travail par les Martiens.

Ces règles ne sont pas secrètes, mais personne n'en parle. Il ne faut pas croire que les femmes sont maintenues volontairement dans l'ignorance. C'est à la fois leur instinct et l'expérience de la compétition sportive qui dictent leur conduite aux hommes. Une femme trouvera donc très difficile de décoder leur comportement à moins, par exemple, d'avoir été élevée avec plusieurs frères.

Certaines y parviennent sans problème en raison de prédispositions biologiques qui leur font adopter naturellement la même attitude que les hommes. Celles-là réussissent souvent dans le monde du travail. Les autres, dans leur grande majorité, doivent encore se familiariser avec les valeurs martiennes pour pouvoir faire carrière.

En raison de prédispositions naturelles, certaines femmes entretiennent de meilleurs rapports avec les hommes et connaissent, par conséquent, une plus grande réussite professionnelle.

Pourriez-vous concevoir de jouer au basket en ignorant les règles de ce sport ? Vous vous sentiriez perdu et malmené. Vous pousseriez les autres à la faute et risqueriez des pénalités. Vous ne sauriez pas pourquoi vous avez perdu le match. Sans une bonne compréhension des différentes tactiques possibles, vous ne seriez qu'un boulet pour vos coéquipiers.

Aussi doué et persévérant soit-on, on ne réussit pas dans le monde du travail si l'on n'en connaît pas les règles.

Tant qu'elles ne saisiront pas les grands principes qui guident les hommes sur le plan professionnel, les femmes continueront à trouver ces derniers arrogants, froids, exigeants et insensibles, alors qu'ils se contentent de faire leur travail et de rester fidèles aux valeurs de leur planète. Dans le cadre d'une relation personnelle, ces mêmes hommes peuvent très bien se montrer aimables, généreux, attentionnés et indulgents. Il leur arrive aussi de faire preuve de ces qualités vis-à-vis de certains collègues, mais quiconque ignore tout de leur code de conduite ne peut s'en apercevoir.

APPORTER LE CHANGEMENT DANS LE MONDE DU TRAVAIL

Dans tous les domaines, nos chances de succès augmentent si l'on respecte les traditions sans pour autant refuser le changement. Cette synthèse de valeurs opposées est en effet la clé de la créativité et du progrès.

La synthèse des valeurs martiennes et vénusiennes est la clé de la créativité et du progrès.

Les vieux préceptes martiens auraient grand besoin d'être remis au goût du jour. Cela prendra toutefois du temps. En attendant, si vous connaissez les règles suivies par les autres, vous pouvez toujours définir votre propre tactique. Quand vos collègues crieront à la faute, vous saurez au moins pourquoi. S'ils ne vous admettent pas dans leur équipe, vous ne vous vexerez pas, sachant que c'est vous qui refusez de suivre leurs règles. Et quand ils vous tacleront ou essaieront de vous faire trébucher, vous ne le prendrez pas personnellement.

Au cours d'un séminaire donné à Londres en présence des médias, je me suis inspiré de ma propre expérience pour expliquer ce point de vue : « Parfois, un journaliste se montre très amical avec moi, puis il retourne sa veste et me consacre un article particulièrement dur et mesquin. Le moindre de nos propos, lorsqu'il est pris hors contexte, peut être déformé pour venir étayer les arguments d'un autre. Quelqu'un dénué de scrupules peut faire dire n'importe quoi à n'importe qui. »

À la fin de mon explication, une femme s'est levée en déclarant qu'elle appartenait à cette catégorie de journalistes. Elle a simplement ajouté : « Essayez de comprendre. Si nous ne donnons pas une touche cynique et mordante à nos articles, les journaux les refusent. Résultat : nous ne sommes pas payés. Mais si vous les regardez de plus près, vous verrez que nous mentionnons aussi certaines idées intéressantes de votre discours. »

Ma vision des choses en a été transformée. Cette femme avait raison sur presque toute la ligne. Je ne devais pas me sentir visé. Les journalistes ne faisaient que suivre les règles édictées par leur métier. Ce jour marqua un tournant dans ma vie publique. Plus détendu, je suis parvenu ensuite à faire preuve de positivisme et à ne plus voir seulement le mauvais côté des choses.

Le monde du travail est parfois injuste, froid, manipulateur et corrompu. Mais il peut aussi s'avérer encourageant, respectueux, enrichissant et épanouissant. C'est un système imparfait créé par des gens imparfaits. Vous courez donc au-devant de désillusions si vous en espérez la perfection. Dites-vous qu'il s'améliore en fait peu à peu.

Vous êtes libre de respecter ou non les règles du jeu. Le choix n'appartient qu'à vous. Mais sachez que si vous voulez les modifier, il vous faut d'abord composer avec celles qui existent déjà. C'est la seule solution possible. En montrant que vous vous sentez injustement pénalisé, vous agacerez vos collègues et réduirez vos chances de procéder à des changements positifs sur votre lieu de travail.

Au bout du compte, opposer les règles martiennes et les mœurs vénusiennes est une démarche stérile. Aucune n'a plus de valeur qu'une autre, mais toutes conviennent plus ou moins selon le contexte. Si celui-ci change, les règles doivent changer elles aussi. C'est le cas depuis que les hommes et les femmes travaillent ensemble. Ceux qui arrivent à se remettre en cause et à respecter à la fois autrui et eux-mêmes se donnent toutes les chances de gravir les échelons au sein de l'entreprise.

Ceux qui arrivent à se remettre en cause et à respecter à la fois autrui et eux-mêmes se donnent toutes les chances de gravir les échelons au sein de l'entreprise.

Observer et apprécier à la fois les règles martiennes et les mœurs vénusiennes permet d'en réaliser une synthèse plus harmonieuse.

Les affaires et les sports de compétition

Sur Mars, les affaires s'apparentent parfois à une compétition sportive. Sur un ring, un terrain de tennis ou de football, les joueurs se battent les uns contre les autres. Leur principal objectif consiste à remporter la victoire et à défaire leur adversaire. Du moment que certaines règles sont respectées et que tout se passe à la loyale, personne n'en prend ombrage. Le but est que chacun se donne à fond et... que le meilleur gagne !

Après le match, les mêmes joueurs qui se faisaient face redeviennent les meilleurs amis du monde. Mais pendant la partie, ils ne pensent qu'à une chose : vaincre. Ils se dépensent sans compter et élaborent des stratégies visant à acculer l'autre équipe à la défaite. Ils ne perdent jamais le score de vue et n'éprouvent à aucun autre moment une joie comparable à celle de la victoire.

Des sports comme le tir à l'arc, le bowling et le golf permettent de se mesurer à soi-même. D'autres, comme le tennis, le basket, le football, le base-ball et la boxe, permettent de se mesurer aux autres. Les règles martiennes s'appliquent tout particulièrement à ces sports davantage marqués par un esprit de compétition. Aussi inhumain que cela puisse paraître sur Vénus, rien d'autre ne compte dans ces cas-là que de remporter le match.

Chaque joueur fait de son mieux pour épuiser son adversaire, l'assommer, le tacler, voire le mettre K.O. C'est le moins qu'il puisse faire s'il ne veut pas lui faire affront. Un Martien n'aime pas avoir l'impression qu'on l'a « laissé gagner ». Une rencontre sportive doit mettre en jeu l'habileté et le talent de tous, même si la victoire d'une équipe implique forcément la défaite d'une autre.

On retrouve dans ces sports un code de conduite martien. Les règles du jeu permettent aux hommes de se livrer une bataille rangée sans jamais s'estimer visés en tant qu'individus. Ils cherchent à battre leur adversaire, non à le blesser, et s'ils tiennent à gagner, c'est d'abord en jouant franc-jeu, sans cruauté, sans tricheries ni coups bas. En respectant ces préceptes, ils pourront être fiers en cas de victoire. Dans le cas contraire, et même s'ils remportent le match, ils auront perdu tout honneur.

Les règles du sport permettent aux hommes de se livrer une bataille rangée sans jamais s'estimer visés en tant qu'individus.

Les mentalités sur Vénus diffèrent complètement. Les femmes ne suivent pas les mêmes règles, la preuve en étant qu'elles souhaitent parfois la victoire à autrui. Le sacrifice et le don inconditionnel de soi sont tenus en très haute estime sur leur planète et, à condition de se conformer à ces valeurs, personne ne se retrouve laissé pour compte.

Sur Vénus, faire don de soi est toujours payé de retour.

Cette générosité porte ses fruits sur Vénus, mais pas dans le sport ni dans le monde martien du travail. Il est impossible de gagner un match de basket si vous donnez sans cesse le ballon à l'adversaire ou si vous l'aidez à marquer des paniers. Le but du jeu est de conserver la balle et de bloquer les tirs adverses. Cet affrontement est toutefois amical et fair-play car tout le monde est à égalité. Ainsi, la victoire revient à l'équipe la plus talentueuse.

En raison de la féminisation des différents secteurs professionnels, un homme doit s'ouvrir aux mœurs et aux coutumes vénusiennes s'il veut s'attirer la confiance et l'estime de ses collègues féminines. Sachez par exemple que, sur Vénus, le plus sûr moyen de fidéliser un client est de le renvoyer vers quelqu'un de plus qualifié que soi, qui saura mieux répondre à ses besoins. Il se souviendra de votre attention à son égard et ne manquera pas de vous témoigner sa reconnaissance.

L'arrivée massive des femmes dans le monde du travail a peu à peu modifié les habitudes et l'esprit d'équipe prend le pas sur l'individualisme forcené. Certes, les entreprises cherchent toujours à surpasser leurs concurrents, mais cette nouvelle mentalité gagne du terrain auprès des employés, des dirigeants et des clients. « Si je gagne, tout le monde gagne » représente une synthèse des esprits martien et vénusien. En prenant le temps de respecter les particularités de chacun au travail, vous mettrez en place les conditions idéales qui permettront aux deux sexes de bénéficier des mêmes chances de succès.

MARS ET VÉNUS EN RÉUNION

Lorsqu'ils participent à une réunion, les hommes se lancent parfois dans des débats houleux, sans qu'aucun d'eux ne s'en offusque. Ils peuvent se mettre en colère, être agacés, déçus ou exprimer leur inquiétude, mais personne ne se sentira pris à parti ni n'incriminera quelqu'un en particulier.

À l'heure du déjeuner, ils iront profiter de quelques instants de détente autour d'une table. Ils veilleront alors à ce que le message suivant soit clair : les affaires sont les affaires et rien de plus. En partageant de bons moments ou en prenant un verre ensemble, ils insistent bien sur le fait qu'aucune animosité n'existe entre eux.

Les hommes prennent soin de montrer qu'aucune animosité n'existe entre eux.

Les choses se passent différemment lorsque des femmes venues de plusieurs services se rassemblent pour discuter d'un problème. Si, au cours de cette réunion, elles ne parviennent pas à vendre leurs idées, elles ont l'impression de n'être pas écoutées et en éprouvent un grand stress. À l'heure du déjeuner, au lieu de partir ensemble, elles s'éparpilleront dans toutes les directions pour évoquer tranquillement avec une amie ou une collègue ce qui vient d'être dit. Le sentiment d'écoute qui en résulte leur permet alors d'évacuer la pression.

Sur Vénus, les échanges qui se déroulent en comité restreint n'ont rien à voir avec ceux qui surviennent sur le lieu de travail. Ils donnent en effet à chaque femme le sentiment d'être écoutée et soutenue. Certes, prêter une oreille attentive est plus facile quand on n'a pas à prendre des décisions, à initier des changements, à faire des estimations financières, ou quand on a un patron qui prend la décision finale.

Le stress ressenti par les femmes à l'occasion de réunions professionnelles s'amplifie lorsque des hommes y prennent part. Ils s'expriment sans s'en rendre compte d'une manière qui fait croire à leurs collègues féminines qu'elles sont personnellement attaquées. Elles sont alors susceptibles de réagir en laissant transparaître leur colère, leur ressentiment, leur frustration, leur déception, leur inquiétude, leur peur et leur méfiance. Comme nous l'avons déjà vu, elles ne réussissent par cette attitude qu'à s'attirer l'hostilité des hommes. Leurs opinions perdront donc toute valeur auprès de ces derniers, en raison de la façon dont elles les auront exprimées.

L'ÉGALITÉ SUR LE LIEU DE TRAVAIL

Quand les employés réclament plus d'égalité au travail, cela veut dire en général qu'ils souhaitent des augmentations, des promotions ou plus d'avantages. Voir les autres obtenir une part du gâteau plus grosse fait souvent envie. Aussi importe-t-il de connaître de façon claire et précise les rouages de l'entreprise si l'on ne veut pas que des rancœurs s'installent.

En prenant conscience qu'ils ont des pensées, des sentiments et des modes de communication différents, hommes et femmes ont tous la possibilité de gagner le respect du sexe opposé. Cette chance commune à chacun d'entre eux est la seule forme d'égalité qui existe sur le plan professionnel, l'égalité en soi étant absente du monde du travail.

Les salaires et les privilèges varient et varieront toujours d'un employé à un autre. Dans une économie libérale, il faut avoir l'esprit de compétition si l'on veut faire fortune. On n'a jamais rien sans effort. Notre rémunération, c'est-à-dire notre valeur sur le marché de l'emploi, est assujettie à la loi de l'offre et de la demande. Si vos atouts sont très recherchés et plutôt rares, vous pouvez prétendre à un salaire plus élevé. Donc à plus de respect. Prenons un exemple : si vous êtes la seule personne capable de réparer un ordinateur dans votre entreprise, vous serez accueilli avec admiration et déférence en cas de panne informatique dans un bureau. Mais si d'autres, avec les mêmes qualifications, vous ont précédé, vous passerez inaperçu.

Dans une économie libérale, rien n'est gratuit et tout se paie.

En s'habituant au mode de raisonnement des hommes, une femme peut modifier son comportement de façon à s'attirer leur considération. Nul besoin pour cela de changer de planète. Quoi que l'on dise, les hommes respectent les femmes. Ils s'insurgent simplement contre certaines de leurs attitudes qui transgressent les lois en vigueur chez eux. Quiconque viole ces règles ou manque de professionnalisme, qu'il soit homme ou femme, perd le respect de ses collègues masculins.

Dans le monde du travail, le respect d'autrui se mérite.

Il peut sembler injuste que seules les femmes aient à se soumettre aux préceptes du sexe opposé pour se faire respecter. Mais la réalité est tout autre : les hommes aussi doivent ajuster leur façon d'être et de communiquer s'ils veulent à leur tour gagner l'estime et le soutien de leurs collègues féminines.

Prendre conscience des règles en usage sur Mars servira également aux hommes que leurs confrères n'apprécient pas à leur juste valeur. Un homme élevé dans un environnement exclusivement féminin, très attaché à sa mère, ou peu porté sur les sports d'équipe, ne se reconnaît parfois pas dans cette mentalité. À l'inverse, les femmes qui ont grandi entourées de plusieurs frères, qui ont pratiqué des sports de compétition ou étaient très proches de leur père, adopteront un comportement plus martien que vénusien.

COMPARAISON DES CODES DE CONDUITE MARTIENS ET DES MŒURS VÉNUSIENNES

Récapitulons succinctement les règles martiennes et comparons-les aux normes vénusiennes correspondantes. N'oubliez pas : il ne s'agit pas ici de porter un jugement de valeur. Le but de cet examen est de comprendre comment on peut se méprendre sur autrui.

Grâce à cet aperçu, vous aurez les moyens d'agir et de réagir à bon escient en fonction du contexte dans lequel vous travaillez. Si vous êtes entouré d'une ou de plusieurs collègues féminines, il serait bon de réviser vos leçons sur Vénus. Si, en revanche, vos collaborateurs sont en majorité des hommes, rappelez-vous les critères qu'ils retiennent pour se forger une opinion à votre sujet.

Les règles martiennes	**Les mœurs vénusiennes**
Ne parlez d'un problème qu'en dernier recours.	Dès qu'il y a un problème, parlez-en.
Exposer brièvement son point de vue est signe de compétence.	Raconter vos expériences en détail renforce les liens et la collaboration entre collègues.
Ne soyez pas trop modeste. Cela nuit à votre autorité.	N'attrapez pas la grosse tête. Cela engendre des dissensions.
Extériorisez ses émotions est signe de faiblesse. Vos concurrents pourraient s'en servir contre vous.	Évoquez vos émotions négatives afin de gagner la confiance et le soutien d'autrui.

Ayez toujours réponse à tout et n'étalez jamais vos incertitudes.	Ne présumez pas avoir trouvé le meilleur moyen de résoudre un problème. Faites participer les autres à la recherche d'une solution.
Prouvez votre force et votre assurance en ne prenant jamais la mouche.	Montrez votre sensibilité et votre valeur en n'acceptant pas le manque de respect.
Réfrénez vos sentiments : restez calme et maître de vous. Les autres ne vous en respecteront que davantage.	Exprimez tout ce qui vous touche. Vous contribuerez à une compréhension et un soutien accrus entre vos collègues et vous.
Ne demandez de l'aide que si vous en avez vraiment besoin. Vous êtes jugé sur ce que vous êtes capable d'accomplir seul.	Dispenser des conseils non sollicités engendre une plus grande coopération.
Il ne tient qu'à vous de conclure une affaire ou d'obtenir l'aide que vous désirez. Qui ne demande rien n'a rien.	Montrez que vous vous sentez impliquée en faisant tout votre possible. Les autres le remarqueront forcément et vous serez récompensée.
Règle d'or de l'efficacité : ne faites jamais le travail des autres. Si vous acceptez une surcharge de travail, assurez-vous qu'il y aura une compensation à la clé.	Règle d'or : agissez envers autrui comme vous aimeriez qu'il agisse envers vous. Plus vous donnerez, plus vous recevrez en retour.
Attribuez-vous toujours le mérite de vos actes. Vantez vos résultats et les autres les vanteront aussi.	Reconnaissez toujours le mérite de ceux qui vous ont aidée. Vantez les qualités de vos collègues et ils vanteront les vôtres.

Les affaires sont les affaires : seul le profit doit influencer vos décisions, non vos sentiments.	Rendez-moi service et je vous le revaudrai. N'oubliez pas vos amis dans le besoin, ils s'en souviendront.
La fin justifie les moyens : mesurez votre succès en fonction du résultat, non en fonction des moyens employés.	Le succès est un voyage, pas une destination. Ce n'est pas tant ce que vous faites que la manière dont vous le faites qui importe.

Comment demander et obtenir de l'aide

Vos collègues ne vous soutiennent pas autant que vous le souhaiteriez ? Peut-être est-ce parce que vous ne vous êtes pas adressé à eux avec assez d'insistance ou comme il aurait fallu. Martiens et Vénusiennes n'agissent pas du tout de la même manière lorsqu'il s'agit de solliciter un appui. Les hommes exigent plus facilement des augmentations que des conseils. À leurs yeux, réclamer l'assistance d'autrui sous-entend en effet qu'ils sont des incapables, tandis qu'exiger plus d'avantages est une juste rétribution de leurs mérites. Les femmes, elles, ont tendance à solliciter à la fois des conseils et une hausse de salaire mais, parce qu'elles s'y prennent mal, les hommes les ignorent. La raison en est qu'elles suivent souvent des chemins détournés pour formuler leurs requêtes, de telle sorte que leurs interlocuteurs ne comprennent pas où elles veulent en venir. De leur côté, eux se montrent en général trop directs, voire irrespectueux. En accordant plus d'attention à la manière dont nos revendications sont perçues par le sexe opposé, nous réussirons à obtenir le respect qui nous est dû, le soutien dont nous avons besoin et la coopération que nous appelons de nos vœux.

POURQUOI LES FEMMES N'OSENT RIEN DEMANDER

Les femmes s'imaginent qu'elles n'ont pas à demander l'appui des autres. Comme, sur leur planète, on devine intuitivement les besoins de son voisin et l'on fait pour lui tout ce qui est en son pouvoir, nos Vénusiennes espèrent en vain un comportement similaire de la part des hommes. Dans une équipe, elles se préoccupent sans cesse du bien-être des autres membres. Une femme prend d'instinct un grand plaisir à trouver un moyen d'offrir son aide. Plus elle respecte, apprécie ou aime quelqu'un et plus elle cherchera à lui apporter son soutien sans attendre qu'on l'en prie. Sur Vénus, tout le monde agit ainsi. Solliciter autrui n'est donc pas nécessaire. Dans le monde du travail en revanche, les hommes n'anticipent pas toujours les besoins de leurs collègues féminines, ni ne proposent spontanément de les aider. Les femmes en concluent alors qu'elles ne sont ni respectées, ni appréciées.

Une femme n'obtient aucun secours à moins de le demander et un homme se discrédite auprès d'elle en ne lui offrant pas spontanément son appui.

Les femmes ont deux manières de demander indirectement de l'aide : en se dépensant sans compter pour les autres ou en exprimant des émotions négatives. Sur Mars, rien de tout cela n'est efficace : quand une femme encourage allègrement ses collègues masculins sans rien exiger en échange, ils en déduisent qu'elle a déjà tout ce dont elle rêve. Et quand elle exprime sa frustration ou son inquiétude en évoquant un problème, elle ne suscite aucune réaction de leur part à moins de réclamer *expressément* leur soutien. Tout au plus lui donneront-ils un conseil, mais aucun ne lèvera le petit doigt s'il n'y est pas invité.

Ce n'est pas par réticence qu'un Martien s'abstient d'intervenir. Rappelez-vous que, sur sa planète, on n'offre pas de conseils gratis. Il attend « respectueusement » un SOS explicite. Aussi en viendra-t-il vite à la conclusion qu'une femme veut se débrouiller seule si elle ne lui adresse pas une requête claire et précise. Les Vénusiennes ont donc intérêt à se perfectionner dans l'art de formuler leurs prières si elles veulent être entendues.

Quand une femme offre allègrement son assistance à ses collègues masculins, ils en déduisent que, pour sa part, elle n'a besoin de rien.

Devant une femme qui ne réclame pas distinctement un coup de main, un homme peut aussi s'interroger sur la raison qui la pousse à vouloir se dépêtrer seule d'un ennui. Il se dira qu'elle ne veut pas d'un concours extérieur ou bien qu'elle reçoit déjà toute l'aide nécessaire. Mais elle, dans le même temps, se demandera pourquoi il ne vole pas à son secours et lui en gardera rancune.

Quand une femme ne lance pas clairement un appel au secours, un homme se dit qu'elle reçoit déjà toute l'aide dont elle a besoin.

Un homme avisé marquera de nombreux points en identifiant les moments où une femme apprécierait qu'on la tire d'affaire. Il se distinguera aussi en lui offrant spontanément ses services, même s'ils sont superflus. D'une manière générale, il devrait toujours garder à l'esprit que ce sont de tels gestes, en apparence anodins, mais d'une grande signification sur Vénus, qui lui permettront de gagner le soutien de son interlocutrice et de faire naître un esprit d'équipe sur son lieu de travail.

GAGNER L'ADMIRATION DES VÉNUSIENNES

Au bout du compte, c'est en conquérant l'estime et l'admiration de ses collaboratrices, supérieures, employées et clientes qu'un homme fera du chemin au sein de l'entreprise. Pour y parvenir, il ne pourra trouver mieux que de les obliger par de petites attentions. Accepter volontiers d'accéder à leurs demandes ou se contenter d'un « Tu n'avais qu'à le dire, ça m'aurait fait plaisir de te rendre service » ne suffit pas. Il doit deviner comment se rendre utile.

Un homme croit souvent apporter son soutien à une femme alors qu'il lui donne en fait l'impression de la critiquer. Il la questionnera par exemple au lieu de lui proposer directement son aide. Admettons qu'il se dise : « Elle a peut-être besoin d'un coup de main pour classer ces nouveaux dossiers. Si elle n'a pas encore fini, je vais le faire à sa place. » Il fera alors l'erreur de lui demander : « As-tu terminé de classer les nouveaux dossiers ? » Il s'abstient en fait de l'épauler tant qu'il n'est pas sûr qu'elle a vraiment besoin de lui. Ce comportement tient à ses origines martiennes. Sur sa planète, il risquerait en effet d'offenser un collègue en lui proposant son concours sans que cela ne soit indispensable.

Mais dans le cas présent, demander à une collègue si elle a fini de classer des dossiers peut se retourner contre lui. Pour peu qu'elle se sente stressée et prise par le temps, elle risque de percevoir sa question comme une incitation à fournir un effort supplémentaire alors qu'elle est débordée. Elle pourrait très bien lui rétorquer de s'occuper de ses affaires ou lui en vouloir de son interventionnisme.

En revanche, il désamorcera tout conflit en lui proposant d'emblée ses services. Il lui suffit d'un simple : « Je peux t'aider à classer ces dossiers ? » ou bien de se charger du problème en lançant amicalement : « Où sont les nouveaux dossiers à classer ? J'ai un peu de temps libre... si tu veux, je vais m'en occuper. » Quand il a recours à des expressions comme « laisse-moi... » ou « si tu veux... », un homme demande la permission d'apporter son aide et évite à sa collègue de devoir le démarcher elle-même.

En ayant recours à des expressions comme « laisse-moi... » ou « si tu veux... », un homme fait accepter plus facilement son aide à une femme.

Sa serviabilité produira une bonne impression sur elle. Mais il peut aussi forcer son admiration en bannissant de son vocabulaire l'expression : « Aimerais-tu que je fasse quelque chose pour toi ? » Il doit avant tout garder en mémoire que, si elle n'exprime aucun désir de manière explicite, c'est sans doute parce qu'elle attend de lui qu'il en prenne l'initiative. Il y a une différence entre proposer de son propre chef ses services à une femme et demander si elle « aimerait » un coup de main. Par cette simple question, il laisse entendre que c'est à elle de faire appel à lui. Si l'idée de le déranger l'embarrasse, elle refusera probablement et répondra : « Non, ça va. Mais merci quand même. »

Il y a une différence entre demander à une femme si elle « aimerait » qu'on l'aide et lui proposer spontanément un coup de main.

« Tu me laisses t'aider ? » est de loin préférable à « Aimerais-tu un coup de main ? » Si un homme saisit cette infime nuance, une femme sera bien plus encline à accepter son soutien et à lui accorder son estime. En effet, elle répond souvent par la négative quand on lui demande : « Aimerais-tu un coup de main ? » ou « Puis-je t'être utile ? » tout en pensant le contraire. Sur Vénus, ce refus signifie en fait : « Eh bien, je ne voudrais pas abuser mais si tu as un peu de temps, j'apprécierais beaucoup ton aide. Je ne dirai donc pas non si tu insistes. »

Une femme répond souvent par la négative quand un homme lui demande : « Aimerais-tu un coup de main ? » ou « Puis-je t'être utile ? » mais elle pense en fait le contraire.

Les Vénusiennes sont des collaboratrices dans l'âme : lorsqu'elles souhaitent rendre service à quelqu'un, elles joignent aussitôt le geste à la parole. Partout où règne un esprit d'équipe, cette prévenance est une qualité. Aucune n'aurait l'idée de demander : « Aimerais-tu un coup de main ? » à moins de vouloir sous-entendre : « Si vraiment c'est nécessaire, je t'aiderai, mais dans le cas contraire, j'ai autre chose à faire. »

En résumé, voyons ce qu'il convient ou non de dire à une femme. En regard de chaque exemple figure le sens que celle-ci attribuera aux paroles d'un homme qui lui propose son aide de manière indirecte.

Comment proposer de l'aide à une femme sans qu'elle n'ait rien demandé.

Offre directe (à dire)	Offre indirecte (à ne pas dire)	La manière dont une femme risque d'interpréter une offre indirecte :
Laisse-moi t'aider.	Veux-tu que je t'aide à classer ces nouveaux dossiers ?	Je vais t'aider si vraiment tu as besoin de moi, mais j'ai d'autres choses plus urgentes qui m'attendent.

Tu as déjà tellement à faire. Laisse tomber, je m'en charge.	Cela ne m'ennuierait pas du tout de t'aider.	Si je n'étais pas aussi débordé, je serais ravi de t'aider.
Quelle journée ! Laisse-moi te donner un coup de main.	Tu as besoin d'un coup de main ?	Je suis déjà bien occupé mais si tu ne peux pas t'en sortir toute seule, je vais t'aider.
J'ai un peu de temps libre. Laisse-moi t'aider à classer ces dossiers !	Que puis-je faire pour t'aider ?	Tu as l'air débordée aujourd'hui. Si tu as besoin de moi, je peux t'aider.
Laisse-moi finir de ranger ces papiers avec toi.	As-tu fini de ranger ces papiers ?	Tu devrais avoir fini de ranger ces papiers.
Je te suggère de terminer cela demain. Nous n'avons pas un besoin pressant de ces documents.	Pourquoi ne pas finir cela demain ?	Tu n'as pas le sens des priorités. Tu y verras plus clair demain.
Cette journée a été éprouvante. Je vais demander à Tom de nous aider à classer ces dossiers.	As-tu pensé à demander un coup de main à Tom ?	Travailler en équipe et demander l'aide d'autrui n'est pas vraiment ton fort.
Tu as encore plusieurs coups de fil à passer. Laisse-moi finir de ranger ces dossiers à ta place.	Pourquoi ne pas passer tes appels pendant que je termine de classer tout ça ?	On dirait que tu n'es pas capable de prendre une décision, alors je vais te donner quelques conseils.
J'ai un peu de temps libre. Je vais en profiter pour t'aider.	Auras-tu assez de temps pour finir de ranger ces papiers ?	Tu es vraiment trop lente.

POURQUOI LES FEMMES GARDENT RANCUNE AUX HOMMES

Une femme répugne souvent à demander plus que ce qu'on lui propose. Elle ne veut pas risquer d'offenser quelqu'un en se montrant trop exigeante. Tout au plus fera-t-elle quelques allusions, mais elle évitera les requêtes explicites. Le problème est que, à force de retarder le moment de parler clairement, elle accumule peu à peu de la rancœur. S'estimant victime d'une injustice, elle se fait alors violence et exige son dû. Cependant, en laissant percer son ressentiment, elle perdra de son crédit auprès des hommes et ne les incitera pas à la récompenser pour ses efforts.

Pour se faire respecter dans le monde du travail, les femmes doivent saisir toute l'importance qu'il y a à se montrer direct et à mieux formuler ses requêtes. Sur Mars, qui ne demande rien n'a rien, alors si vous voulez servir vos ambitions, n'hésitez pas à revenir à la charge. En sachant toutefois que cela ne suffit pas : la manière dont vous vous exprimez influence aussi beaucoup la réponse de votre interlocuteur.

CINQ ASTUCES POUR SOLLICITER DIRECTEMENT DE L'AIDE

Il y a cinq astuces pour solliciter et obtenir le soutien d'un Martien. La plupart des hommes les connaissent, mais n'en ont pas forcément conscience. Ces astuces consistent à : choisir le bon moment, se montrer conciliant, faire bref, adopter une approche directe et trouver les mots justes. Reprenons chacune d'elles plus en détail :

1. Choisir le bon moment. Veillez à ne pas lui demander ce qu'il a de toute évidence déjà l'intention de faire. Par exemple, s'il se dépêche de boucler un rapport, il serait insultant de lui dire : « Pourrais-tu finir ce rapport et me le donner aujourd'hui ? » Il aura l'impression que vous lui dictez sa conduite et que vous n'appréciez pas ses efforts à leur juste valeur. Si vous tenez vraiment à être rassurée, mieux vaut aller droit au but et lancer : « Penses-tu avoir fini d'ici ce soir ? »

Le choix d'un moment opportun est primordial, même si vous avez recours par ailleurs à d'autres méthodes comme l'approche directe. Lorsqu'il se concentre sur une tâche, un homme déteste être dérangé par une requête intempestive. Ce n'est pas tant la demande en elle-même que le fait d'être interrompu qui provoque sa réticence à obtempérer. Il serait en réalité tout à fait disposé à rendre service s'il ne lui fallait pour cela laisser son travail temporairement inachevé. Le meilleur moment pour s'adresser à lui est donc d'attendre si possible qu'il fasse une pause ou qu'il relâche sa concentration.

Si vous n'avez pas d'autre choix que de l'interrompre, vous pouvez tout de même vous en sortir en vous excusant simplement de le déranger. Exposez alors votre requête sans détour et ne vous vexez pas s'il se met à grogner. Mais s'il se rend compte plus tard que votre interruption ne se justifiait pas, vous baisserez dans son estime.

En cas de doute, n'hésitez pas à lui demander s'il serait tout de même possible d'aborder un problème urgent. Parce qu'il resterait ainsi maître de la situation et aurait moins le sentiment d'être dérangé, il vous invitera peut-être à lui fournir plus de détails. Libre de décider, il acceptera ensuite plus volontiers de vous aider et vous respectera davantage. L'essentiel est de ne pas le brusquer lorsqu'il s'est réfugié dans sa caverne.

2. Se montrer conciliant. Demander n'est pas synonyme d'exiger. Les hommes réagissent mal à un ultimatum – les femmes aussi d'ailleurs, mais elles s'en accommodent s'il est légitime. C'est une des différences majeures entre les deux sexes. Un Martien se braque lorsqu'on requiert impérativement son temps, son attention ou ses services. Il ne tient pas compte du bien-fondé de la requête et, parce qu'il déteste qu'on lui dicte sa conduite, s'empresse de défendre son droit à dire non.

Un homme doit comprendre que ses clientes, collaboratrices, supérieures ou employées souhaitent être écoutées sans qu'il se tienne sur ses gardes lorsqu'elles lui demandent quelque chose. C'est ainsi qu'il marquera des points. De son côté, une femme qui ambitionne de réussir parviendra à ses fins en se montrant tolérante et élogieuse, et non exaspérée, rancunière ou revendicatrice, au moment d'exprimer une requête.

Une femme se donne souvent beaucoup de mal ou consent à des sacrifices pour des collègues qui ne le lui rendent pas toujours. Si elle ne reçoit pas en retour le soutien qu'elle estime mériter, elle en fera une affaire personnelle, haussera le ton et donnera l'impression d'être exigeante. Elle ne réussira ainsi qu'à éveiller la méfiance de ses collègues masculins. Prenons un exemple :

Carol venait d'apporter la dernière touche à son site Internet. Ayant changé de fournisseur d'accès, elle se heurtait à toute une série de problèmes de connexion. Elle appela le service clientèle et fut mise en relation avec un homme qui ne fit preuve à son égard ni de patience ni de compréhension, et ne se montra guère serviable. L'envie la démangea de dire ses quatre vérités à ce rustre et de lui donner un aperçu de sa colère et de sa frustration. Au lieu de quoi, elle se contint et raccrocha. Elle se sentait abattue et impuissante.

C'est alors qu'elle décida de formuler sa demande de manière plus explicite. Elle avait déjà fait un grand pas en avant en évitant de s'emporter. Elle prit le temps de se calmer et rappela la personne en optant cette fois pour une attitude directe, mais conciliante.

Consciente que, pour obtenir de l'aide, il lui fallait d'abord faire un geste, elle saisit un prétexte pour complimenter l'homme qui lui avait répondu. Elle lui expliqua qu'elle avait vraiment apprécié d'avoir eu affaire à lui lors de son précédent appel. Puis elle ajouta d'une voix aimable qu'elle en était toujours au même point. « Je ne sais pas si vous pouvez m'aider à résoudre ce problème – je ne suis pas très douée en informatique », reconnut-elle.

Une telle requête ne pouvait manquer de flatter son interlocuteur, désireux comme tout homme d'être estimé, accepté et apprécié. À sa grande surprise, Carol constata qu'il se montrait cette fois beaucoup plus prévenant, au point même qu'elle eut du mal à s'en défaire. « N'hésitez pas à me rappeler si vous rencontrez d'autres problèmes. Et si vous ne tombez pas sur moi, demandez Eric », lui dit-il pour finir. Parce qu'il se sentait utile, qu'il avait résolu un problème et que son désir de reconnaissance trouvait satisfaction, sa sollicitude n'en était que plus grande.

Au lieu de lui garder rancune de son attitude et d'exiger son assistance, Carol avait suivi la voie de la sagesse et s'était montrée plus conciliante lors de son deuxième appel.

3. Faire bref. Quand vous demandez de l'aide ou une augmentation à un homme, évitez de lui dresser la liste des raisons qui devraient l'inciter à vous répondre favorablement. Plus vous essaierez de le convaincre et plus vous affaiblirez vos chances de réussite. Si vous avez le sentiment de devoir vous justifier, c'est que vous doutez de son soutien. Rien de tel pour le dissuader de vous aider, alors que la situation serait tout autre si vous vous présentiez à lui confiante dans l'issue de votre démarche.

De trop longs préambules peuvent le laisser penser que vous ne vous attendez pas vraiment à ce qu'il vous prête assistance, sans compter que vous risquez aussi de prêcher un convaincu. Fait ironique, alors qu'il était peut-être tout acquis à votre cause il rechignera ensuite à vous aider. Aucun homme n'aime s'entendre dire toutes les raisons pour lesquelles il devrait faire ce qu'on lui demande.

Une femme tente en général de justifier ses besoins parce qu'elle est parvenue à la conclusion que, puisqu'il ne s'est pas proposé de l'épauler, son interlocuteur n'en a pas vraiment envie. Si elle savait pourquoi il n'agit pas comme elle-même le ferait, elle comprendrait qu'il n'attend souvent qu'un geste de sa part pour voler à son secours. Le mieux est qu'elle se contente d'exposer brièvement sa requête. S'il veut une raison, il saura la lui demander. Mais dans tous les cas, la concision doit être de mise.

4. Adopter une approche directe. Les femmes s'imaginent souvent solliciter l'aide d'un Martien quand, en réalité, elles lui envoient un message ambigu. Elles exposent parfois leurs problèmes mais ne demandent rien de manière explicite. Or, une demande directe doit être exprimée clairement. C'est en se concentrant sur ce qu'elles veulent et en l'énonçant vite et bien qu'elles parviendront à leurs fins. Il n'est pas exclu pour autant d'user de détours à l'occasion, mais à condition de repasser à un mode plus direct si les résultats se font languir.

Une femme donne lieu à toutes sortes d'interprétations erronées quand elle s'exprime de manière détournée ; un homme aura en effet l'impression qu'elle se montre exigeante ou bien qu'elle critique ou désapprouve sa conduite.

Ce qu'un homme risque de comprendre quand une femme s'exprime de manière détournée

Ce qu'elle devrait dire (méthode brève et directe).	Ce qu'elle ne doit pas dire (méthode indirecte).	Ce qu'un homme risque de comprendre si elle ne va pas droit au but.
Voudrais-tu traiter cette commande ?	Je dois encore aller chercher des billets de train et je n'ai pas le temps de m'occuper de cette commande.	Si tu ne t'occupes pas de cette commande, ce ne sera pas très sympa de ta part. (Chantage affectif.)
Voudrais-tu faire une copie de ces documents et les envoyer avant 17 heures ?	Ces documents doivent être photocopiés et envoyés avant 17 heures.	C'est toi qui es censé faire ça. Je ne devrais pas avoir à te le redire. (Exigence.)
Voudrais-tu te renseigner sur ce colis ?	Le colis n'est toujours pas arrivé.	Tu as mal géré cette livraison. Tu devrais être plus responsable. (Critique.)
Tu veux bien confier cette tâche à ton département ?	C'est à ton département de faire ça.	C'est ta faute si rien n'a été fait. (Blâme.)
Tu veux bien t'occuper de ce problème ? Il faut qu'il soit réglé au plus vite.	Ce projet n'aboutira jamais.	Je ne suis pas satisfaite de ton travail. (Mécontentement.)
Tu veux bien mettre un peu d'ordre dans tout ça ? Je ne retrouve rien.	Quelle pagaille ! Je ne retrouve rien.	Tu n'es pas très ordonné. Tu devrais faire attention. (Rejet.)

Tu veux bien revenir prendre ces documents vers 15 heures ? Je travaille encore dessus.	Je devrais avoir fini à l'heure qu'il est, mais il faut encore que je travaille sur ces dossiers. Je ne pense pas avoir terminé avant 15 heures.	Tu devras revenir plus tard, c'est la seule solution. Tu ne serais pas très poli si tu refusais. (Obligation.)
Tu voudras bien remettre du papier dans la photocopieuse quand tu auras fini la rame ?	Tu as encore utilisé tout le papier.	Tu as encore oublié de remettre du papier dans la photocopieuse. Tu n'écoutes pas ce que je te dis. (Désapprobation.)
Tu veux bien qu'on décide d'un moment pour parler de ce problème ? Vers 16 heures, aujourd'hui, par exemple ?	Nous n'avons toujours pas parlé de ce problème.	Tu te moques de ce dont je peux avoir besoin. Tu devrais faire un effort. (Rancune.)

5. Trouver les mots justes. Demander de l'aide à un homme requiert beaucoup de doigté. L'erreur la plus fréquente commise par les femmes consiste à employer les expressions « pourrais-tu » ou « peux-tu » au lieu de « voudrais-tu » et « veux-tu ». « Pourrais-tu t'occuper de ce problème ? » s'apparente à une simple demande de renseignement. « Tu veux bien t'occuper de ce problème ? » est en revanche bien plus direct.

Les Vénusiennes utilisent souvent le verbe pouvoir à la place du verbe vouloir, car elles estiment se montrer ainsi plus polies. Les requêtes indirectes sont tolérées, à condition toutefois de ne pas en abuser car, à la longue, elles finissent par agacer les hommes. Ils seraient bien en peine d'expliquer pourquoi, mais le fait est que cela les énerve.

La plupart du temps, ils finissent par oublier ce qu'une femme leur demande si elle s'exprime de manière détournée.

Les vertus du verbe vouloir

Au cours de mes séminaires, durant ces trente dernières années, j'ai enseigné à des milliers de femmes l'art de demander directement. Elles en ont tout de suite éprouvé les bienfaits. En s'exprimant avec clarté et concision, elles se faisaient mieux comprendre des hommes, qui ne réagissaient alors plus du tout de la même manière à leur égard.

Prenons un exemple parmi tant d'autres : Kelly, réceptionniste, considérait les commerciaux de son entreprise comme une source constante de frustration. Quand elle voulait quitter son travail à 17 heures afin d'aller chercher son enfant à la crèche, elle demandait à chacun d'entre eux de lui apporter le courrier à taper avant 16 heures. Cela lui laissait en théorie le temps de s'acquitter de cette tâche, de récupérer les lettres signées avant la fin de la journée et donc de partir à l'heure. Mais elle avait beau le leur répéter, ils oubliaient systématiquement de le faire.

Après avoir appris à se montrer plus directe, elle a aussitôt obtenu de meilleurs résultats. Comme la plupart des Vénusiennes, elle commençait ses requêtes par « pourriez-vous » au lieu de « voudriez-vous ». Or, les hommes prennent ce genre de questions au pied de la lettre et ont tendance à rétorquer sans réfléchir : « Bien sûr que j'en suis capable. » Demander à quelqu'un s'il « pourrait » faire ceci ou cela revient à s'interroger sur ses compétences. Et quel homme irait répondre : « Non, je ne suis pas assez fort pour t'apporter ces lettres » ?

Pour un homme, une phrase commençant par « pourrais-tu » n'est pas tant une requête qu'une question d'ordre pratique.

Le problème quand on emploie le verbe pouvoir est que les hommes ne s'attardent guère sur le sens réel que lui donnent les femmes avant de répondre. Mais en lui demandant « voudrais-tu... », vous l'obligez à réfléchir. Il se dira alors : « Voyons, est-ce que j'ai envie de faire ça ? Pourquoi devrais-je le faire ? Que se passera-t-il si je refuse ? Comment vais-je m'y prendre et en serai-je capable ? »

Quand il entend « voudrais-tu », un homme ne répond pas par l'affirmative dans la seconde qui suit. Il prend d'abord le temps de la réflexion mais, parce qu'il en envisage les tenants et les aboutissants, il n'oublie pas cette requête et se sent davantage tenu de rendre service à sa collègue.

À partir du moment où il décide d'aider une femme qui s'adresse à lui en ayant recours à l'expression « voudrais-tu », un homme a l'impression d'être lié par une promesse. Si elle avait usé du verbe pouvoir, son oui n'aurait pas eu valeur d'engagement. Même s'il avait bien entendu sa requête, même s'il était prêt à l'aider, il aurait fini par oublier.

À partir du moment où il répond par l'affirmative à une phrase commençant par « voudrais-tu », un homme a l'impression d'être lié par une promesse.

Kelly a appris qu'une requête formulée à l'aide du verbe pouvoir ne marquait pas assez l'esprit d'un homme. Elle n'a donc eu qu'un léger changement à opérer dans sa manière de s'exprimer pour être enfin entendue.

La différence entre « avant » et « après » a été considérable : 98 % des commerciaux ont régulièrement donné leurs lettres à taper à Kelly avant l'heure fixée. L'emploi du verbe vouloir a facilité le travail de celle-ci et a permis d'apaiser les tensions qui s'étaient accumulées entre les services administratif et commercial de l'entreprise.

CHAPITRE 9

Instaurer des limites

Dans le monde du travail, fixer des limites est indispensable pour susciter le respect de ses collaborateurs. Il serait naïf d'attendre des autres qu'ils devinent vos besoins et vos désirs, surtout si leurs valeurs et leurs sensibilités diffèrent des vôtres. La clé du succès réside, pour les deux sexes, dans la faculté d'exprimer sans détour d'une part ce qu'on veut et d'autre part ce qu'on refuse.

Chaque sexe possède une façon bien distincte de signifier son accord ou son refus. Il arrive qu'un homme persiste dans un comportement jugé inacceptable ou répréhensible par une collaboratrice parce qu'il n'a pas perçu sa désapprobation. Le message qu'elle envoie serait sans équivoque sur Vénus, mais prête à confusion sur Mars. À l'inverse, une femme interprétera la manifestation de bonne volonté d'un collègue comme une rebuffade. Les femmes sont plus promptes à voir des barrières là où il n'y en a pas et donc à se sentir exclues.

Ce n'est que lorsque hommes et femmes auront développé une plus grande acuité aux signaux émis par chacun qu'une confiance et une estime réciproques verront le jour sur leur lieu de travail. Un homme démontrera à une femme qu'il la respecte et s'en fera une alliée uniquement s'il prend conscience du seuil à ne pas franchir avec elle.

En cas de transgression, il perdra sa considération et elle deviendra réfractaire au travail d'équipe.

Un homme ne démontrera à une femme qu'il la respecte que s'il prend conscience du seuil à ne pas franchir avec elle.

Les femmes doivent garder à l'esprit que leur attitude est susceptible d'être mal interprétée et, pour ne laisser aucune place au doute, apprendre à s'affirmer. Ce qui ne vient pas naturellement à une Vénusienne : elle peut être convaincue de faire preuve de la plus grande clarté sans réussir toutefois à éclairer un collègue sur ses intentions. D'où l'importance de se familiariser avec les codes utilisés par le sexe opposé pour exprimer sa volonté et son seuil de tolérance. Telle est la condition d'une coopération renforcée au travail.

Fixer des limites sur Vénus et sur Mars

Sur Vénus, la collaboration prime sur la compétition. Fixer des limites ne s'impose pas quand l'entraide est un mode de vie et le mérite reconnu de manière équitable. S'enorgueillir haut et fort de ses succès devient superflu quand personne ne convoite vos acquis. On le voit même plutôt d'un mauvais œil. Dans une culture où l'accent est mis sur le partage, le moindre signe de désaccord est enregistré et pris en compte.

Sa plus grande sensibilité à la réticence d'autrui conduit la Vénusienne à traduire un oui martien, un « peut-être », un « plus tard » ou un « pas dans l'immédiat » comme un « non ». Ayant perçu les résistances de son collègue masculin, elle renoncera à solliciter son aide ou à reformuler sa demande, considérant qu'il lui oppose un non catégorique. Or un non catégorique sur Vénus n'a rien de définitif sur Mars.

Mettre des limites sur Mars où la rivalité est érigée en principe s'avère une nécessité. Les Martiens se livrent d'incessantes batailles pour prouver leur valeur respective et revendiquer leur souveraineté sur de nouveaux territoires. Au sein d'une entreprise, ils luttent sans merci afin de gravir les échelons et de se distinguer des autres en faisant étalage de leurs compétences. Dans un tel environnement, il devient obligatoire de tracer de véritables lignes de démarcation.

Une femme qui n'exprime pas franchement sa réprobation témoigne de son indécision aux yeux d'un homme. En effet, alors qu'elle s'imagine transmettre des signaux clairs, il capte un message brouillé. Si elle finit par manifester de l'irritation, il se sentira injustement critiqué ou rejeté. En se réglant sur la fréquence féminine, les hommes apprendront à décoder les réactions de leurs collaboratrices jusque dans leurs moindres nuances.

POURQUOI LES HOMMES SE MONTRENT INSISTANTS

Sur Vénus, personne n'est laissé pour compte mais sur Mars, il incombe à chacun d'assurer sa propre subsistance. Ce qui explique que les hommes soient plus enclins à saisir les occasions qui se présentent. Conscients qu'il se trouve toujours quelqu'un à l'affût pour s'emparer de leur emploi ou de leurs parts de marché, ils défendent âprement leur terrain de chasse. Si on ne leur dit pas clairement qu'ils sont indésirables, ils reviendront à la charge jusqu'à obtenir gain de cause.

Sur Vénus, tout est mis en œuvre pour soutenir autrui et l'empêcher de se sentir exclu. Sur Mars, on ne ménage pas ses efforts pour grimper à bord de l'ascenseur du succès. Sans invitation, une femme se figure qu'elle n'est pas la bienvenue et attendra qu'on lui fasse signe de monter ; un homme jouera des coudes et se dira qu'il ne s'agit que d'une question de temps avant qu'il parvienne à s'imposer.

Un homme se figure que s'il n'est pas invité, il lui faut s'imposer.

Par conséquent, une barrière ne constitue pas à ses yeux un signal de stop mais un défi à surmonter. Cette vision des choses a ceci de positif qu'elle l'amène à ne pas considérer un rejet comme un échec cuisant mais explique aussi qu'il ne répugne pas, le cas échéant, à piétiner les gêneurs au passage. Il a appris sur Mars qu'il valait mieux fixer ses limites avec force, sous peine de les voir remises en question jour après jour ; il interprète donc la moindre hésitation chez une femme comme le signe qu'elle est ouverte aux négociations.

Si un homme s'entend répondre « non », il le prend comme un « oui » potentiel, un « plus tard », un « pas tout de suite » ou un « dis-m'en plus ». Alors que son non à lui ne laissera planer aucune ambiguïté.

Sur Mars, si un homme s'entend répondre « non », il le prend comme un « oui » potentiel, un « plus tard », un « pas tout de suite » ou un « dis-m'en plus ».

Cette attitude – renforcée par la pratique de sports de compétition – n'étonnera en rien un homme mais déstabilisera une femme. Sur sa planète, un simple regard désapprobateur, un temps d'arrêt suffisent à faire comprendre à son interlocutrice qu'elle risque de dépasser les bornes, et elle n'ira pas plus loin. Si elle lance : « Je ne suis pas très enthousiaste à cette idée », elle fera preuve de correction sur Vénus, mais sur Mars, sa répartie courtoise sera interprétée comme un feu vert.

L'AFFIRMATION DE SOI

L'affirmation de soi passe par un message net et sans ambivalence. La répétition constitue la meilleure technique pour signifier à son interlocuteur qu'il franchit un point de non-retour. Mais il faut aussi se garder d'exprimer ses émotions pour être prise au sérieux. En manifestant colère et exaspération, une femme déclenchera l'hostilité de son collaborateur, alors que, en réitérant ses mises en garde avec objectivité, elle lui permet de sauver la face. Une neutralité de bon aloi ne remet pas directement en cause un homme et lui fait sentir qu'il n'est pas rejeté.

Quand elle décrète, sur un ton dénué de toute émotivité, « Je ne suis pas enthousiaste à cette idée », il devient plus aisé pour son interlocuteur d'accepter cette réponse négative car il comprend qu'il n'est pas personnellement visé. À l'inverse, si elle s'emporte en prononçant la même phrase, il en concevra de la rancœur. Des positions claires, une réaction dépourvue de tout jugement critique : voilà le secret pour ne pas froisser un ego masculin. Toutefois, s'il la contraint à répéter son refus à trois reprises, il faut qu'elle montre plus de fermeté et assène : « Je t'ai déjà dit non trois fois. J'aimerais que tu m'écoutes. » Il n'est pas question pour autant de rassurer un interlocuteur à qui vous signalez qu'il a déjà outrepassé ses droits : il pourrait croire qu'il dispose d'une marge de manœuvre supplémentaire.

Si une femme est contrainte de répéter trois fois son refus, il lui faut montrer davantage de fermeté.

Passons en revue différentes façons, plus ou moins directes, de manifester qu'un seuil a été franchi. Dans la première colonne sont présentés des exemples de limites floues qui seraient respectées sur Vénus mais pas sur

Mars. Dans la deuxième, ces limites deviennent plus distinctes. Si un homme persiste au-delà, son interlocutrice peut l'écouter quelques instants et lui refaire expressément la même réponse. S'il s'entête, elle doit alors recourir aux jalons figurant dans la troisième colonne. De prime abord, ces réponses peuvent sembler impolies mais sur Mars, face à un homme pressant, elles sont tout à fait appropriées.

Frontière floue	**Frontière distincte**	**Frontière plus clairement définie**
« Une prochaine fois peut-être. »	« Je ne peux pas vous parler maintenant. Rappelez-moi jeudi prochain pour prendre rendez-vous. »	« Je vous l'ai déjà répété trois fois. Rappelez jeudi prochain. »
« Ça ne va pas être possible. »	« Il y a déjà trop de monde. Il n'y a plus de place pour vous. »	« Je vous l'ai déjà dit trois fois. Merci d'en tenir compte et de partir. »
« Le moment n'est pas bien choisi. »	« Vous tombez mal. Rappelez-moi la semaine prochaine. »	« Je vous l'ai déjà répété trois fois. Rappelez-moi la semaine prochaine. »
« Je ne suis pas certaine de vouloir faire cet achat. »	« Je vais avoir besoin de plus de temps pour envisager un achat de ce type. Je vous rappellerai dans quelques semaines pour vous faire part de ma décision. »	« Je vous l'ai déjà répété trois fois. Je vous le ferai savoir dans quelques semaines. »

« Ce n'est pas tout à fait ce que nous recherchons. »	« Ce n'est pas ce que nous recherchons. Je sais ce que vous avez à proposer. Je vous appellerai si nous avons besoin de vos services. »	« Je vous l'ai déjà répété trois fois. Je vous téléphonerai si nous avons besoin de vos services. »
« Je ne pense pas être prête à vous donner ma réponse. »	« Je ne suis pas prête à vous donner ma réponse. Dès que ce sera le cas, je vous ferai signe. »	« Je vous l'ai déjà répété trois fois. Je vous ferai signe dès que j'aurais pris ma décision. »
« J'ai encore besoin d'un petit peu de temps pour y réfléchir. »	« Je suis occupée en ce moment. Je vous appellerai la semaine prochaine. »	« Je vous l'ai déjà répété trois fois. Je vous appellerai la semaine prochaine. »
« Je suis désolée mais ça ne m'intéresse vraiment pas. »	« J'ai examiné votre proposition et je ne suis pas intéressée. »	« Je vous l'ai déjà répété trois fois. Je ne suis pas intéressée. »

Avec une amie, exercez-vous, à tour de rôle, à prononcer ces phrases à voix haute en vous efforçant de transmettre votre message avec assurance sans compter sur la colère ou la frustration pour lui donner plus de force. Face à votre interlocuteur, vous gagnerez en persuasion si vous affichez une confiance telle que tout recours aux explications ou aux émotions négatives devient inutile.

Les hommes seront bien avisés de consulter cette liste pour apprendre à repérer les limites imposées par une femme même si elles semblent parfois indistinctes. Il est impératif qu'ils ne se méprennent pas sur les intentions d'une collaboratrice lorsqu'elle refuse un projet en y mettant les formes.

L'APPRENTISSAGE DE LA PERSÉVÉRANCE

Tout comme un homme doit savoir quand une marche arrière s'impose, une femme a besoin de faire l'apprentissage de la persévérance. Si un homme résiste à sa demande ou la rejette, rien ne prouve qu'il ne changera pas d'avis. Elle doit s'habituer à se voir opposer des réponses négatives et à exprimer de nouveau sa requête plus tard comme si de rien n'était. Elle aura tout intérêt à ne pas se formaliser et à persister, à condition de demeurer courtoise. C'est une bonne préparation pour solliciter une augmentation ou une faveur. Sans cet entraînement, elle court le risque de prendre un refus comme un rejet et d'être paralysée si les enjeux sont trop élevés. Sa peur du « non » rend difficile toute négociation et, en cas d'échec, toute recherche de compromis. Les femmes qui ont appris à traduire un « non » par un « pas dans l'immédiat » se distinguent comme de redoutables négociatrices et forcent l'admiration de leurs collègues masculins.

Les femmes qui ont appris à traduire un « non » par un « pas dans l'immédiat » se distinguent comme de redoutables négociatrices.

Plus une femme se formalise, moins elle sera disposée à poursuivre les discussions en faisant des concessions. Si on lui répond par la négative, elle ne renouvellera pas sa tentative avant longtemps. Alors qu'elle aurait tout à gagner à prendre un « non » pour un « pas dans l'immédiat » ou un « je vais y réfléchir ». En écoutant, sans se vexer, les objections soulevées par son interlocuteur, elle peut argumenter, céder du terrain ou convenir d'un arrangement en définitive plus avantageux. Au lieu de défendre leurs revendications avec méthode, les femmes évoquent trop souvent les problèmes qu'elles ont dû surmonter ou se plaignent de crouler sous le travail, écornant leur image de professionnelles.

Un homme plus aguerri, dans la même situation, évitera de donner à son interlocuteur l'impression qu'il émet des récriminations et s'attachera à faire ressortir, de manière objective, ses compétences et les bénéfices qui en ont découlé pour l'entreprise. Si le plan A échoue, il passera au plan B et révisera ses ambitions à la baisse. Toute négociation réussie repose sur votre faculté à reformuler vos requêtes de façon à ce qu'elles paraissent plus acceptables à la partie adverse tout en restant conformes à vos exigences. Avant toute discussion, prenez soin d'élaborer plusieurs stratégies. En ne vous sentant pas remis en question par un refus, vous parviendrez à rester ouvert. Si votre patron perçoit que vous ne vous braquez pas, il n'aura aucune raison de se mettre sur la défensive et demeurera flexible lui aussi.

Les hommes et les femmes qui pratiquent un sport ont appris à composer avec les revers et les échecs. Ils sont habitués à ne pas marquer de points à tous les coups et conçoivent la ténacité comme un signe d'assurance. Si un joueur se retrouve sur le banc de touche et veut qu'on le fasse entrer sur le terrain, il augmentera ses chances de convaincre l'entraîneur en renouvelant régulièrement ses requêtes.

Un homme prend un refus comme un « plus tard », une femme comme une fin de non-recevoir.

Selon un vieux dicton martien, « si vous ne réussissez pas du premier coup, essayez et essayez encore ». Un homme qui demande une augmentation ne diffère en rien du joueur sur son banc de touche qui, en restant d'humeur égale et en se préparant à ce qu'on lui réponde par la négative, revient à la charge jusqu'à ce qu'on l'autorise à jouer. Pour faire pencher la balance en sa faveur, il lance de temps à autre des «Je peux le faire. Je sais que j'en suis capable. Allez, laissez-moi y aller.» Au travail, un homme ne fait pas autre chose. Il est toujours en campagne, prêt à démontrer à son patron qu'il mérite une promotion ou une augmentation. Sous différentes formes, il envoie le message suivant : «Je suis la personne qu'il faut pour ce travail. J'ai les compétences nécessaires. Je vais me surpasser. Voilà ce que j'ai accompli. Regardez mes résultats. Je veux vraiment ce poste. Je suis prêt à tout. Je ne ménagerai pas mes efforts. J'y arriverai. Je ne vous décevrai pas. Vous pouvez me faire confiance.»

Il prépare le terrain pour que son patron consente à lui accorder une augmentation le moment venu et veille à laisser entendre qu'il n'en fait pas une affaire personnelle. Rien de tel pour convaincre un dirigeant d'accepter une proposition : plus on la lui présente avec aplomb, plus il partage cette assurance.

Par ce comportement, à la fois détaché et confiant, un homme émet un signal sans équivoque : «J'en veux plus mais j'apprécie déjà ce que vous m'avez concédé. J'en veux plus parce que je pense le mériter, mais je suis prêt à faire le nécessaire pour vous le prouver. J'en veux plus et je pense que lorsque vous verrez ce dont je suis capable vous ne pourrez qu'être d'accord avec moi.»

Un dirigeant – quel que soit son sexe – chez qui prédominent des caractéristiques martiennes se montrera plus enclin à accorder à un employé ce qu'il demande si sa motivation ne fait aucun doute. Au cours de négociations, une femme obtiendra souvent moins que ce qu'elle désirait au départ parce que son patron pressent, au ton ou aux mots qu'elle emploie, qu'elle acceptera de rabattre ses exigences. Un P-DG à la sensibilité plus vénusienne aura tendance à aller au-delà des exigences d'un employé s'il a la conviction qu'il le mérite. Et à l'inverse, si son employé, que ce soit une femme ou un homme, se montre trop insistant et revendicatif, il devra se contenter de moins.

On inculque aux Vénusiennes dès leur plus jeune âge des valeurs comme la gentillesse, le partage et la prévenance. On leur apprend notamment à se montrer polies en gardant pour elles les biscuits en miettes et en offrant les autres. Cette propension à se sacrifier et à se mettre en retrait fait d'elles plus tard des femmes particulièrement attentives et aimantes, mais ne les prépare pas à négocier avec un patron martien.

On apprend aux petites filles à se montrer polies en gardant pour elles les biscuits en miettes et en offrant les autres.

Un homme qui cherche à faire la preuve de son ambition évite de se plaindre. Il affiche constamment un esprit positif, clame à la ronde qu'il est ouvert à toute proposition. Chaque fois qu'il met en avant ses performances, il marque des points auprès de son chef hiérarchique ou de son patron qui prennent bonne note de sa motivation.

S'il sollicite de l'avancement, il doit employer un ton indiquant qu'il comprendra parfaitement que son interlocuteur veuille réfléchir ou ne le juge pas tout à fait prêt. Il suggère ainsi qu'il a conscience de ce qu'il apporte à l'entreprise et ne doute pas que ses efforts seront récompensés. Il lui suffira de réitérer sa demande une ou deux fois pour qu'ensuite ses résultats parlent à sa place et que son patron réfléchisse de lui-même à une éventuelle augmentation.

Un employé qui prend avec une mauvaise grâce évidente le refus de son employeur risque de se le mettre à dos et de le pousser à chercher de bonnes raisons de ne pas accéder à une requête ultérieure.

Négocier une augmentation

Savoir demander joue un rôle important dans la négociation d'un salaire mais se démarquer des autres constitue un premier pas décisif. Nombreuses sont les femmes qui s'imaginent qu'on va les supplier d'accepter une augmentation, une promotion ou des avantages pécuniaires annexes parce qu'on a remarqué qu'elles ne ménageaient pas leur peine. Cela relève du possible sur Vénus, mais de l'utopie sur Mars.

Une femme qui persiste dans cette croyance continuera à regarder ses collègues récolter les fruits de leurs efforts et à attendre que ses capacités soient appréciées à leur juste valeur. Elle donnera le meilleur d'elle-même, persuadée que la reconnaissance suivra lorsque ses compétences seront prises en compte. Si cette reconnaissance tant espérée tarde ou si elle n'obtient pas la promotion souhaitée, elle aura le sentiment d'être incomprise et en ressentira une certaine amertume.

Elle aura beau être très appréciée, si elle ne mène pas une campagne d'autopromotion et ne prend pas en main les opérations, elle ne pourra prétendre à une quelconque compensation. Certaines femmes croient à tort que si on les trouve sympathiques, elles auront de plus grandes chances de faire leur chemin dans l'entreprise. Ce n'est pas aussi simple. Vous rencontrerez certes plus de difficultés à obtenir une augmentation si vous n'êtes pas dans les petits papiers de votre patron. Mais ce qui compte avant tout, c'est l'assurance avec laquelle vous formulez vos requêtes et ce, que vous vous entendiez bien ou non avec votre employeur.

Les préférences des dirigeants vont évidemment à ceux de leurs employés qui se satisfont de ce qu'ils ont. Qui trouverait à redire d'un salarié qui met du cœur à l'ouvrage et ne se livre à aucune revendication ? Ils gagnent ainsi sur tous les tableaux. Quand vous faites une affaire dans un magasin, vous n'offrez pas de payer davantage juste parce que vous aimez tout particulièrement la boutique. De manière identique, même si un patron a une très bonne opinion de son employée ou a conscience de ses qualités, il ne proposera pas pour autant de l'augmenter.

Même si un patron a une très bonne opinion de son employée, il ne proposera pas pour autant de l'augmenter.

Il est plutôt rassurant pour lui de voir qu'il n'est pas obligé de transiger avec tout le monde. Il a déjà fort à faire pour répondre aux exigences répétées de ses employés à dominante martienne. Toute entreprise s'efforce de jongler avec ses finances pour accroître ses profits et logiquement, moins elle consent d'augmentations salariales, plus sa marge bénéficiaire reste élevée.

Dans le monde du travail, vous n'êtes pas nécessairement rétribué à votre juste valeur. Imaginez que vous mettiez votre maison en vente et que vous demandiez à chaque acheteur potentiel de faire « sa meilleure offre ou ce qu'il peut raisonnablement se permettre » : avec une telle approche, vous n'atteindriez même pas sa valeur marchande.

Dans le monde du travail, vous n'êtes pas nécessairement rétribué à votre juste valeur, il vous incombe de la négocier.

Personne ne désire payer plus que nécessaire. Une fois votre choix arrêté sur une maison, il ne vous viendrait pas à l'idée de proposer plus que ce qu'on vous demande simplement parce qu'elle vous plaît. Il en va de même pour une entreprise : elle vous rémunérera juste ce qu'il faut et se fera prier pour vous offrir davantage. N'arrivent à leurs fins que ceux qui ont compris comment se mettre en valeur et tirer leur épingle du jeu au cours d'une négociation. Ceux qui affichent clairement leurs ambitions.

Motivation, assurance et estime de soi

Une forte motivation alliée à un sentiment d'assurance et à une bonne estime de soi fait l'étoffe des grands négociateurs. Sur Mars, une jérémiade passe pour un déficit de confiance en soi. Les femmes ont souvent l'impression de mériter mieux mais ne se montrent pas toujours satisfaites de ce qu'on leur concède. Si elles expriment leur mécontentement, leur patron n'entend que des récriminations et leur retire son respect. La recette d'une bonne négociation réside dans la capacité à garder une attitude constructive et à taire ses doléances.

Certains hommes font également les frais d'un comportement trop négatif. Un patron portera un regard plus bienveillant sur les revendications d'un employé si celui-ci parvient à mettre l'accent sur ses succès sans jamais recourir aux critiques. Pour amener son supérieur à l'augmenter, il doit se dégager d'un employé motivation, estime de soi et assurance.

Pour amener son supérieur à l'augmenter, il doit se dégager d'un employé motivation et estime de soi.

En se mettant à la place d'un dirigeant, les hommes et les femmes augmentent leurs chances d'obtenir gain de cause – que cela concerne une augmentation, une promotion, une présentation ou une proposition. Un employeur ne se laissera pas convaincre facilement. Il faudra user avec lui de persuasion et lui garantir qu'il est en train de faire une bonne affaire. Il détesterait qu'on lui donne l'impression qu'il commet une erreur. Si son interlocuteur manque d'assurance et a l'air indécis, il fera preuve de réticence et, à l'inverse, se montrera rassuré si celui-ci respire la confiance.

Il faut choisir le moment opportun pour solliciter une augmentation. Et ne pas hésiter à préparer le terrain à l'avance pour être certain que votre employeur se trouve dans les meilleures dispositions à votre égard. N'attendez pas le dernier moment pour mettre en avant vos compétences : avant d'entrer dans son bureau, assurez-vous qu'il n'ignore rien de ce que vous avez accompli.

Lorsque vous faites valoir vos résultats, ne recherchez que la reconnaissance qui vous est due et n'essayez pas systématiquement d'obtenir de l'avancement. Vous donneriez l'impression d'être trop intéressé. Un patron a besoin qu'on lui laisse du temps pour considérer une augmentation ou une promotion. Chaque fois que l'occasion s'en présente, faites-lui prendre conscience de vos mérites et de vos efforts, vous le conditionnerez ainsi à accueillir votre requête favorablement.

Ne gâchez pas vos chances en vous montrant déraisonnable. Si vous êtes trop gourmand, vous vous discréditez aux yeux de votre employeur et risquez de vous voir mis sur la touche ou même de perdre votre emploi.

Vous arriverez à de biens meilleurs résultats en négociant un acquis après l'autre, sans jamais exiger quoi que ce soit. Si vous lui présentez cette augmentation en lui disant que vous ne pouvez vraiment pas faire sans, il commencera à se poser des questions à votre sujet. Il veut être certain que vous appréciez ce qu'il vous offre. Il conclura que, si vos besoins sont supérieurs à ce qu'il consent à vous accorder, vous n'êtes pas la bonne personne pour le poste.

Si vous êtes trop gourmand, vous risquez de perdre votre emploi.

Avant tout entretien, les hommes et les femmes établiront l'inventaire de leurs réussites et des bénéfices qui en ont résulté pour l'entreprise. Ils mettront ainsi les premières pierres à l'édifice. Le moment venu, ils feront preuve de discernement s'ils soulignent qu'ils sont satisfaits des avantages déjà acquis mais argumentent que les résultats obtenus justifient une compensation ou font remarquer que le marché a évolué et que des postes équivalents bénéficient d'une meilleure rémunération. Cette approche objective se révélera plus fructueuse que de prendre le parti de se plaindre de travailler trop dur pour un salaire ridicule ou d'avancer comme excuse le loyer à payer ou le crédit à rembourser.

N'importe quel employé désireux de s'élever dans la hiérarchie devra manœuvrer pour que ses compétences soient reconnues par son supérieur. Il lui fera parvenir des copies de lettres de remerciements ou des rapports élogieux. En s'assurant bien à l'avance que son patron a été informé de ses succès, une femme mettra toutes les chances de son côté au moment des négociations.

DEMANDER OU NE PAS DEMANDER...

Sur Vénus, la qualité des relations prime sur l'aisance financière. Pour ne pas courir le risque d'offenser un supérieur ou un client, une femme préférera se montrer plus conciliante en se gardant de toute revendication. Les femmes trop réservées se retrouvent souvent défavorisées par rapport aux autres. Savoir quand, comment et combien demander représente pour chacun un défi de taille. En adoptant le point de vue de son patron, il devient plus facile de mettre au point un plan d'action efficace.

L'important dans toute transaction est de déterminer ce que l'autre est prêt à consentir. Si vous vendez votre voiture et fixez une fourchette allant de 15 000 à

18 000 dollars, personne ne va vous appeler pour vous dire : « C'est d'accord, cette voiture me plaît tellement que je vous propose 18 000 dollars. » On vous offrira le prix le plus bas que vous pourrez raisonnablement accepter. C'est la loi du marché. Elle n'a peut-être pas cours sur Vénus mais elle régit le comportement de la plupart des dirigeants. Pour obtenir plus, il faut demander.

Sur Vénus, à moins d'éprouver du ressentiment, on répugne à se montrer trop exigeant. C'est aller à l'encontre de sa nature. Souvent, ce n'est que lorsqu'une femme ressent déjà de la rancœur qu'elle prêtera attention à la petite voix intérieure qui lui dit : « Tu fais beaucoup pour cette société, tu mérites d'être récompensée » ou « Tu as fait tes preuves, à eux de te témoigner de la reconnaissance. » La principale différence entre les hommes et les femmes est que ces premiers n'attendront pas d'être dans un tel état d'esprit pour en venir à la même conclusion.

À force de constater que ses collègues bénéficient de plus d'avantages qu'elle, une femme risque, par dépit, de devenir intransigeante. Les patrons réagissent souvent très mal si on exerce sur eux un chantage affectif. Ils ne sont pas dénués de sentiments, mais tiennent toutefois à ce qu'on leur fournisse de bonnes raisons d'accorder une augmentation. C'est un processus qui exige du temps. Une loi bien connue des publicitaires veut qu'un consommateur ait besoin d'entendre parler d'un produit sept fois avant d'envisager de l'acheter.

Les patrons ne sont pas dénués de tout sentiment, mais tiennent toutefois à ce qu'on leur fournisse de bonnes raisons de concéder une augmentation.

La persévérance est le meilleur moyen d'arriver à ses fins. La première fois qu'elle sollicite une augmentation ou une promotion, une femme doit se souvenir qu'elle enclenche un processus de longue haleine. Il serait très malvenu de taper du poing sur la table. Pour obtenir satisfaction et imprimer sa marque, il va lui falloir déployer des trésors de patience.

Elle l'ignore peut-être, mais si sa demande n'aboutit pas, elle peut encore parvenir à un accord en faisant preuve de bonne composition et en cédant du terrain. Au pire, elle réussira à mettre sur pied un plan d'action futur. C'est tout l'art de la négociation.

Au lieu de tourner les talons sur une réponse négative, elle repartira avec une victoire – si minime soit-elle – dont elle pourra se prévaloir. Un patron a tendance à faire davantage de concessions la fois suivante si on lui montre qu'on apprécie ses efforts immédiats. Lorsqu'un Martien réclame une augmentation et qu'on la lui refuse, il révise ses ambitions à la baisse et se montre reconnaissant s'il obtient satisfaction. En se contentant de moins avec bonne grâce, il établit les conditions pour se voir proposer plus.

Lorsqu'un Martien réclame une augmentation et qu'on la lui refuse, il révise ses ambitions à la baisse et se montre reconnaissant s'il obtient satisfaction.

L'erreur la plus grave que commet une femme consiste à évoquer son mécontentement pour justifier sa requête. Elle affaiblit ses revendications en se plaignant d'être surchargée de travail et de n'obtenir qu'un salaire de misère. En mettant l'accent sur les aspects négatifs, elle contribue directement à son échec.

Quand elle fait part de tout ce qui ne va pas, elle laisse transparaître abattement et lassitude. Sur Vénus, elle démontrerait ainsi qu'elle est consciencieuse, dévouée et travailleuse. Sur sa planète, et face à un patron vénusien, elle susciterait empathie et admiration et ses besoins seraient pris en compte. Mais sur Mars, ou confrontée à un patron martien, si elle évoque ses problèmes et laisse libre cours à ses émotions négatives, non seulement elle ne récoltera pas le soutien escompté, mais en plus elle en sortira pénalisée.

Même si son supérieur est plus vénusien dans l'âme, il risque de prendre des dispositions pour la décharger et alléger son fardeau plutôt que de l'augmenter. Il conclura que si elle n'est pas en mesure d'assumer ses responsabilités actuelles, on ne pourra sûrement pas lui en confier d'autres. Cette perspective ne l'encouragera guère à se montrer généreux et elle n'en retirera au mieux que des conseils pour gérer ses difficultés.

Pour prétendre au respect dont les augmentations et les promotions sont les signes extérieurs, une femme doit absolument s'abstenir de manifester ses émotions. Elle peut, à l'occasion, exprimer sa frustration pour se faire témoigner un peu de sollicitude de la part d'un collaborateur, mais il serait irréaliste d'espérer – en accablant son patron avec ses problèmes – obtenir une augmentation. En se concentrant sur ses réalisations, sa contribution à l'entreprise en termes d'efficacité et de productivité, elle se montrera beaucoup plus constructive et aura en main tous les atouts pour réussir.

LA VULNÉRABILITÉ SUR LE LIEU DE TRAVAIL

Un jour, alors que je recommandais une de mes anciennes employées, j'ai été pris de court par la question très directe de mon interlocutrice. Elle souhaitait savoir s'il était déjà arrivé à cette femme de pleurer sous le coup d'une trop forte tension. Au son de sa voix, il ne faisait aucun doute qu'elle ne voulait rien avoir à faire avec une femme risquant de fondre en larmes sur son lieu de travail. Cela m'a paru cruel au début, mais en y réfléchissant, j'ai vu toute la sagesse contenue dans ses propos. Je ne licencierais jamais une femme sous le prétexte qu'elle a eu du chagrin, mais je ne l'encouragerais pas non plus à faire de son lieu de travail un exutoire.

Il est très important que nous ne recherchions pas dans notre activité professionnelle la satisfaction de nos besoins émotionnels. Pleurer, pour un homme ou une femme, est le signe évident qu'il/elle cherche à obtenir un réconfort moral. Ces manifestations devraient être réservées au seul domaine privé. Votre patron ou collaborateur ne sont pas des épaules sur lesquelles pleurer. L'entreprise ne doit pas devenir une famille et un collègue un amant ou un thérapeute de substitution.

Un patron ou un collaborateur vénusien réagirait à un tel étalage de sentiments de manière plus positive qu'un Martien. Une femme qui pleure ou laisse entrevoir sa vulnérabilité au travail place son collègue dans une position difficile. S'il ne répond pas à ses émotions par de la compassion, il renvoie l'image d'un être insensible. Ce n'est pas juste pour lui et c'est également la preuve qu'elle attend trop de son collègue ou de son travail. Même si, instinctivement, il aura tendance à vouloir la consoler, il est préférable qu'il ne cède pas à son impulsion et n'endosse pas le rôle du thérapeute ou du grand frère.

Une femme qui pleure ou laisse entrevoir sa vulnérabilité au travail place son collègue dans une position difficile.

Plutôt que de la serrer dans ses bras, il vaut mieux qu'il lui tende un mouchoir ou aille lui chercher un verre d'eau, avant de reprendre la conversation sans toutefois revenir sur ce qui a provoqué ses larmes. Le plus judicieux est de se remettre au travail et de faire comme si rien ne s'était passé. Leur accorder trop d'importance revient à encourager ces épanchements ou fait paraître un homme encore plus indifférent quand vient le moment, inévitable, où il doit passer à d'autres considérations. S'il se montre inquiet et la questionne, elle aura plus de mal à reprendre le contrôle. En outre, la consoler ou la conseiller ne font pas partie de ses attributions, elle doit seule se prendre en main. Une société peut offrir une assistance plus adéquate par le biais d'ateliers de développement personnel ou de groupes de soutien.

En décidant de prendre une employée sous son aile, un Martien risque de provoquer toute une série de complications qu'une femme dans la même situation éviterait d'instinct. Il s'estimera responsable de son bien-être et risquera de la faire bénéficier d'un traitement de faveur, établissant ainsi un précédent. Il risque au bout du compte de se sentir pris au piège, contraint par son hyperémotivité de faire preuve d'une sollicitude extrême. Elle recevra peut-être un soutien affectif, mais n'obtiendra sûrement pas l'avancement désiré. Toutes ces raisons font qu'une femme a beaucoup plus à gagner à ne pas mélanger vie privée et vie professionnelle.

Une femme qui pleure sur son lieu de travail recevra peut-être un soutien affectif mais n'obtiendra sûrement pas l'avancement désiré.

Le même phénomène est à l'œuvre quand un homme ou une femme ont recours à l'expédient éculé qu'est la promotion canapé. Ils réussiront, en séduisant leur supérieur, à lui soutirer quelques faveurs, mais cela ne durera qu'un temps. Une fois passé l'attrait de la nouveauté, ils perdront tout intérêt aux yeux de leur chef qui ne cachera pas son exaspération de devoir continuer à ménager leurs susceptibilités. Employés jaloux ou patron excédé, personne n'y trouvera son compte.

Le harcèlement sexuel

Étaler sa vie privée au grand jour est aussi mal à propos que d'exprimer sa sexualité sur son lieu de travail. Si les femmes ont parfois le tort de mettre leurs sentiments à nu, les hommes manquent singulièrement de tact en faisant part de leurs désirs. Le sexe, comme les réactions émotionnelles, devrait être tenu à l'écart de la sphère professionnelle.

Il est bien évident que l'on ne peut bannir complètement la sexualité du lieu de travail. Après tout, pour des hommes et des femmes qui passent le plus clair de leur temps au bureau, c'est le lieu privilégié pour rencontrer un partenaire. Néanmoins, un meilleur aperçu des sensibilités propres à chacun permettra à tous d'opter pour la conduite la plus appropriée aux circonstances.

De nos jours, avec la surmédiatisation des cas les plus graves de harcèlement sexuel, il devient de plus en plus délicat de déterminer ce qui est acceptable et ce qui ne l'est pas. L'expression « harcèlement sexuel » recouvre des notions qui varient du tout au tout d'un individu à l'autre. Ce n'est pas parce qu'une femme a l'impression qu'un homme la poursuit de ses assiduités que l'attitude de ce dernier relève forcément de l'infraction pénale : des affaires de ce genre sont déboutées tous les jours des tribunaux. À l'inverse, ce n'est pas parce qu'un homme est persuadé d'agir en toute légalité qu'il n'en est pas moins coupable aux yeux de la loi.

L'expression « harcèlement sexuel » recouvre des notions qui varient du tout au tout d'un individu à l'autre.

Le harcèlement évoque pour certains des remarques à caractère sexuel, des conduites déplacées, des avances non sollicitées et, pour d'autres, le viol ou même l'abus d'autorité en vue d'assouvir ses pulsions sexuelles. Face à une telle diversité d'interprétations, il est important de clarifier ce que nous entendons par ce terme et d'établir la distinction entre les agissements qui méritent un blâme et ceux passibles d'une sanction pénale.

Dans le cadre de notre réflexion, nous nous restreindrons aux sentiments de harcèlement qui découlent des propos grossiers, des invitations sexuelles et des remarques malvenues et offensantes, sans aborder les actes criminels comme les viols ou les abus de pouvoir.

Quand on parle de harcèlement sexuel, il importe de ne pas faire l'amalgame entre un comportement inconvenant et un comportement criminel.

Si les tenants des deux sexes font parfois des propositions inopportunes, un homme sera plus susceptible d'insister après qu'une femme a manifesté sa désapprobation. Il passera outre en pensant qu'elle le fait marcher ou alors prendra très mal son refus et la poussera à bout. Dans les deux cas, une femme se sent harcelée.

L'homme doit prendre conscience que, s'il s'entête alors qu'elle lui a signifié de manière explicite que ses attentions ne sont pas les bienvenues, il se rend coupable de harcèlement. Il peut se donner bonne conscience en se persuadant qu'il ne fait rien de répréhensible, mais il se leurre. Même s'il ne s'agit pas à proprement parler d'une attitude criminelle, elle engendrera méfiance et ressentiment dans leurs relations et réduira à néant tout tentative de sa part de créer un environnement de travail agréable.

Les situations de harcèlement que nous allons explorer touchent aux plaisanteries à caractère sexuel, aux observations désobligeantes et aux avances non désirées. Hommes et femmes doivent comprendre que les uns et les autres ne partagent pas la même conception de la sexualité.

Fixer des limites en matière sexuelle

Un homme qui ne fait pas l'effort de se mettre à la place d'une femme conclut de ses plaintes de harcèlement qu'elle fait des histoires pour pas grand-chose. Si la situation était inversée, se dit-il, il serait ravi qu'on lui témoigne un peu d'attention ! Elle devrait donc s'estimer heureuse ! Convaincu que sa conduite ne prête pas à conséquence, il ne fait aucun cas de ses réserves et tombe des nues quand elle s'offense de ses propos ou de ses avances.

Il se dit que dans le même cas, il serait content qu'on lui témoigne un peu d'attention et qu'elle devrait donc s'estimer heureuse !

Ce raisonnement caricatural est une survivance d'un passé où la société imposait aux femmes la pudeur et la retenue en matière de sexualité. Ces tabous d'un autre âge obligeaient les femmes à opposer une résistance de principe aux avances masculines. Seuls les hommes les plus persévérants se voyaient gratifier des faveurs de leur belle. Ce temps est révolu : les deux sexes sont passés depuis longtemps à des formes d'interaction plus ouverte où les femmes n'hésitent pas à exprimer clairement leurs désirs.

On dénombre six raisons majeures qui poussent les hommes à s'entêter dans leurs avances ou les empêchent d'admettre qu'une femme se sente légitimement harcelée. Dans la deuxième colonne sont développés des arguments qui permettront à un homme d'envisager la situation du point de vue des femmes et donc de mieux respecter les limites qu'elles leur imposent.

POURQUOI LES HOMMES PASSENT OUTRE LES LIMITES IMPOSÉES PAR LES FEMMES EN MATIÈRE SEXUELLE

Le raisonnement masculin	La réaction féminine
Il pense qu'il ne fait que flirter. Et se dit : « Qu'y a-t-il de mal à flirter ? Les autres femmes ne trouvent rien à redire, elles. »	Il faut qu'il comprenne qu'un comportement acceptable aux yeux de l'une ne l'est pas forcément aux yeux de l'autre. Le harcèlement vient de ce qu'il persiste à lui faire des propositions non désirées.
Il justifie ses agissements par le raisonnement suivant : « Si une femme me faisait des compliments sur mon physique, même si je n'étais pas attiré par elle, je ne me sentirais pas harcelé et j'en serais sinon heureux, du moins flatté. »	Les femmes réagissent différemment des hommes en matière de sexualité. Les deux attitudes ne sont en rien comparables.
Sur sa planète, accrocher des posters de femmes nues sur les murs ou se livrer à des plaisanteries graveleuses ne constitue en rien des outrages. Il juge sa réaction excessive.	Sur sa planète, de tels actes constituent une atteinte à sa dignité. Il n'est pas juste de la part d'un homme de vouloir imposer ses normes. Il peut afficher ses posters chez lui ou réserver ses blagues à ses collègues masculins.
Il pense répondre à son désir. Quand une femme choisit des vêtements qui la mettent en valeur ou quand elle le touche de manière amicale en discutant au cours d'une soirée, il croit qu'elle lui fait des avances.	Les Vénusiennes ont besoin de se rapprocher physiquement des gens quand elles leur parlent. Ce n'est pas du tout le signe qu'elles flirtent. Elles s'habillent pour plaire mais pas forcément pour vous séduire, vous.

Quand elle lui oppose une résistance timide, polie et amicale, il déduit qu'elle veut qu'il poursuive.	Les femmes aujourd'hui sont complètement libérées. Si elles sont consentantes, elles le diront clairement. Si elles répondent à vos avances d'une manière qui vous paraît peu assurée, c'est pour vous dire non sans vous froisser.
Du fait que le harcèlement désigne des agissements criminels, il lui en veut de le mettre dans la même catégorie que des violeurs ou des délinquants sexuels quand elle se sent harcelée. Il se met sur la défensive et estime qu'elle dramatise.	Elle n'est en rien responsable de la confusion qui règne autour de la notion de harcèlement sexuel. Ne justifiez pas votre réaction hostile en rejetant la faute sur elle. Prenez en compte ses sentiments et accordez-lui le respect qu'elle mérite en changeant de conduite à son égard.

Tout au long de *Mars et Vénus au travail*, nous avons vu en quoi les réactions des hommes et des femmes différaient dans des situations identiques. Ce n'est donc pas trop s'avancer que de déduire – ou en tout cas d'accepter – que ce qui éveille le désir d'un homme puisse parfois n'inspirer que du dégoût à une femme.

Pour éviter qu'une femme se sente victime de harcèlement, les hommes ne doivent pas perdre de vue qu'ils viennent d'une autre planète. À l'inverse, les femmes, en cernant mieux les motivations des hommes, parviendront à élaborer des stratégies beaucoup plus efficaces pour se prémunir contre leurs agissements.

EN QUOI LES ATTENTIONS SEXUELLES PEUVENT-ELLES ÊTRE DÉRANGEANTES ?

Un homme qui se pose cette question n'a visiblement jamais abordé les choses du point de vue féminin. Explorer six des raisons les plus fréquentes pour lesquelles le Martien a du mal à compatir avec le sentiment de harcèlement peut contribuer à changer sa vision et lui permettra de procéder à quelques ajustements de bon aloi.

1. Il n'a jamais été placé dans la position dégradante d'être admiré non pour ses compétences mais pour son corps, comme un vulgaire objet sexuel.

2. Il n'a pas passé une grande partie de sa vie à décliner des invitations sexuelles non sollicitées tout en s'efforçant de rester courtois.

3. Il n'a jamais été victime de discrimination sexuelle et n'a pas eu à prouver qu'il était tout aussi capable qu'un autre d'assumer des responsabilités.

4. Il n'imagine même pas à quel point il est difficile d'entretenir des relations de travail harmonieuses avec un homme dont il faut repousser les avances.

5. Quand une femme refuse d'entrer dans son jeu et s'offusque de ses égards et de ses plaisanteries, elle est injustement mise à l'écart et traitée de « prude », de « sainte-nitouche » et de « bonnet de nuit ».

6. Quand elle se retranche dans sa désapprobation, elle doit composer avec sa colère ou son indifférence. Le plus difficile pour elle est le sentiment d'exclusion qui en résulte et son impuissance à changer la situation.

La plupart des grandes entreprises ont adopté leur propre réglementation pour protéger leurs employés et se prémunir contre d'éventuelles plaintes de harcèlement sexuel. Quand ils ignorent en quoi nous sommes fondamentalement différents, certains employés remettent en question le bien-fondé de ces restrictions. Ces six aperçus peuvent aider un homme à accepter qu'on lui impose certaines règles de conduite et à se montrer plus respectueux du sexe opposé. En se glissant dans la peau d'une femme, il se rendra à l'évidence : mettre un frein aux avances et aux plaisanteries à caractère sexuel est une question de bon sens.

REPOUSSER DES AVANCES SEXUELLES

Une femme a bien évidemment un rôle clé à jouer. Le harcèlement survient dans certains cas parce qu'un homme interprète mal le message qu'elle lui envoie. Plus elle affirmera clairement ses limites, sans jamais sortir de ses gonds, plus vite il entendra raison et moins les suites seront fâcheuses. Tous les jours, des femmes parviennent à repousser avec succès les avances de leurs collègues sans faire intervenir la direction.

Un homme qui a du mal à déchiffrer les sentiments qu'une femme éprouve à son égard peut, pour en avoir le cœur net, tenter sa chance. Certaines mettent les choses au point en dédramatisant la situation avec humour : « Mais oui, je t'aime, tu es mon confident ! » ou « Voyons, tu es comme mon frère ! » Ces réponses suffisent souvent à freiner les ardeurs de la plupart des hommes tout en les autorisant à garder la tête haute.

Quand un homme fait des propositions auxquelles elle n'est pas sensible, une femme doit, sans se départir de son amabilité, lui envoyer un signal clair et ne pas paraître hésitante. Elle n'a pas toujours conscience qu'à moins d'établir une frontière bien définie un homme risque de ne pas entendre « stop » ou « non ». Et en dernier recours, si ses refus explicites ne sont pas pris au sérieux, elle doit solliciter une aide extérieure.

En s'entraînant à être plus directe, elle arrivera à de bien meilleurs résultats. Supposons que, pour ménager la susceptibilité d'un soupirant, elle met en place une frontière un peu floue et qu'il la franchit ; elle doit, sans céder à la colère, imposer une limite distincte quand bien même elle aurait alors l'impression d'être impolie. Les hommes respectent davantage les frontières claires et nettes. En revanche, ils se montrent moins réceptifs si le ton employé est agressif. En gardant son sang-froid, une femme gagne en persuasion.

Si, après qu'elle a tracé une frontière distincte, il persiste à garder la même attitude déplacée, elle doit passer à une frontière plus clairement définie. Quand rien de tout cela ne marche, il lui faut se résoudre à s'en référer à une tierce personne. Voici quelques exemples de ce qu'elle pourrait dire :

ADOPTER UNE COMMUNICATION EFFICACE

Frontière floue	Frontière distincte	Frontière plus clairement définie
« Je n'apprécie pas vraiment ce genre de comportement. »	« Je ne suis vraiment pas intéressée. Trouve-toi quelqu'un d'autre. »	« Je te l'ai déjà répété trois fois. Trouve-toi quelqu'un d'autre. »
« J'ai beaucoup d'estime pour toi, mais comme un ami. »	« Tu n'es pas mon genre. Restons juste amis. »	« Je te l'ai déjà répété trois fois. Tu n'es pas mon genre. »

« En ce moment, je suis avec quelqu'un. »	« Je ne suis pas libre et je n'ai de toute façon pas envie de sortir avec toi. »	« Je te l'ai déjà répété trois fois. Je n'ai pas envie de sortir avec toi. Va voir ailleurs. »
« Je suis très occupée en ce moment. Je n'ai pas une minute à moi. »	« Je tiens à séparer vie privée et vie professionnelle. Une relation avec toi ne m'intéresse pas. »	« Je te l'ai déjà répété trois fois. Une relation avec toi ne m'intéresse pas alors cesse de m'appeler. »
« Excuse-moi, je n'avais pas l'intention de t'induire en erreur. »	« Tu vas trop loin. Je n'éprouve rien pour toi. »	« Je te l'ai déjà répété trois fois. Je veux que tu respectes mon refus. Je ne suis pas disponible. »
« Je suis désolée, mais je sors avec quelqu'un d'autre. »	« Je n'ai pas la moindre intention de commencer quoi que ce soit avec toi. »	« Je te l'ai déjà répété trois fois. Je n'ai pas la moindre intention de commencer quoi que ce soit avec toi. Ménage ta peine. »

Quand elle impose des limites, une femme gagne en force et en clarté si elle contrôle ses émotions, ne porte pas de jugement, ne fait pas de sermon et ne profère pas de menaces. Elle ne doit pas se sentir obligée, pour se justifier, de donner des renseignements sur sa vie privée. Aucune explication ne s'impose. Si elle s'efforce de consoler l'amoureux éconduit, celui-ci risque de croire qu'elle n'est pas complètement indifférente et de continuer à la poursuivre de ses assiduités.

Le secret d'une communication efficace consiste à aller à l'essentiel sans faire appel aux sentiments pour réconforter autrui ou étayer son refus. Si un homme se montre insistant ou hostile, une femme réussira à se faire entendre à condition de ne pas laisser paraître que sa conduite l'affecte. Moins elle manifeste sa frustration, moins il éprouve le besoin de se défendre et plus vite il se range à ses arguments. Les apparences sauves, il sera plus enclin à modifier son comportement.

Cloisonner vie privée et vie professionnelle

Une femme qui s'habille de manière provocante n'autorise pas un homme à lui faire des avances. Elle a tout à fait le droit d'être sexy et de porter ce que bon lui semble. Un homme ne doit pas se croire libre pour autant d'émettre des propositions ou des remarques sexuelles non sollicitées. Elle affirme clairement qu'elle a envie de plaire, mais pas nécessairement de le séduire, lui.

Un homme ne doit pas se croire autorisé par la tenue d'une femme à faire des propositions ou des remarques non sollicitées à caractère sexuel.

Un homme qui agrémente son bureau de photos de sa famille montre à tous qu'il est attentionné et aimant. Mais il n'invite pas par là ses collègues à venir pleurer sur son épaule. Les désirs sexuels, tout comme les épanchements émotionnels, ont leur place dans la sphère privée.

Ce qui ne signifie pas qu'une femme ne peut en aucune circonstance afficher une certaine vulnérabilité ou un homme son attirance sexuelle. Ces deux comportements sont acceptables dans la mesure où ils n'empiètent pas sur le temps de travail et tiennent compte des sensibilités d'autrui.

Les attentions sexuelles d'un homme ne sont de mise que si elles suscitent un écho favorable. De même, une femme pourra révéler plus librement ses émotions si elle choisit pour s'épancher un homme dont elle se sent proche. Sur le lieu de travail, en matière de sexualité et de vulnérabilité, il n'existe pas de normes ou de règles préétablies. Chacun doit avancer à tâtons, avec comme seul guide la considération. En imposant vos limites sans ambiguïté et en respectant celles des autres, vous vous comportez en véritables professionnels.

CHAPITRE 10

Réduire le stress grâce au soutien d'autrui

Comprendre nos différences contribue grandement à réduire le stress, mais nous ne saurions pour autant nous passer d'un soutien moral. Il est toujours très déplaisant de voir que les besoins des autres sont satisfaits quand les nôtres restent inassouvis. Autrefois, seules les femmes éprouvaient cette sensation, mais depuis la féminisation du monde du travail, les Martiens eux aussi font l'expérience de la frustration et se sentent parfois même en butte à une certaine hostilité.

Un homme a beau s'escrimer à réconforter une collègue, il est des occasions où rien ne remplace la compassion et l'amitié qu'une autre femme apporte instinctivement. Lui aussi se sent en général plus à l'aise en présence d'autres hommes. En fait, nous avons tous besoin de moments où nous pouvons être nous-mêmes, sans avoir à corriger ou à modifier notre comportement. Se retrouver seul au milieu de membres du sexe opposé s'avère souvent désagréable, tant pour les hommes que pour les femmes. Chacun peut cependant surmonter cette épreuve en veillant à se ménager en dehors du travail des sources d'épanouissement personnel.

Nous avons tous besoin de moments où nous pouvons être nous-mêmes, sans avoir à corriger ou à modifier notre comportement.

Nous serons tous confrontés un jour ou l'autre à des conditions de travail éprouvantes qui iront à l'encontre de nos besoins affectifs. Ces situations génèrent à la longue des rancœurs, aussi devons-nous réagir. S'obstiner à chercher un soutien là où il n'y en a pas ne fait qu'accroître nos frustrations. Ce n'est pas sur notre lieu de travail que nous le trouverons, mais en dehors. En sachant où et comment nous détendre, nous perdrons l'habitude de mettre tous nos soucis sur le compte de nos responsabilités ou de nos relations professionnelles. Résultat : la pression diminuera et fera place à des sentiments plus positifs comme la confiance et la reconnaissance.

STRESS ET BAISSE DE PRODUCTIVITÉ

Les entreprises qui ont favorisé la vie familiale de leurs employés en leur proposant des horaires flexibles et diverses activités enrichissantes en ont tout de suite éprouvé les bienfaits : la productivité et les bénéfices ont augmenté de façon spectaculaire. Des salariés épanouis se montrent naturellement plus motivés, créatifs et coopératifs.

Ce n'est pas tant le stress que la manière dont nous le gérons qui influe sur notre efficacité. Quand nos besoins émotionnels sont satisfaits, la pression à laquelle nous soumet notre travail stimule notre créativité et notre dynamisme. Elle ne provoque une baisse de la productivité que lorsque nous nous sentons contrariés.

Ce n'est pas tant le stress que la manière dont nous le gérons qui influe sur notre efficacité.

L'incapacité de certaines personnes à dominer leur stress les pousse à commettre des erreurs qui se traduisent par des pertes de temps et d'argent. Les employés mécontents ont tendance à provoquer d'eux-mêmes des tensions et des conflits inutiles. N'importe quelle entreprise peut faire l'expérience des retombées positives qu'entraîne la mise en place de conditions favorables à l'épanouissement personnel de ses salariés.

Par ailleurs, les gens détendus et satisfaits font les meilleurs décisionnaires. Ce n'est pas tant sur le nombre d'heures passées à travailler que se joue la différence, mais sur leur efficacité durant ce laps de temps.

Ceux qui ont percé dans le monde du travail ont réussi à limiter les effets négatifs du stress. Plus nos besoins émotionnels sont comblés, plus nous sommes à même de gérer la pression. Certains se réalisent pleinement au sein d'un environnement professionnel stimulant ; les autres, en revanche – et ils sont les plus nombreux –, y parviennent dans leur vie privée.

COMMENT LES HOMMES RÉAGISSENT AU STRESS

Les deux sexes réagissent différemment au stress. Quand il se sent frustré, un Martien a tendance à se replier sur lui-même et à s'enfermer dans sa caverne, perdant ainsi en productivité. Il devient grincheux au contact des autres et refuse toute assistance. Son agressivité et son irritabilité accrues sont le signe que ses nerfs sont soumis à trop rude épreuve.

En période de stress, un homme a tendance à se concentrer exclusivement sur une tâche donnée et à s'enfermer dans sa caverne, perdant ainsi en productivité.

Lorsqu'il est dans cet état d'esprit, un homme n'a même pas conscience d'être obnubilé par son travail. Aveuglé par ses soucis, il perd toute vision d'ensemble de la situation. Il se concentre sur l'incendie qu'il faut éteindre de toute urgence et ignore au passage tous les petits feux qui réclament son attention. Il n'accorde d'importance qu'aux tâches prioritaires et néglige toutes les autres. Bref, la demi-mesure n'est pas son fort. Mais les problèmes secondaires finissent, en s'accumulant, par prendre d'énormes proportions. Il vaut mieux bien sûr parer au plus pressé, quitte à laisser des « peccadilles » de côté, mais lorsque cette attitude devient chronique, la productivité et la qualité des rapports humains sur le lieu de travail s'en ressentent.

Quand il est soumis à trop forte pression, l'homme est comme aveuglé et perd toute vision d'ensemble de la situation.

Lorsqu'il est très stressé ou qu'il se concentre sur un problème, un Martien a aussi tendance à s'en prendre aux autres à la première occasion au lieu d'assumer ses actes. Il ne reste alors plus grand-chose de ses qualités relationnelles et de ses bonnes manières.

Or, ce type de comportement nuit à sa flexibilité et à sa créativité, et le rend très intimidant aux yeux de ses collègues. S'il en prenait conscience, il pourrait tenter de rectifier le tir en se montrant plus attentif envers autrui et en reconnaissant ses erreurs. Dans ce but, il doit s'ouvrir sur l'extérieur et prendre le temps d'éteindre tous les débuts d'incendie. Cela exige un gros effort de sa part car, par nature, il se focalise avant tout sur le problème qu'il ne parvient pas à résoudre.

Mais il importe surtout qu'il neutralise les effets du stress en s'accordant du temps pour satisfaire ses besoins émotionnels. Au lieu de s'isoler dans sa caverne, il gagnerait à se tourner vers des activités de détente. En établissant ainsi un équilibre entre sa vie professionnelle et sa vie privée, il éviterait de gaspiller son temps et son énergie.

Comment les femmes réagissent au stress

Soumise à un trop grand stress, une femme a une réaction très différente de celle d'un homme. Comme elle s'attaque à plusieurs choses de front, elle se sent vite débordée par tout le travail qui l'attend. Elle éprouve alors une envie grandissante de parler de ses problèmes au lieu de s'attacher à les résoudre, et perd par conséquent en productivité. Dans le même temps, elle se reproche son attitude, mais cette propension à l'autocritique ne fait qu'accentuer ses doutes et l'empêche de s'affirmer sur le plan professionnel.

C'est dans ces moments-là, quand elle est la plus vulnérable, qu'elle accepte en général une charge de travail supplémentaire. Sa capacité à définir clairement ses priorités étant amoindrie, elle perd un temps fou à éteindre des feux de broussailles sans voir le gros incendie qui fait rage. Les petits problèmes paraissent parfois insurmontables à ses yeux, mais prendre les décisions qui s'imposent s'avère difficile lorsqu'elle est dépassée par les événements.

Soumise à un trop grand stress, une femme se sent débordée au point que les petits problèmes paraissent parfois insurmontables à ses yeux.

Il faut certes régler un jour ou l'autre ces soucis mineurs, mais à force de leur accorder la priorité, une femme finit par se sentir submergée et se montre donc moins efficace et productive au travail. Ce sentiment de trop-plein ou d'abattement est le signe de son insatisfaction et de sa frustration.

Accaparée par de multiples préoccupations, écrasée sous le poids des responsabilités, elle éprouvera une fatigue grandissante parce qu'elle a tout simplement « trop de choses à faire ». À moins de remédier à cette situation, elle finira par en vouloir à son entourage de ne pas la soutenir comme il conviendrait.

Si rien n'est fait pour y remédier, le sentiment de fatigue tourne à la rancœur.

Fait paradoxal, sa mauvaise conscience lui interdit de prendre le temps de se détendre et de rechercher le soutien moral qui lui fait défaut, alors que c'est à ce moment-là qu'elle en a le plus besoin. Elle préfère accepter un surcroît de travail que de se soucier d'elle-même. S'il n'est pas dans sa nature de satisfaire ses besoins émotionnels, elle ruminera donc ses soucis et sera incapable de se relaxer pendant le peu de temps libre qu'elle s'octroie.

Les femmes sont altruistes dans l'âme, ce qui les pousse à donner sans compter, en oubliant leurs propres besoins. Quand elles sont angoissées, elles ressentent d'abord la nécessité de se ressourcer auprès des êtres qui leur sont chers afin, ensuite, de mieux pouvoir déterminer leurs priorités et relâcher la pression.

En discutant avec des amies, une femme se donne les moyens de gérer son stress. Mais si elle s'y emploie durant ses heures de bureau, elle prendra du retard dans son travail et risquera de se mettre à dos ses collègues qui voudront faire un meilleur usage de leur temps. Parler de ses problèmes ne permet de se détendre que dans un contexte où l'on ne se sent pas tenu de les résoudre. S'épancher un peu sur son lieu de travail constitue bien sûr un exutoire, mais ne se substitue en aucun cas à une vie privée.

Une fois éclairée sur la manière dont elle réagit quand elle est sous pression, une femme est davantage en mesure de détecter les symptômes du stress et de consacrer plus de temps à satisfaire ses besoins émotionnels en dehors du travail. En bavardant avec des amis sans lien avec son activité professionnelle, elle se décontractera plus facilement. Dès lors, elle pourra faire la part des choses et veiller à mettre sa vie affective en tête de ses priorités.

LE MONDE DU TRAVAIL N'A PAS DE VOCATION THÉRAPEUTIQUE

Hommes et femmes doivent impérativement comprendre que le monde du travail n'est pas garant de leur épanouissement personnel. Celui-ci ne dépend que d'eux. Quand vous ne recevez pas le soutien qui vous est nécessaire, inutile de critiquer votre entreprise : vous n'arrangerez pas la situation. Si votre vie personnelle elle aussi ne vous procure aucun réconfort et si vous êtes soumis à un stress permanent, sachez qu'une thérapie peut s'avérer bénéfique. Dans tous les cas, n'attendez rien de votre milieu professionnel. Si par chance vous y trouvez un certain bien-être, contentez-vous de voir là un simple bonus.

Considérer ses collègues comme des parents, des amis, des thérapeutes ou des amants mène droit à l'échec. Chaque fois que vous pointez sur eux un doigt accusateur, vous ne faites qu'amplifier les problèmes et ne contribuez en rien à les résoudre.

Considérer ses collègues comme des parents, des amis, des thérapeutes ou des amants mène droit à l'échec.

Faire évoluer le monde du travail est nécessaire, mais nous devons veiller à ne pas nous montrer trop exigeants pour y parvenir. Tous les changements s'opèrent graduellement et ce n'est qu'une fois un palier franchi que l'on peut passer au suivant. En laissant notre ressentiment de côté, nous passons un cap et devenons plus sensibles aux besoins d'autrui. Cette estime et cette confiance mutuelles sont la clé de toute négociation réussie.

Vouloir modifier le comportement de vos collègues dans l'espoir qu'ils comblent vos attentes ne fait qu'attiser vos rancœurs. En imputant votre frustration à vos supérieurs, à vos collaborateurs ou à l'ensemble du sexe opposé, vous leur dévoilez vos faiblesses et leur donnez carte blanche pour s'en servir contre vous. Prendre soi-même en charge son épanouissement personnel en dehors du travail libérera du stress occasionné par les relations avec certains collègues. Si vous vous y employez activement, vous serez plus capable de répondre aux besoins d'autrui et vous vous donnerez les moyens de faire évoluer votre environnement professionnel de manière positive.

Prendre vous-même en charge votre épanouissement personnel en dehors du travail vous libérera du stress occasionné par vos relations avec certains collègues.

Au bout du compte, l'attitude idéale consisterait à prendre plaisir à soutenir nos collègues, non à vouloir qu'ils nous soutiennent. Dans un monde parfait, notre vie privée nous procurerait du réconfort et notre vie professionnelle nous inciterait à en donner. Dépendre de ses collègues pour satisfaire ses besoins émotionnels est malsain. Nous n'en retirons que désillusion et amertume et contribuons par là à rendre notre activité encore plus désagréable et stressante.

Nous ne devons jamais perdre de vue que ce que nous faisons n'est rien d'autre « qu'un simple travail ». Ce qui ne veut pas dire que nous n'avons pas à donner le meilleur de nous-mêmes, mais que notre vie privée passe avant notre vie professionnelle.

APPRENDRE À APPORTER SON SOUTIEN À AUTRUI

La réussite n'est pas fonction de l'aide que nous recevons sur notre lieu de travail, mais de celle que nous sommes capables d'apporter à autrui. Nous nous sentons toujours plus ou moins soutenus par nos collègues, mais qu'importe : en réalité, c'est souvent en leur offrant du soutien que nous mettons en place des conditions propices au succès.

Par exemple, si trois magasins dans mon quartier proposent au même prix l'ordinateur que je veux acheter, mon choix s'orientera vers celui qui m'aura réservé le meilleur accueil. De même, l'impression favorable laissée par un candidat suffit parfois à faire toute la différence avec d'autres aussi qualifiés que lui.

Sur le marché économique actuel, il devient primordial, pour se démarquer des autres, de développer ses facultés émotionnelles. Les liens que vous nouez au travail renforcent vos chances de succès, quelles que soient vos fonctions au sein de l'entreprise.

Les liens que vous nouez au travail renforcent vos chances de succès.

Connaître les besoins émotionnels propres à chaque sexe est un bon point de départ. S'il comprend le type de réconfort attendu par une femme, un homme bénéficie d'un avantage qui lui permet de mieux l'épauler. De même, une femme est plus en mesure de soutenir un homme en sachant comment il parvient à gérer son stress.

Une fois en possession de cette information, veillez à ne pas la détourner de sa finalité première. Une Vénusienne qui devine le sentiment de frustration d'une de ses collègues risque par exemple de s'en servir pour justifier son ressentiment à l'égard des hommes de son entreprise. De son côté, un Martien qui lit dans les pensées de ses collaborateurs et s'aperçoit qu'ils réagissent comme lui peut trouver là un prétexte pour ne rien changer à son comportement vis-à-vis des femmes. Évitez de vous poser en victime. N'utilisez pas ces indications pour critiquer autrui ou étayer votre refus de modifier vos habitudes. Servez-vous-en plutôt pour gagner l'estime et la confiance de vos collègues. En comprenant les besoins émotionnels propres à chacun, vous acquerrez la sagesse nécessaire pour déterminer la meilleure façon d'aider autrui.

LES DOUZE BESOINS ÉMOTIONNELS

Ce qui compte quand vous voulez exprimer des encouragements au travail, c'est l'émotion qui transparaît dans votre voix et vos gestes. Vous réduirez le stress de votre interlocuteur et gagnerez sa faveur si votre ton ou vos actes répondent à ses attentes – même si, pour sa part, il serait bien en peine d'expliquer ce phénomène. « Je ne sais pas pourquoi, mais j'ai un bon pressentiment » est une phrase que l'on entend souvent chez les hommes. Les femmes ne sont pas en reste quand elles lancent : « Cela peut paraître absurde, mais j'ai l'intuition que tout se passera bien. » Notre estime et notre confiance, telles des aimants, vont naturellement à ceux qui comblent nos besoins émotionnels.

Nous nous sentons souvent mieux après avoir consommé un aliment contenant des vitamines, même si nous n'avions pas l'impression d'en manquer. De manière similaire, tout le monde éprouve à un moment ou à un autre une sorte de manque affectif qui nuit à son travail. En faisant preuve de sollicitude à l'égard de vos collègues, vous comblerez peut-être un vide émotionnel dont ils n'avaient pas conscience et ils vous en sauront gré.

On dénombre douze besoins émotionnels primaires : être entouré d'attentions, jugé digne de confiance, compris, accepté, respecté, apprécié, intégré, admiré, approuvé, reconnu, rassuré et encouragé. Décider de la meilleure façon d'apporter son soutien à autrui est certes un problème épineux, mais qui se trouve en grande partie résolu lorsqu'on sait ce qui permet aux hommes et aux femmes de gérer au mieux leur stress. Grâce au tableau ci-dessous, vous pourrez apporter le type de soutien le plus approprié selon les individus.

LES BESOINS ÉMOTIONNELS PRIMAIRES SUR MARS ET VÉNUS

Martiens et Vénusiennes ne sauraient se passer de l'une ou l'autre des douze formes de soutien, mais plus ils sont stressés, plus leurs préférences sont marquées. On constate alors que les femmes privilégient six formes d'aide, et les hommes six autres.

Par ailleurs, les besoins de chacun varient selon les circonstances. Une femme qui, de par ses fonctions, doit donner des ordres ou affirmer son autorité adoptera un comportement proche de celui des Martiens et partagera donc leurs prédilections. Un homme qui s'apprête à réaliser une grosse transaction ou qui, pour une raison ou pour une autre, se sent vulnérable, recherchera le même réconfort qu'une Vénusienne. Une meilleure compréhension de nos différences nous aidera donc à savoir quel type de soutien il convient d'offrir.

La liste ci-après nous rappelle ce qui, sur Mars ou Vénus, est primordial pour évacuer la pression. Sans elle, un homme aura tendance à apporter à une femme l'aide que lui-même aurait souhaitée, en ignorant celle qu'elle aurait préférée. Cette remarque est aussi valable pour les femmes. Or, plus le stress augmente, plus il est important de tenir compte des besoins spécifiques d'autrui. Examinons-les plus en détail :

En période de stress, une femme a besoin :	En période de stress, un homme a besoin :
d'attention	de confiance
de compréhension	d'acceptation
de respect	d'appréciation
d'être intégrée dans un groupe	d'être admiré
d'approbation	de reconnaissance
d'être rassurée	d'être encouragé

Chacun de ces besoins va de pair avec celui qui lui fait face dans le tableau. Ainsi, une femme accorde d'emblée sa confiance à un homme qui se montre attentionné à son égard et, réciproquement, un homme prend tout de suite soin d'une femme qui croit en lui. Autre exemple : quand un Martien prend le temps d'écouter et de bien interpréter les propos d'une collègue, celle-ci se montre plus tolérante envers lui et ne se formalise plus de leurs différences. Et si une Vénusienne accepte son interlocuteur tel qu'il est, sans s'efforcer de le faire changer de comportement, il fera preuve de plus de compréhension vis-à-vis d'elle et trouvera moins à redire à ses requêtes.

Il vous suffit donc de tenir compte de cette réciprocité et d'apporter à autrui le soutien correspondant à celui que vous attendez pour obtenir celui que vous voulez. Voyons maintenant comment procéder.

1. Elle a besoin d'attention et lui de confiance

Lorsque les pensées, les décisions et les actes d'un homme témoignent de l'attention qu'il prête aux sentiments, aux besoins et aux désirs d'une femme, celle-ci en déduit qu'il la tient en haute estime ou qu'il s'intéresse à elle. Par son attitude bienveillante, il lui démontre sa sollicitude et son souci de répondre à ses demandes, dans la mesure du possible. En prenant ainsi le temps de prouver sa sympathie et sa considération, même par de simples petits gestes, il fait forte impression sur Vénus et renvoie l'image d'un homme sur lequel on peut compter. Son interlocutrice lui accordera en retour sa confiance et l'aidera volontiers à l'occasion. Ce type de rapports permet entre autres choses de fidéliser une clientèle et d'améliorer la coopération entre employés et dirigeants.

De même, lorsqu'une femme affiche une attitude ouverte, un homme a le sentiment qu'elle se fie entièrement à lui. En lui exprimant sa confiance, elle reconnaît les efforts qu'il déploie pour accomplir au mieux son travail. Elle n'attend pas de lui la perfection et, consciente que tout le monde commet des erreurs, lui accordera le bénéfice du doute en cas de problème. S'il perçoit dans sa voix et dans ses gestes toute la confiance qu'elle lui porte, il fera tout de suite preuve à son égard de plus d'attention et de considération. Ainsi, en reconnaissant les efforts fournis par un homme pour donner toute la mesure de ses compétences, une femme est à même de faire ressortir ce qu'il a de meilleur.

2. Elle a besoin de compréhension et lui d'acceptation

Quand un homme tend une oreille attentive aux propos d'une femme, sans l'interrompre ni lui proposer d'emblée une solution à son problème, elle en conclut qu'il comprend ce qu'elle ressent. À l'inverse, il fera tout sauf la réconforter s'il présume connaître à l'avance ses besoins, ses pensées et ses désirs. Se montrer compréhensif ne consiste pas à prétendre avoir le don de double vue, mais à bien écouter autrui et à avaliser ses propos – donc à manifester empathie et compassion. Plus une femme se sent comprise, plus elle se détend et devient tolérante.

Un homme se sait accepté quand on se montre ouvert à ses suggestions et quand on minimise ou qu'on ignore ses erreurs. En adoptant une attitude conciliante, une femme lui indique que ses propos sont bien accueillis.

Elle n'est pas obligée pour autant d'approuver tous ses faits et gestes. Accepter un homme tel qu'il est ne signifie pas qu'on le trouve parfait mais qu'on excuse ses défauts et qu'on s'attend même à ce qu'il en ait. L'important est de ne pas vouloir à tout prix l'améliorer ou corriger ses manières et de ne pas s'offusquer de ses actes et de ses propos. Il n'en faut pas plus pour rendre un homme tout à fait disposé à faire preuve de compréhension envers une femme.

3. Elle a besoin d'être respectée et lui d'être apprécié

Une femme se sent respectée lorsqu'un homme prend en compte ses droits, ses souhaits et ses besoins, et les fait passer avant toute chose. De telles attentions ne manqueront pas de la toucher. Manifester concrètement son respect à une collègue en se dépêchant de répondre à sa demande ou en donnant vite suite à son appel n'est pas si anodin qu'on pourrait le croire. Ces marques d'estime échapperont peut-être aux Martiens mais raviront les Vénusiennes.

Un homme reçoit toute la considération dont il a besoin si une femme reconnaît que son concours lui a été utile. En gardant cette donnée à l'esprit, elle pourra lui manifester son soutien simplement en acceptant son aide. Voilà qui devrait inciter les femmes à ne pas hésiter à demander l'assistance d'autrui quand elles en ont besoin. Dès lors qu'il se sent apprécié, un homme se dit qu'il ne s'est pas démené pour rien. Plus respectueux de son interlocutrice, il est alors prêt à faire encore plus d'efforts pour elle.

4. Elle a besoin de se sentir intégrée à un groupe et lui d'être admiré

Les hommes indiquent à une femme qu'ils l'acceptent parmi eux s'ils s'efforcent de la mêler à la conversation, mais ils l'excluront s'ils ne font qu'échanger des plaisanteries grivoises ou discuter sport. Il suffit qu'un Martien lui offre son aide sans qu'elle ait rien demandé ou qu'il l'invite à lui donner des conseils pour qu'une Vénusienne ait l'impression d'être admise au sein d'une communauté bienveillante. Intégrer quelqu'un dans un groupe, c'est reconnaître les liens qui existent entre les personnes. C'est aussi ne pas s'attarder sur leurs différences, mais au contraire sur leurs points communs, afin de cimenter encore plus leurs relations. Aussi la première réaction d'une femme est-elle d'admirer un homme qui cherche à l'associer à ses décisions, à ses projets ou à ses activités.

Une femme peut exprimer son admiration pour un homme en le regardant d'un air confiant, approbateur ou enthousiaste. Elle le valorise à ses propres yeux en se montrant impressionnée par son aptitude à effectuer certaines tâches, mais aussi par ses qualités, ses talents ou ses dons particuliers – par exemple, la force, la persévérance, l'intégrité, la discipline, l'honnêteté, la gentillesse, l'humour, la générosité ou la perspicacité. Il deviendra dès lors plus enclin à travailler avec elle ou à la faire collaborer à un projet. Une femme qui reconnaît le talent d'un homme ou admire un de ses traits de caractère établit aussitôt avec lui des rapports privilégiés qui favoriseront son intégration dans son milieu professionnel. Quant à lui, il éprouvera moins l'envie de se retirer dans sa caverne et de travailler seul dans son coin.

5. Elle a besoin d'approbation et lui de reconnaissance

Une femme voit plus volontiers les qualités d'un homme si, au lieu de trouver à redire à ses sentiments, à ses droits et à ses désirs, il les accepte et les approuve. Les Vénusiennes ont souvent l'impression de devoir lutter pour se faire entendre. Quand elles tentent de discuter d'un problème avec un collègue et que celui-ci réagit en le minimisant ou en leur offrant tout de suite une solution, elles baissent les bras, convaincues qu'il n'est pas d'accord avec elles. Il suffirait pourtant qu'il prenne le temps de voir les choses sous un nouvel angle pour que tout s'arrange. Elles ne lui demandent pas en effet d'acquiescer au moindre de leurs propos, mais d'arrêter de les ignorer et d'approuver leur démarche.

Sur Mars, on accorde une grande importance aux compétences et à la réussite. Un homme boit du petit-lait chaque fois qu'une femme reconnaît ses capacités car elle mesure ainsi sa valeur en fonction de ses succès, non de ses échecs. Au lieu de lui signifier par son attitude : « Qu'est-ce que tu as fait pour moi ces jours-ci ? » elle met en avant tout ce qu'il a accompli dernièrement de positif.

Quand un homme a conscience que ses efforts ont été remarqués, il approuve plus volontiers les sentiments, les pensées, les droits et les désirs d'une femme. De son côté, en lui montrant qu'elle apprécie son attitude passée ou présente et qu'elle n'est pas insensible à son soutien, celle-ci l'incite à faire encore plus d'efforts à l'avenir et l'amène à souscrire à son point de vue. Sachant qu'il recevra à la clé l'aide dont il a besoin...

6. Elle a besoin d'être rassurée et lui d'être encouragé

Les hommes s'imaginent à tort que les femmes se souviennent longtemps après du réconfort qu'ils ont pu leur apporter dans le passé. Ils ignorent qu'il faut en réalité sans cesse les rassurer. Un Martien se mettra ainsi en quatre pour accueillir une nouvelle collègue, puis se désintéressera complètement d'elle, persuadé de lui avoir bien fait comprendre qu'elle trouverait un allié en lui. Or, les femmes ont une perception plus aiguë des changements et tiennent tous les jours à s'assurer qu'elles n'ont rien perdu de leur statut et du soutien dont elles bénéficient dans l'entreprise. Cette tendance est comparable à la nécessité que nous éprouvons régulièrement de vérifier le cours de nos actions. Sur un marché soumis à des fluctuations imprévisibles, il est en effet réconfortant de savoir que leur cotation se maintient. Quand il rassure une femme, un homme lui instille un sentiment de confort et de sécurité qui la rend alors tout à fait disposée à lui faire confiance. L'essentiel pour cela est qu'elle ne doute pas de son soutien.

Les femmes font l'erreur de trop discourir sur des problèmes alors qu'un homme, lui, cherche à les résoudre. En revanche, elles verront très vite la faille dans son raisonnement et la lui signaleront. Rien de tel pour le démoraliser et l'amener à croire qu'elles ne reconnaissent ou n'apprécient pas ses compétences. Une attitude encourageante est synonyme d'ouverture d'esprit, de confiance et de patience, et s'attache à voir ce qu'il y a de meilleur en chacun. Une femme devrait donc éviter de trop vite critiquer un collègue ou de s'inquiéter sans raison. Elle pensera lui rendre service et ne fera en réalité qu'accroître son stress. Il lui faut apprendre à discerner les moments où émettre des réserves s'avère nécessaire, sans quoi elle pourrait bien nuire à la réalisation d'un projet. C'est en se fiant à lui, en l'appréciant et en l'acceptant tel qu'il est qu'elle lui prodiguera les encouragements qu'il espère. En retour, il s'efforcera de la rassurer davantage en se montrant attentif, compréhensif et respectueux de ses désirs et de ses besoins.

COMMENT PASSER À CÔTÉ D'UNE AFFAIRE SANS S'EN RENDRE COMPTE

Parce qu'ils ne savent rien de leurs différents besoins émotionnels, il arrive que les employés des deux sexes offensent, dédaignent ou rebutent certains clients, les mettant dans de mauvaises dispositions. Même si le travail consiste avant tout à offrir des services, il ne faut pas pour autant laisser de côté le facteur humain. Vous pouvez être un spécialiste dans votre domaine et afficher des prix compétitifs, cela n'empêchera pas les gens de vous préférer vos concurrents si vous ne comblez pas leurs attentes. Tout en voulant réaliser la meilleure affaire possible, ils privilégient au plus profond d'eux-mêmes leur bien-être. Ne vous fiez donc pas à leurs sourires de façade : quand ils se sentent négligés, les consommateurs ne reviennent pas. Pire : si vous ne leur prêtez aucune attention, ils en concevront de la jalousie, de la rancœur, de la mortification, de l'anxiété, de la colère... et la liste serait longue. Prendre le temps de leur apporter le type de soutien qu'ils recherchent évitera des frictions inutiles.

Les clients sourient parfois par pure politesse, mais ils ne feront plus appel à vous s'ils sentent que vous les négligez.

La sensibilité est l'apanage des Vénusiennes et la susceptibilité celui des Martiens. Les hommes ménageront leurs collègues féminines à condition de les entourer d'attentions, de les comprendre, de les respecter, de ne pas les tenir à l'écart et d'approuver leurs points de vue. Les femmes quant à elles seront sûres de ne pas heurter la susceptibilité de leurs collaborateurs en prenant garde à leur témoigner toute la confiance, l'acceptation, l'appréciation, l'admiration, la reconnaissance et les encouragements dont ils ont besoin. Ces efforts seront profitables à l'entreprise et contribueront à une meilleure ambiance sur le lieu de travail. Quand employés et dirigeants se soutiennent mutuellement, la clientèle aussi en ressent les effets positifs. Une acheteuse s'offusquera de voir un vendeur traiter l'une de ses collègues avec mépris. À l'inverse, un homme aura tendance à passer commande dans un magasin où il sent que les femmes sont solidaires de leurs collègues masculins.

Peu importe donc que vous disposiez du meilleur article sur le marché si vous ne donnez pas à vos clients l'impression de vous intéresser sincèrement à eux ! Mais ce n'est pas tout : il faut aussi leur donner envie d'acheter le produit et d'en parler autour d'eux. Vous courez à l'échec si vous ne leur offrez pas l'attention qu'ils attendent de votre part.

Voici une liste des erreurs de communication souvent commises par les femmes lorsqu'elles ignorent les besoins émotionnels primaires des hommes. Ces erreurs apparaissent de manière flagrante dans la relation vendeur-client, mais elles ne sont pas non plus absentes des rapports employés-cadres supérieurs.

Erreurs fréquemment commises par les femmes	**Pourquoi un homme ne se sent pas soutenu**
Elle le corrige ou lui donne des conseils non sollicités. « Ce n'est pas comme ça qu'il faut s'y prendre, voyons... »	**Un homme a besoin qu'on lui fasse confiance** : même si elle a raison, il réagit mal car il ne lui avait rien demandé. Il a l'impression qu'elle doute de ses capacités.
L'impatience ou la frustration perce dans sa voix. « Bien sûr, il fallait traiter ce dossier, mais il y avait d'autres choses plus importantes à faire avant. »	**Un homme a besoin d'être accepté** : il en déduit qu'elle le perçoit comme un fardeau alors qu'elle est censée l'épauler. Il se sent rejeté.
Elle s'excuse en prenant un air débordé. « Nous sommes surchargés de travail en cette période et nous manquons de personnel. »	**Un homme a besoin d'être apprécié** : tout ce qu'il comprend, c'est qu'il lui occasionne une surcharge de travail et qu'il ne compte pas à ses yeux.
Elle lui propose son assistance sans qu'il ait rien demandé. « Laissez-moi vous aider... »	**Un homme a besoin d'être admiré** : il se sent sous-estimé quand on le traite comme s'il avait besoin d'aide alors que ce n'est pas le cas.

En cas de réclamation de la part d'un client, elle rejette tout de suite la faute sur lui, sans prendre la peine de l'écouter : « Je ne peux jamais compter sur vous... »	**Un homme a besoin de reconnaissance** : il conclut qu'il ne peut pas compter sur elle et se dit qu'elle ne fait aucun cas de ses efforts alors qu'il s'est conformé aux souhaits du client.
Elle se plaint de ses supérieurs et de leurs stratégies commerciales. « Ils ne veulent rien écouter à mes suggestions. »	**Un homme a besoin d'encouragements** : il ne retient que le fait qu'elle critique ouvertement sa direction et ne se sent pas encouragé à passer commande.

Chacun de ces exemples montre clairement comment une femme adopte parfois un comportement tout à fait légitime sur Vénus, mais pas sur Mars. Les hommes eux aussi ne sont pas à l'abri d'un impair car ils ont tendance à offrir à une femme le soutien qu'ils espéreraient à sa place, non celui qu'elle attend. Voici une liste des maladresses qu'ils commettent en réponse aux besoins émotionnels primaires des Vénusiennes.

Erreurs fréquemment commises par les hommes	**Pourquoi une femme ne se sent pas soutenue**
Il l'écoute à peine et lui propose tout de suite une solution : « Je crois que tu devrais... »	**Une femme a besoin d'attention** : elle a le sentiment qu'il ne se soucie pas de son opinion. Son manque d'égards équivaut pour elle à un affront.
Il ne cherche pas à en savoir plus sur son problème ou sa requête, et est sûr qu'il y a une solution. « Ne t'inquiète pas, on va régler ça. »	**Une femme a besoin de compréhension** : elle pense qu'il prend ses difficultés à la légère et que, par conséquent, il fait preuve de condescendance envers elle. Elle lui en veut car il n'a pas saisi toute l'ampleur du problème.

Il s'abrite derrière la politique de son entreprise d'un air soumis et résigné. « Je ne peux rien faire de plus. Le règlement, c'est le règlement. »	**Une femme a besoin de respect** : elle se sent méprisée et lui tient rigueur de sa froideur. Elle aurait préféré entendre : « Je suis vraiment désolé de ne pouvoir... »
Il écoute ses idées, ses propositions et ses requêtes sans trahir la moindre émotion ou réaction.	**Une femme a besoin de se sentir intégrée** : elle verra dans son impassibilité la preuve qu'il se désintéresse d'elle ou qu'il lui cache quelque chose. Elle éprouve alors l'impression d'être exclue ou tenue à l'écart.
Il cherche à mettre fin à sa colère en lui offrant une solution de rechange. « Essayez cela à la place. Le résultat est le même. »	**Une femme a besoin d'approbation** : elle ne s'en porte pas mieux car elle ne se sent pas légitimée dans sa frustration. Elle veut qu'il prenne plus le temps d'approuver ce qu'elle éprouve.
S'il ne peut satisfaire sa demande, il attendra pour revenir s'occuper d'elle d'avoir autre chose à lui proposer en compensation.	**Une femme a besoin d'être rassurée** : elle interprétera son absence comme un mauvais présage ou un signe de négligence. Dans une telle situation, les femmes se rabattent très vite sur quelqu'un qui peut les informer de la situation.

La clé d'une transaction fructueuse réside dans l'attention que le vendeur témoigne à ses clients. Après tout, ceux-ci sont les rois : ils paient pour qu'on les serve. Cette remarque s'applique à d'autres secteurs professionnels, mais à un degré moindre. Toutes les relations que nous entretenons au travail servent nos intérêts : le seul moyen d'obtenir le réconfort moral dont nous avons besoin est de donner aux autres celui qu'ils attendent de nous. On n'a jamais rien sans rien.

COMMENT GAGNER LE SOUTIEN D'UNE FEMME

La meilleure façon pour un homme de gagner le soutien d'une femme consiste à soigner sa manière de s'exprimer. En apprenant à l'écouter, il fera la preuve éclatante de son attention, de sa compréhension, de son respect, de son désir de la faire participer à ses projets, d'approuver ses opinions et de la rassurer. De la sorte, il apaisera son stress et s'attirera en retour son estime.

L'art de l'écoute pose un problème majeur aux hommes car ils oublient souvent que les deux sexes ne communiquent pas de la même manière et en ressentent parfois de l'exaspération ou de la colère. Le tableau ci-dessous leur résume les points essentiels à garder en mémoire et les conseille sur l'attitude à adopter.

APPRENDRE À ÉCOUTER UNE FEMME SANS S'IMPATIENTER

Ce qu'il faut garder à l'esprit	Ce qu'il faut faire et ne pas faire
Votre irritation résulte de votre incapacité à comprendre le point de vue de votre collègue. Elle n'y peut rien.	Reconnaissez votre incompréhension. Ne lui reprochez pas de manquer de clarté et dites-vous qu'elle s'exprime tout aussi bien que vous. Respirez profondément et reprenez depuis le début en essayant de voir les choses sous le même angle qu'elle.

Rappelez-vous que, aussi sibyllines qu'elles puissent vous paraître, les émotions d'autrui sont légitimes et méritent votre respect. Que votre collègue ait l'air de vous critiquer ne justifie pas que vous haussiez la voix ou que vous donniez libre cours à votre colère sur elle.	Prenez une profonde inspiration et détendez-vous. Ne dites rien. La pire chose à faire quand vous êtes exaspéré est de parler sans réfléchir. Vous ne feriez qu'ajouter de l'huile sur le feu en mettant votre interlocutrice hors d'elle et vous vous énerverez davantage encore.
Ne pas savoir comment gérer une situation est à l'origine d'un sentiment de frustration ou d'agacement. Rappelez-vous que vous tentez de régler un problème. Vous emporter ne ferait qu'envenimer les choses.	Ne jetez pas la pierre à votre collègue si vos efforts pour régler un problème sont infructueux. Soyez plus attentif et elle vous soumettra peut-être une solution. Impliquez-la alors dans sa mise en œuvre : elle ne vous en appréciera que davantage.
Sachez que vous n'êtes pas obligé d'être d'accord avec elle pour reconnaître la validité de son raisonnement. Les femmes n'exigent pas qu'on acquiesce à la moindre de leurs paroles, mais abhorrent les remarques méprisantes comme « C'est stupide » ou « C'est ridicule ». Elles prennent personnellement les critiques émises à l'encontre de leur point de vue.	N'exprimez pas votre désaccord sur une idée ou une démarche par des remarques dédaigneuses. Évitez les qualificatifs et les substantifs négatifs quand vous vous opposez à une femme. Soyez clair et expliquez-lui sans la railler ce que vous attendiez.
Détendez-vous et laissez parler votre collègue sans lui couper la parole. Elle sera ensuite plus sensible à ce que vous avez à dire.	Quand vous avez envie de l'interrompre pour faire valoir un argument, ne lui affirmez surtout pas que vous voyez où elle veut en venir. Dites-lui au contraire que vous ne

	comprenez pas son point de vue et que vous aimeriez être éclairé. Montrez-lui votre intérêt et elle vous témoignera le sien en retour. Vous éviterez ainsi de nuire à vos rapports professionnels et votre colère s'apaisera.
Souvenez-vous qu'elle n'est pas responsable de votre mécontentement. Sinon, celui-ci ira croissant. Cessez de vous poser en victime et de la blâmer. Vous avez perdu seul votre sang-froid. Si elle n'apprécie pas vos remarques, soyez conciliant, prêtez-lui une oreille plus attentive et elle vous en sera reconnaissante.	Si vous souhaitez émettre une suggestion ou améliorer une situation, attendez qu'elle ait fini de parler et, avant d'exposer vos arguments, reformulez les siens pour lui prouver que vous l'avez bien comprise. N'élevez pas la voix.
Rappelez-vous que vous n'êtes pas obligé de faire ce qu'elle suggère. Aucune décision n'a encore été prise. Elle peut vous paraître catégorique en raison de l'émotion contenue dans sa voix mais, sur Vénus, cela signifie qu'elle n'a pas encore de point de vue bien arrêté. Les émotions négatives doivent d'abord être exprimées et entendues pour devenir plus positives.	Inutile de contester les sentiments et les opinions d'une femme contrariée. Vous en reparlerez plus tard tout à loisir, quand la tension sera retombée. Dites simplement : « Laisse-moi y réfléchir un peu plus et on en discutera après », mais pas : « Tu es trop énervée pour qu'on puisse aborder le sujet. »

Une femme accorde sa confiance à un homme, l'accepte et l'apprécie tel qu'il est s'il se montre attentif à ses sentiments sans se buter ni s'impatienter. S'il lui permet de temps à autre d'exprimer ses émotions au travail sans la censurer, elle tolèrera plus facilement ses défauts tout en appréciant, reconnaissant et admirant ses succès. Plus elle se sentira comprise et plus elle sera disposée à lui apporter le soutien qu'il désire.

Comment gagner le soutien d'un homme

Un bon conseil si vous voulez gagner le soutien d'un homme : n'essayez surtout pas de le changer ou de le parfaire. Il est bien sûr normal que vous éprouviez l'envie de corriger ses défauts, mais abstenez-vous-en. Il n'acceptera votre aide qu'à condition de l'avoir expressément sollicitée.

Voilà pourquoi la plupart des Martiens ont des rapports difficiles avec leurs supérieures hiérarchiques. Il arrive qu'une chef devant rendre compte des actes de ses employés n'hésite pas à leur dicter leur conduite. À sa place, un homme devinerait qu'un subordonné a déjà reçu suffisamment de directives et éviterait de l'abreuver de suggestions, aussi utiles soient-elles.

Une dirigeante n'hésite pas à tenter d'améliorer un homme et à lui dicter sa conduite.

Si l'un de ses employés refuse de suivre ses instructions, une femme recherchera un consensus – dans l'idée de prendre en compte son opinion –, au lieu d'asseoir son autorité en lui ordonnant de faire ce qu'elle demande. Elle adoucira sa requête par des expressions telles que « Ne croyez-vous pas que... », « Peut-être vaudrait-il mieux... » ou « Pourriez-vous essayez de cette manière... » Cette propension à atténuer ses ordres dans l'espoir d'obtenir ce qu'elle veut n'est estimée que des Vénusiennes, pas des Martiens. Aux yeux de son employé, elle ne semble pas sûre de ce qu'elle avance. Il la trouve donc injuste de lui imposer ses volontés alors que lui sait ce qu'il fait, contrairement à elle.

Elle court de surcroît le risque de l'offenser par ses suggestions amicales. Si elle veut l'obliger à modifier sa façon d'agir pour adopter sa méthode à elle, elle a tout intérêt à opter d'emblée pour une approche directe. Quand elle se montre conciliante alors que, en tant que dirigeante, ses désirs sont littéralement des ordres, elle ne fait qu'accroître la tension. Se soumettre à un ordre « édulcoré » équivaut pour un homme à reconnaître implicitement que la démarche préconisée par sa supérieure est meilleure que la sienne. Un patron aurait usé de son autorité en formulant sa requête de manière directe, sans la tempérer, pour permettre à son employé de faire bonne figure. Celui-ci se serait alors exécuté par obligation professionnelle, non parce que son efficacité était remise en cause.

Un Martien comprend ce besoin de sauver les apparences et demandera donc sans détours à un autre homme de s'acquitter d'une tâche de telle ou telle manière au lieu de lui faire remarquer qu'il pourrait mieux s'y prendre. Si elle veut gravir les échelons, une Vénusienne doit donc adopter un ton qui n'admet pas de réplique, tout en restant courtoise. Les hommes respectent la hiérarchie et reconnaissent qu'une femme cadre supérieur dispose de certaines prérogatives. Mais ils se sentent déstabilisés si elle minimise son autorité en se comportant avec eux comme une simple collègue et en leur donnant des conseils, avant d'exiger d'eux qu'ils lui obéissent. Voyons quelques exemples :

Évitez les formules évasives et ne dites pas :	**Allez droit au but et dites :**
« Il serait peut-être préférable que tu voies Sam avant de traiter cette commande. »	« Tu veux bien parler d'abord à Sam avant de traiter cette commande ? »

« Tu ne crois pas que le mieux serait de finir ça avant de déménager ton bureau ? »	« Tu veux bien finir ça avant de déménager ton bureau ? »
« Je ne suis pas sûre que ce rendez-vous soit une bonne chose. Si tu veux mon avis, c'est du ressort de Richard. »	« Tu veux bien parler à Richard avant de prendre ce rendez-vous ? Je crois que c'est de son ressort. »
« Nous devrions peut-être leur dire que nous ne voulons pas faire ces modifications. »	« Tu veux bien leur dire que nous refusons de faire ces modifications ? »
« Pourrais-tu dire à Tom que ce projet ne m'intéresse pas ? »	« S'il te plaît, dis à Tom que ce projet ne m'intéresse pas. »
« Cela t'ennuierait-il de rapporter ce dossier pour moi ? »	« Tu veux bien le rapporter pour moi ? »
« Si possible, pourrais-tu arrêter de faire ça ? »	« Tu veux bien arrêter de faire ça ? »

Un homme sera plus ouvert aux requêtes d'une femme si elle s'exprime clairement, sans user de circonlocutions polies. Les conseils ci-dessus ne s'adressent pas seulement aux dirigeants ayant des hommes sous leurs ordres, mais aussi à quiconque a affaire à des collègues, des clients ou des patients du sexe masculin. Les Martiens aiment qu'on soit direct avec eux.

Prenons un exemple typiquement vénusien pour montrer aux femmes en quoi un léger changement dans leur conduite peut faire la différence sur Mars. Imaginez un homme à genoux qui, au moment de demander son amie en mariage, lui dirait « Peux-tu m'épouser ? » au lieu de « Veux-tu m'épouser ? » Même si elle avait l'intention d'accepter, une telle formulation susciterait en elle bien des questions. Ces paroles malencontreuses ne l'inciteraient guère à dire oui.

Hommes et femmes, à tous les niveaux de l'entreprise, sont à l'origine de bien des tensions lorsque, sans le savoir, ils froissent la susceptibilité d'autrui. En prenant conscience des six besoins primaires du sexe opposé, vous disposerez d'un atout pour atteindre vos objectifs et gagnerez la reconnaissance, l'estime et la confiance que vous méritez. Si chacun ciblait mieux l'aide dont les autres ont besoin, les tensions s'apaiseraient, la coopération entre employés se développerait, le stress diminuerait et la productivité augmenterait.

CHAPITRE 11

S'affirmer pour se démarquer

La sphère professionnelle s'oppose à bien des égards à la sphère domestique. Au sein du giron familial, chacun se soucie des autres et anticipe ses besoins. Au travail en revanche, ce n'est pas parce que vous avez un chiffre d'affaires à réaliser que les clients vont acheter vos produits ou recourir à vos services. Et ce n'est pas non plus parce que vous avez besoin d'argent pour payer vos factures que l'on vous embauchera. Vos qualifications elles-mêmes ne vous mèneront à rien si vous ne parvenez pas à convaincre un employeur de vous donner votre chance. Le marché du travail n'est pas une œuvre caritative et chacun est rémunéré en fonction des profits qu'il génère. Aussi devez-vous veiller à ce que vos compétences ne passent pas inaperçues, car même si l'on vous apprécie, vous ne trouverez pas de poste si vous ne mettez pas votre potentiel en avant.

Conscients de cette réalité, les hommes ne laissent pas passer une occasion de vanter leurs atouts. Ils cherchent à surpasser leurs collègues et à s'élever au-dessus du lot. Rien à voir avec le comportement des Vénusiennes, plus égalitaristes et plus solidaires entre elles. Comme elles considèrent que faire valoir des qualités et des succès personnels peut entraîner des dissensions, elles s'efforcent d'aplanir les différences. Elles subissent de ce fait un lourd handicap dans un environnement professionnel où les grands décisionnaires, quel que soit leur sexe, ont des personnalités martiennes très affirmées.

Un homme cherche à surpasser ses collègues et à s'élever au-dessus du lot.

En saisissant la manière dont les hommes appréhendent le pouvoir et les aptitudes professionnelles, une femme se donne accès à des opportunités de carrière comparables à celles de ses collègues masculins. De son côté, un homme dispose lui aussi d'un avantage sur ses concurrents dès lors qu'il comprend le sens particulier attribué par les femmes à ces mêmes notions.

La perception du pouvoir

Lorsqu'ils discutent entre eux, les hommes évaluent toujours leurs compétences respectives. Ils s'attribuent une note, qui ne cesse de varier au cours de la conversation, et ne la perdent jamais de vue car elle leur sert à mesurer leur valeur personnelle. Aussi cruel et inhumain que cela puisse paraître, ils ne raisonnent pas autrement. De même que les femmes sont souvent jugées injustement en fonction de leur âge et de leur physique, les hommes, eux, le sont en fonction de leur salaire. Pour preuve, cette question que plus d'une femme a entendu au moment de présenter son futur époux à ses parents : « Que fait-il dans la vie ? »

Chacun mérite d'être aimé de manière inconditionnelle, mais, dans le monde du travail, tout est soumis à condition et, pour obtenir un poste, vous devez prouver que vous en êtes digne. Sur Mars, ceux qui réussissent sont toujours tenus en haute estime. Vouloir traiter avec les grands pros est naturel. Il en va ainsi : le savoir-faire suscite le respect.

Mais le talent en soi n'est rien tant qu'il n'est pas reconnu. À quoi bon disposer du meilleur produit sur le marché si les consommateurs n'en sont pas informés ? Vu sous cet angle, le marketing joue donc un rôle considérable. Le pouvoir au travail est en réalité davantage une question de perception que d'aptitude. Être perçu comme influent permet d'exercer une plus grande autorité sur autrui.

Sur Mars, être perçu comme influent permet de s'attirer l'estime d'autrui.

Les hommes respectent et écoutent instinctivement ceux dont ils reconnaissent la supériorité. Sur leur planète, la valeur personnelle de chaque individu se mesure à l'aune de ses compétences et chacun s'enorgueillit de sa capacité à résoudre un problème ou à accomplir une tâche. Plus les Martiens rencontrent de succès et plus ils ont tendance à promouvoir leurs mérites – avec plus ou moins de subtilité.

Sur Vénus, le talent compte aussi, mais pas autant que des valeurs comme la compassion, la considération ou l'intégrité. Les femmes ne mettent pas en avant leurs aptitudes professionnelles car elles tirent une plus grande fierté de leur bienveillance, de leur bonté, de leur sensibilité, de leur dévouement et de leur serviabilité. Certes, elles contribuent à rendre meilleur le monde du travail en lui insufflant de tels principes, mais elles gagneront à s'inspirer du comportement du sexe opposé. Elles verront en effet leur influence grandir au fur et à mesure qu'elles assimileront les méthodes d'autopromotion de leurs collègues martiens.

Sur Vénus, le talent compte, mais pas autant que des valeurs comme la compassion, la considération ou l'intégrité.

Au travail, les femmes ont tendance à rester discrètes sur leurs qualités et leurs points forts, alors qu'ils pourraient leur valoir le respect des hommes. Quand une Vénusienne ne s'emploie pas activement à vanter ses mérites, un homme en déduit qu'elle n'a rien fait dont elle puisse se targuer. Elle doit donc apprendre à se démarquer des autres et à se propulser sur le devant de la scène si elle ne veut pas ternir son image.

Cependant, certains Martiens, à force de chanter leurs propres louanges, finissent par se discréditer auprès de leurs collègues féminines. Leur tendance naturelle à vouloir se distinguer leur coûte le respect et la confiance des femmes. Ces dernières préfèrent travailler avec quelqu'un qui prend le temps de reconnaître leur valeur et est à l'écoute de leurs besoins. Pour ne pas tomber de son piédestal, un homme doit donc contrebalancer son assurance toute martienne par des qualités vénusiennes. En se montrant plus sensible à ce que ressentent les autres, il instaurera de meilleures relations avec ses collègues et remontera dans leur estime.

ATTRIBUEZ-VOUS LE MÉRITE DE VOS ACTES

Une femme relativise souvent ses réussites ou bien les attribue à la chance, voire à une aide extérieure. Même si elle éprouve une grande fierté, elle n'en dira rien. Elle ignore combien il est important de s'affirmer et de s'attribuer tout le mérite de ses actes. Elle se contente trop souvent de répondre « On m'a beaucoup aidée » à ceux qui la complimentent.

Si elle minimise son rôle, c'est dans le but d'associer ses collègues au travail accompli et leur signifier qu'elle ne les oublie pas. Pour réussir, elle doit cependant revendiquer ce succès comme le sien, en lançant par exemple : « J'en suis très fière, moi aussi. Tout s'est déroulé à merveille. » Tenir un tel discours ne viendrait même pas à l'esprit d'une Vénusienne. Elle donnerait l'impression d'être arrogante, vaniteuse ou trop occupée à se faire valoir, et ne manquerait pas de s'attirer les regards désapprobateurs de ses consœurs.

Les Vénusiennes désapprouvent celles qui se vantent de leurs réussites.

Remercier vos collègues quand on vous félicite est légitime, mais il faut que les choses restent claires : les profits réalisés sont avant tout le fruit de vos efforts. Dans le monde du travail, la modestie d'une Vénusienne incite les hommes à la sous-estimer. En attribuant tout le mérite de ses actes à autrui, elle laisse entendre que sa contribution a été minime. Résultat, ils se mettent à douter de ses compétences. Si elle prétexte sa bonne fortune, elle relègue ses propres aptitudes et son excellence professionnelle au second plan. Et en insinuant que son succès doit tout au hasard, elle donne à penser qu'elle n'était pas vraiment qualifiée pour ce projet. Si un collègue l'entend s'exclamer : « Je ne mérite pas une telle reconnaissance, c'était avant tout un travail d'équipe », il risque de prendre ses propos au pied de la lettre, alors qu'une autre femme, elle, y verra un signe de sollicitude.

En attribuant tout le mérite de ses actes à autrui, une femme amène un homme à douter de ses compétences.

La remise de récompenses, l'octroi d'avantages et les bilans professionnels ont ceci de positif qu'ils permettent aux femmes de s'imposer et d'affirmer leur valeur personnelle sans se soucier de paraître trop prétentieuses.

Une femme a intérêt à ne pas se contenter de primes ou de marques de reconnaissance occasionnelles. Il lui faut prendre systématiquement l'habitude de revendiquer haut et fort ses réussites. Dans un monde idéal, chacun reconnaîtrait les qualités d'autrui ; au travail, les choses se passent différemment. Les femmes doivent bien sûr respecter leur nature vénusienne, mais aussi prouver à leurs collègues qu'elles sont aussi compétentes qu'eux en attirant leur attention sur ce qu'elles ont réalisé.

Pour concilier ces deux exigences, elles peuvent, par exemple, ne remercier autrui qu'après s'être elles-mêmes félicitées de leur apport fructueux à l'entreprise. Elles évitent ainsi de se montrer ingrates, tout en mettant en avant leur réussite. Il leur suffit de réagir à un compliment par ces mots : « Je suis très fière. Tout s'est déroulé à merveille. Mais je n'y serais jamais arrivée sans l'aide de... » En reconnaissant d'abord leur propre mérite, elles pourront ensuite s'autoriser à reconnaître celui des autres.

En affaires, le meilleur moyen d'épauler quelqu'un est de lui faire savoir quels services vous êtes en mesure de lui rendre. Au sein d'une société, le directeur des ressources humaines a besoin qu'on l'aide à déterminer lequel de ses employés est le plus apte à assumer de nouvelles responsabilités. Imaginons que vous soyez la personne qu'il recherche : vous pourrez dire adieu à votre avancement si vous vous montrez trop modeste et laissez un autre se faire remarquer à votre place. En gardant ce fait en tête, une femme éprouvera moins de gêne à promouvoir ses qualités et prouvera ainsi à ses supérieurs qu'elle est la plus qualifiée pour les seconder en cas de besoin.

UN SIGNE DU CIEL

J'ai connu moi aussi cette réticence à chanter mes propres louanges au moment de la sortie de mon livre, *Les hommes viennent de Mars, les femmes viennent de Vénus*. Les débats télévisés et la promotion me mettaient mal à l'aise, même s'ils constituaient pour moi un moyen efficace de m'imposer dans ma profession. Ayant un message altruiste et optimiste à transmettre, je trouvais de mauvais goût de le rabaisser au rang d'une marchandise en vantant son efficacité. De plus, je craignais de passer pour un prétentieux en soulignant les retombées positives de mes ateliers. J'ai prié durant de nombreux mois dans l'espoir de trouver une solution à ce dilemme.

La réponse m'est venue au cours de vacances passées en compagnie de ma femme Bonnie et de notre plus jeune fille, Lauren. Nous étions partis de Californie pour nous rendre à Ashland, dans l'Oregon, où se tenait un festival d'art dramatique consacré à Shakespeare. Il n'y avait plus de places pour la pièce que nous voulions voir, mais il était possible, un peu avant la représentation, de racheter leurs billets à ceux qui ne souhaitaient plus y assister. C'est ainsi que, une demi-heure avant le lever de rideau, je me suis retrouvé face à une quarantaine de personnes ayant eu la même idée que moi.

Au bout de quelques minutes, un homme est arrivé, muni de ses billets. Avant même que je le remarque, il était assailli de toutes parts. Le découragement m'a gagné. Je n'avais aucune envie de le harceler – je le plaignais plutôt d'être dans une situation aussi désagréable – ni de brûler la politesse à quelqu'un. Je suis donc resté là, sans savoir que faire.

C'est alors que j'ai aperçu un homme qui achetait des places à un deuxième revendeur. Il avait inscrit le message suivant sur un petit panneau : « Recherche deux entrées, valables ce soir, pour *Le songe d'une nuit d'été.* » Il s'était placé à l'écart de la foule et le revendeur s'était aussitôt dirigé vers lui.

Après avoir obtenu ce qu'il voulait, l'homme s'est éloigné. Je l'ai rattrapé puis, lui ayant demandé son affichette, je me suis tenu moi aussi un peu en retrait – non sans avoir modifié le nombre de billets désiré. J'ai très vite été abordé par une personne qui préférait éviter la cohue pour revendre ses places. Malheureusement, elles n'étaient pas très bien situées. Je les ai néanmoins prises et ai continué à en racheter en attendant qu'on m'en propose de meilleures.

Pendant ce temps, un petit groupe de femmes s'était posté non loin de moi, visiblement désireuses d'acquérir les billets dont je ne voudrais pas. Quelle n'a pas été leur reconnaissance en les obtenant ! En l'espace d'un clin d'œil, je m'étais procuré de bonnes places et m'étais débarrassé des autres. J'étais néanmoins très étonné de constater que personne ne songeait à m'imiter.

Une fois mes affaires réglées, je me suis brièvement attardé, mais mon affiche ne semblait toujours pas intéresser qui que ce soit. Je me suis alors approché d'une femme pour la lui donner, qui fut enchantée de mon initiative. Incroyable ! Sur plus de quarante personnes, aucune n'avait osé se démarquer des autres, et il avait fallu que j'offre mon aide à l'une d'elles pour qu'elle s'enhardisse enfin à m'acheter un billet.

Ma femme, ma fille et moi avons donc pu assister à la représentation dans de très bonnes conditions, mais le plus important pour moi était ailleurs : mes prières avaient été exaucées. Je saisissais à présent tout l'intérêt de médiatiser mes idées. Cette soirée m'a libéré de mes scrupules à me mettre en avant. Si je ne veillais pas moi-même à informer les autres de ce que je pouvais leur apporter, ils continueraient à l'ignorer. À moi donc de brandir des panneaux pour promouvoir mon message ; à eux ensuite de faire leur choix.

Quelques années plus tard, je suis retourné à ce festival avec Bonnie. Cette fois, les gens étaient plus nombreux à se servir de petites affiches. Cependant, à ma grande surprise, ils ne représentaient guère plus de 20 % des personnes présentes. Les autres attendaient toujours avec impatience de bondir sur le premier venu prêt à négocier ses billets, alors même que la majorité des revendeurs se dirigeait tout de suite vers les détenteurs de pancartes.

LAISSEZ PARLER VOS RÉSULTATS

Il existe une autre façon, propre aux Martiens celle-là, de rester humble tout en affichant clairement sa valeur personnelle : elle consiste à attirer l'attention sur les résultats obtenus, non sur soi-même. Un homme modeste ne dira pas par exemple : « C'est vrai, j'ai encore été très efficace », mais plutôt : « J'ai fait mon travail. M. Parker a été ravi des résultats. » Ainsi, il peut s'enorgueillir de ce qu'il a accompli sans donner l'impression à ses collaborateurs de tirer la couverture à lui.

Cette méthode intéresse en particulier toutes les femmes qui répugnent encore à parler à la première personne. Les Vénusiennes préfèrent souvent employer le pronom « nous », même quand elles ne doivent leurs succès qu'à elles seules. Mais cet emploi du « nous » au lieu du « je » induit souvent les hommes en erreur. Habitués à promouvoir leurs mérites à la moindre occasion, les Martiens ont en effet tendance à ne pas reconnaître les qualités professionnelles des femmes qui agissent différemment.

Un homme a tendance à ne pas reconnaître les qualités professionnelles d'une femme qui ne vante pas ses mérites.

Pour éviter de passer inaperçue dans un environnement masculin, une femme doit apprendre à s'affirmer en privilégiant l'emploi du pronom « je ». Certes, elle n'y arrivera pas du jour au lendemain, et peut-être même aura-t-elle l'impression au début de paraître ou d'être arrogante. Mais une fois les premières hésitations passées, cette pratique deviendra une seconde nature.

S'entraîner chaque matin devant sa glace, avant de partir au travail, peut s'avérer bénéfique tant pour les hommes que pour les femmes. Écrivez d'abord une liste des diverses tâches, plus ou moins importantes, que vous avez réalisées dernièrement. Puis rédigez quelques phrases à la première personne du singulier de manière à mettre en évidence vos résultats, tout en faisant valoir vos qualités. Enfin, prenez quelques instants pour les prononcer à voix haute, en gardant le dos bien droit et en redressant la tête. Répétez-les encore et encore. C'est aussi simple, par exemple, que de penser à un projet que vous venez de mener à bien et de déclarer haut et fort : « J'ai fait du bon travail. »

L'une des variantes de cette méthode consiste à imaginer que les autres vous félicitent. Dites alors clairement, comme si vous leur répondiez : « C'est vrai, j'ai fait du bon travail. »

Vous amènerez plus facilement vos collègues à prendre conscience de vos mérites, dès lors que vous n'éprouverez plus aucune difficulté à les énoncer chez vous, en privé. En consacrant quelques minutes tous les jours à ces exercices, vous commencerez à comprendre tout ce qui, dans votre ancien comportement, incitait les autres à vous traiter de haut.

Soyez attentifs dans les exemples suivants à l'accent mis par les Vénusiennes sur le pronom « nous » dans la première colonne et à celui mis par les Martiens sur leurs résultats professionnels dans la deuxième. Dans ce cas, le pronom « je » sert avant tout à clarifier les choses. Les hommes qui se concentrent sur le fruit de leurs efforts et non sur eux-mêmes prennent le pas sur leurs collaborateurs tout en renvoyant l'image d'une certaine humilité. La dernière colonne du tableau synthétise les comportements des deux sexes en proposant un juste milieu, à la fois martien et vénusien. Il serait judicieux que les femmes s'en inspirent pour ne plus avoir à supporter le mépris de leurs collègues et s'attirer au contraire l'estime et la considération qui leur sont dues. Vous remarquerez dans cette même colonne que c'est le pronom « je » qui est d'abord employé, et ensuite seulement le pronom « nous ».

Attitude vénusienne : partager le mérite de ses actes avec autrui.	**Attitude martienne : s'attribuer le mérite de ses actes et mettre en avant ses résultats.**	**Le juste milieu : s'attribuer le mérite de ses actes, reconnaître ensuite le rôle joué par autrui, puis mettre l'accent sur ses résultats.**
Nous avons fait du bon travail.	Je suis très fier de ce que j'ai réalisé. Les résultats dépassent mes espérances.	Je suis très fier de ce que j'ai réalisé, mais je n'y serais jamais arrivé sans l'aide de mes collaborateurs. Les résultats dépassent mes espérances.
Nous avons tous beaucoup travaillé.	Je ne crois pas avoir jamais travaillé aussi dur, mais cela en valait la peine. Ce projet aura des retombées positives dont chacun bénéficiera.	J'ai énormément travaillé sur ce projet, avec le concours précieux de mes collaborateurs. Il aura des retombées positives dont chacun bénéficiera.
Nous avons modifié notre stratégie et possédons maintenant plusieurs succursales.	J'ai adopté une nouvelle stratégie qui m'a permis d'ouvrir plusieurs succursales et de toucher un plus grand nombre de consommateurs.	J'ai adopté une nouvelle stratégie qui nous a permis, à mes collaborateurs et à moi, d'ouvrir plusieurs succursales et de toucher un plus grand nombre de consommateurs.
Nous avons élaboré une méthode de travail plus efficace.	J'ai élaboré une méthode de travail plus efficace et j'obtiens maintenant	J'ai élaboré une méthode de travail plus efficace et, tous ensemble,

	de bien meilleurs résultats. Tout le monde s'en félicite.	nous obtenons maintenant de bien meilleurs résultats. Tout le monde s'en félicite.
Henry a accepté et nous avons fait affaire avec lui.	J'ai appelé Henry et obtenu son accord. Finies les tergiversations à présent. Chacun peut aller de l'avant.	J'ai appelé Henry et nous avons fait affaire avec lui. Finies les tergiversations à présent. Nous pouvons tous aller de l'avant.
Ce projet est terminé et nous avons fait du bon travail.	J'ai passé ces trois dernières semaines à finir ce projet et le résultat a fière allure. Il va grandement nous faciliter la tâche à l'avenir.	J'ai passé ces trois dernières semaines à finir ce projet et le résultat a fière allure. Nous avons fait du bon travail. Tout cela va grandement nous faciliter la tâche à l'avenir.
Nous avons mis en place une nouvelle campagne publicitaire à San Diego et les ventes ont doublé.	Depuis que j'ai mis en place cette nouvelle campagne publicitaire à San Diego, les ventes ont doublé. Tout le monde peut désormais s'inspirer de cette idée.	Depuis que j'ai mis en place cette nouvelle campagne publicitaire, nous avons doublé nos ventes. Tout le monde peut désormais s'inspirer de cette idée.
Nous avons patienté une semaine et conclu un bien meilleur marché.	Parce que je me suis forcé à attendre une semaine, j'ai conclu un bien meilleur marché. Nos bénéfices vont augmenter.	Parce que je me suis forcé à attendre une semaine, nous avons conclu un bien meilleur marché. Nos bénéfices vont augmenter.

Essayez enfin cet autre exercice, assez semblable au premier, qui consiste à inventorier les qualités de quelqu'un que vous admirez ou avec qui vous travaillez. Pensez à tout ce qu'il ou elle a accompli sur le plan professionnel. Mettez-vous ensuite à sa place et attribuez-vous tout le mérite de ses succès. Il est parfois plus facile de laisser les autres se mettre en valeur que de le faire soi-même. En jouant à être un autre devant votre miroir, vous balaierez peu à peu vos réticences.

Vous reconnaîtrez vos vrais amis à leur désir de vous voir assumer pleinement votre réussite professionnelle. N'oubliez jamais que, en affaires, vos clients et vos dirigeants attendent que vous revendiquiez votre valeur personnelle. La meilleure façon de ne pas les décevoir consiste donc à vous démarquer des autres et à vous imposer comme le meilleur dans votre domaine.

COMPTABILISER LES POINTS SUR MARS

Les hommes informent volontiers leurs collègues de leurs hauts faits professionnels, un peu à la manière dont ils annonceraient le score d'une rencontre sportive. Sur Mars, communiquer le nombre de points marqués par les uns et les autres n'a rien d'égocentrique. Il s'agit au contraire de rendre public le niveau de compétence de chacun.

Lorsqu'il affiche son score personnel, un Martien ne se rend pas coupable d'arrogance ou de condescendance. Il énonce de simples faits visant à rassurer ses supérieurs sur sa capacité à accomplir son travail. Sur sa planète, on qualifie de modeste celui qui se hisse au-dessus de ses collègues sans les rabaisser. Se mettre en avant relève d'un amour-propre sain – à condition bien sûr de pouvoir le justifier par des résultats professionnels probants. Ce n'est pas en dénigrant le mérite d'autrui qu'un Martien fait valoir ses propre qualités, mais en s'appuyant sur le palmarès de ses succès. Pareille attitude est jugée empreinte d'humilité par ses confrères.

Sur Mars, on qualifie de modeste celui qui se hisse au-dessus de ses collègues sans les rabaisser au passage.

À la fin d'un projet, on ne sait pas toujours qui a le plus œuvré à sa réalisation. Après tout, le nombre de personnes impliquées est souvent assez conséquent. Les femmes supposent à tort que, si elles ne ménagent pas leur peine, leurs collègues le remarqueront et en parleront autour d'eux. Elles ne se rendent pas compte que l'on n'est jamais si bien servi que par soi-même et que, à force de garder le silence sur leurs mérites, elles se feront doubler par plus démonstratif qu'elles. Elles doivent donc elles aussi revendiquer leur bilan haut et fort, sous peine d'être sous-estimées.

Les femmes supposent à tort que, si elles ne ménagent pas leur peine, leurs collègues le remarqueront et les féliciteront.

Autrefois, à Hollywood, les acteurs ne jouissaient pas du même prestige qu'aujourd'hui. Les studios s'attribuaient seuls le succès de leurs films, jusqu'à ce que l'émergence de stars les relèguent peu à peu dans l'ombre. Les réalisateurs, condamnés eux aussi durant un temps à l'anonymat, ont tourné de grands films avec de jeunes acteurs inconnus auxquels la presse ne prêtait que peu d'attention, et sont ainsi parvenus à se faire un nom auprès du grand public. Quant aux scénaristes, ils sont encore ignorés dans leur grande majorité à l'heure actuelle. Seul un petit nombre commence à atteindre une certaine notoriété et à recevoir les éloges de leurs pairs. Au bout du compte, la clé de la réussite consiste donc à faire valoir ses compétences et à les promouvoir autour de soi.

Ce n'est pas parce qu'on a estimé qu'ils le méritaient qu'une poignée d'acteurs touchent d'énormes cachets. Ils ont négocié ces sommes par l'intermédiaire de leurs agents. D'une manière générale, vous devrez batailler ferme pour obtenir la reconnaissance de votre milieu professionnel, et ce dès la signature de votre contrat. Les hommes n'agissent pas autrement pour gagner l'estime de leurs collègues : ils la négocient avec d'autant plus de succès qu'ils ont mis en avant leur contribution antérieure à la prospérité de l'entreprise. Sur Mars, votre juste valeur est celle que vous négociez.

Sur Mars, votre juste valeur est celle que vous négociez.

L'autopromotion constitue le fondement de toutes les émissions télévisées qui décernent des récompenses. En distinguant publiquement certains de ses membres lors de la cérémonie des Oscars, l'industrie cinématographique saisit une occasion de s'autocongratuler. Les salles obscures connaissent automatiquement une hausse de fréquentation après la remise des statuettes et, dans la foulée, le prix des places augmente.

Les programmes télévisés regorgent de cérémonies comparables. Grâce aux Golden Globes, aux Emmy ou aux MTV Awards, etc., le monde du spectacle dispose d'une vitrine qui lui permet de célébrer ses réussites avec éclat. En se dotant de figures de proue, il éveille par ailleurs l'intérêt du public et l'incite à lui consacrer plus d'argent.

Au travail, un succès en engendre d'autres s'il est porté à l'attention de tous. Quand les femmes prendront le temps de souligner leur valeur personnelle, leurs collègues les estimeront davantage capables de jouer un rôle important dans l'entreprise et reconnaîtront enfin leurs compétences.

Les hommes et les femmes les plus avisés transmettent à leurs supérieurs les mots de remerciements qui leur ont été adressés par leurs collègues ou leurs clients. Ils s'arrangent toujours pour faire valoir à un moment ou à un autre le bien-fondé de leurs idées et de leurs suggestions. Ils veillent à se constituer un réseau de relations par le biais de déjeuners d'affaires et de soirées mondaines. Ils couvrent les murs de leur bureau de diplômes, de médailles, de photos de leurs proches ou de clichés d'eux-mêmes en compagnie de célébrités ou pris lors d'occasions où ils se sont particulièrement distingués. Une photo vaut parfois plus que toutes les lettres de recommandation.

L'HUMOUR SUR MARS ET VÉNUS

La propension des hommes à se mettre en avant et celle des femmes à rester en retrait se manifestent de plusieurs façons au travail, depuis les menus propos tenus au cours d'une pause jusqu'aux blagues et aux réflexions échangées tout au long de la journée. Les formes d'humour privilégiées par les deux sexes en sont une bonne illustration. Une femme ne rit pas forcément des mêmes plaisanteries qu'un homme, et réciproquement. Les Vénusiennes se moquent souvent d'elles-mêmes afin de détendre l'atmosphère, sans s'apercevoir que les hommes, eux, prennent leurs paroles au sérieux. De leur côté, les Martiens ont davantage tendance à se moquer d'autrui en l'humiliant ou en le malmenant, et profèrent volontiers des grossièretés. Ils rebutent ainsi les femmes, qui réagissent au premier degré.

L'humour martien n'a rien à voir avec l'humour vénusien. Les hommes rient des autres tandis que les femmes rient d'elles-mêmes. Résultat, les premiers intimident leurs collègues féminines et les secondes passent pour incompétentes auprès de leurs collaborateurs masculins. Tous pourraient pourtant s'attirer les faveurs du sexe opposé en tendant une oreille amusée à ses blagues, ou tout du moins en adoptant un air bienveillant, et non désapprobateur.

Une femme qui n'apprécie pas l'humour d'un homme peut le lui faire savoir sans forcément le critiquer. Quand il lance une remarque comique, la dernière chose dont il a envie, c'est d'être lui-même tourné en dérision. Aussi sa collègue a-t-elle intérêt à se contenter de sourire et de répliquer d'un air conciliant : « C'est bien les hommes, ça ! » En prenant les choses à la légère, elle évite qu'il se vexe ou se sente rejeté. En retour, lui aussi montrera plus d'attention à son égard. Il ne faut pas croire que les hommes trouvent toujours drôles les plaisanteries de leurs congénères. S'ils en rient eux aussi, c'est afin de ménager la susceptibilité de ces derniers et de leur témoigner leur soutien.

Ne demandez jamais à un homme de vous expliquer la blague qu'il vient de faire. Si vous ne comprenez pas son humour, il ne vous en tiendra pas rigueur. Voici quelques exemples de phrases à dire et à ne pas dire.

COMMENT RÉAGIR À L'HUMOUR MASCULIN

Ne dites pas d'un air sérieux :	Dites plutôt d'un air enjoué :
Qu'est-ce qu'il y a de si drôle ?	Je n'ai pas tout compris.
Je ne trouve pas ça drôle.	Allez, arrête.
C'est pour moi que tu dis ça ?	Ça suffit maintenant !
Ce n'est pas drôle !	On peut parler d'autre chose ?
Je n'apprécie pas du tout tes blagues !	Hé ! Un peu de retenue !
Je n'arrive pas à croire que tu aies pu dire ça !	Tu plaisantes, n'est-ce pas ?

Au bout du compte, c'est le ton enjoué de votre voix qui fera la différence. En fait, vous pourriez tout aussi bien utiliser les répliques de la première colonne, du moment que vous affichez un air amusé et tolérant. Votre collègue s'en contenterait parfaitement et aurait l'impression d'avoir produit son effet. L'important est de ne pas laisser transparaître que vous vous formalisez de ses blagues et de ses moqueries. Si au contraire vous gardez l'esprit positif et plein d'entrain, il passera de lui-même à un autre sujet, parce qu'il aura compris que vous n'êtes pas sensible à son humour. Rappelez-vous que, sur Mars, se sentir offensé, c'est faire soi-même offense.

En riant de bon cœur aux plaisanteries de ses collègues masculins, une femme marque des points supplémentaires auprès d'eux. Certaines ne parviennent cependant pas à s'en accommoder. Quand la situation devient franchement insupportable, le mieux est alors de l'exprimer clairement, sans en faire une affaire personnelle. Dès que vous vous retrouverez seule avec l'importun, demandez-lui sans détour de cesser ses remarques.

Dites-lui par exemple : « S'il te plaît, tu veux bien arrêter de faire de l'humour en ma présence ? Je sais que cela en amuse certains, mais moi non. Merci. » N'attendez pas de réponse de sa part. Éloignez-vous sans vous départir de votre amabilité, comme si vous teniez pour acquis qu'il fera plus attention à l'avenir. Moins chacun de vous en dira et mieux cela vaudra. Il risque dans un premier temps de ruminer en son for intérieur, mais modifiera peut-être ensuite son comportement. Si au contraire vous l'entraînez dans une vive discussion qui l'oblige à se défendre, il rechignera davantage à agréer votre demande.

Dans ce cas, l'attitude la plus sage consiste à l'ignorer et à ne pas se laisser atteindre par ses propos. Après tout, il peut ne s'agir parfois que d'une étourderie de sa part. S'il vous voit rester indifférente ou rouler de gros yeux de manière comique, il s'arrêtera de lui-même. Évitez toutefois de trop en faire dans le registre badin ou il se sentira encouragé à poursuivre son manège.

QUAND LES FEMMES S'ESSAIENT À L'HUMOUR MASCULIN...

Les hommes aiment se défier à tour de rôle, mais sur un ton qui sous-entend clairement : « C'est pour rire. » L'un d'eux lancera par exemple : « Tu n'es pas capable de faire ça, tu vas te dégonfler. » À quoi son ami rétorquera : « Bien sûr que si, j'en suis capable. Je te réserve une belle surprise. »

Si elle veut prendre part à ces échanges, une femme doit impérativement conserver un air détaché et ne s'offusquer de rien. Réagir trop vivement à la boutade d'un homme en répliquant : « Moi aussi, j'en suis capable. Tu seras surpris... » déboucherait probablement sur une dispute.

Employer les mêmes mots qu'un homme pour faire rire son auditoire n'est pas non plus la solution pour une femme : dans sa bouche, ils pourraient très bien passer pour des insultes. En réalité, ce ne sont pas les mots en eux-mêmes qui posent problème, mais la manière dont elle les prononce. Si elle éprouve la moindre rancœur à l'égard d'un collègue, ou des hommes en général, elle ne parviendra en effet pas forcément à la masquer.

Sarah, employée dans une agence de spectacles, s'est un jour gentiment moquée de Larry, l'un de ses collègues, en disant : « Les hommes n'ont jamais la tête à ce qu'ils font. » Sa remarque n'a cependant faire rire personne et son patron la lui a plus tard reprochée en privé. Elle avait constaté que les hommes aimaient s'envoyer de petites piques. Alors pourquoi ne les aurait-elle pas imités ? L'ennui était qu'elle parlait sérieusement et que ses collègues masculins l'avaient deviné à l'intonation de sa voix.

Si Larry avait eu à ce moment-là d'autres griefs à son égard, la situation aurait pu s'envenimer. Les hommes détendent parfois l'atmosphère en se raillant les uns les autres, mais une femme ne doit pas s'aventurer sur ce terrain-là. Les hommes ne voient aucun inconvénient à ce qu'un autre homme se moque d'eux, pour la simple et bonne raison qu'il est des leurs. En ce qui concerne les femmes, c'est une tout autre histoire...

Les hommes ne voient aucun inconvénient à ce qu'un autre homme se moque d'eux, pour la simple et bonne raison qu'il est des leurs.

Un Martien ne s'épargne pas lui-même quand il prend ses collègues masculins pour cible de ses quolibets, alors qu'une femme qui raille un homme donne l'impression de lui être supérieure. Elle aura beau s'approprier son vocabulaire, il n'appréciera pas ses remarques et croira qu'elle le méprise. Elle ne le fera rire qu'en s'amusant aux dépens d'autres femmes – mais risquera alors de froisser ces dernières.

De même que les femmes doivent prendre des précautions lorsqu'elles s'essaient à l'humour masculin, les hommes doivent comprendre que leurs collègues féminines ne jugent pas toujours leurs plaisanteries de très bon goût et que, sur Vénus, personne ne trouve comique de rabaisser quelqu'un en le tournant en ridicule.

COMPRENDRE L'HUMOUR FÉMININ

Les Vénusiennes évitent de se mettre en avant quand elles font de l'humour. Sur leur planète, on ne trouve pas divertissant de se moquer d'autrui et seule l'autodérision est acceptée. Grâce à une forme d'ironie dont elles seules font les frais, elles renforcent leurs liens avec les autres femmes car elles leur montrent ainsi qu'elles ne s'estiment pas supérieures à elles. Cette forme d'humour est très prisée sur Vénus, mais interprétée au pied de la lettre sur Mars.

Un homme ne se rend pas toujours compte qu'une femme se veut drôle et prend ses propos au premier degré. Il suffit d'un rien pour que son regard sur elle change et pour qu'il la voie soudain moins compétente qu'il ne l'avait cru. Elle nuit donc à son image en retournant son bel esprit contre elle-même, tout comme lui donne parfois l'impression d'être insensible lorsqu'il fait une blague sur autrui.

Sur Vénus, tourner ses sentiments en dérision n'est qu'un moyen ludique de relâcher la pression et d'établir de meilleurs rapports avec les autres. Une femme racontera par exemple des anecdotes personnelles. Elle décrira dans les menus détails un problème qu'elle n'a pu résoudre, ce qui provoquera l'hilarité de ses collègues féminines et les incitera à évoquer elles aussi de semblables mésaventures.

En saisissant ces différences entre les sexes, un homme s'apercevra qu'il ne faut pas prendre une femme au mot lorsqu'elle se moque d'elle-même. De son côté, elle comprendra pourquoi, lorsqu'elle agit ainsi, un homme non familiarisé avec l'humour vénusien en vient à se dire qu'elle se vante de son incompétence.

Un Martien qui s'essaie à l'autodérision risque à sa grande surprise d'en faire les frais. Au lieu de rire à ses plaisanteries, sa collègue pourra en effet très bien hocher la tête et se montrer d'accord avec lui. Et pour peu qu'elle éprouve à son égard une vieille rancœur, celle-ci resurgira aussitôt et l'atmosphère deviendra soudain tendue. Elle se rappellera peut-être des occasions où il a commis des erreurs sans songer à s'en excuser. Loin de susciter une réaction amicale et chaleureuse, il s'attirera alors un regard sévère sous-entendant : « Ce que tu dis est on ne peut plus vrai. »

Voyons grâce à quelques exemples ce qui distingue l'ironie martienne de l'ironie vénusienne. En appréhendant la manière dont le sexe opposé perçoit nos propos, nous serons en mesure de mieux nous servir de notre humour pour nous démarquer d'autrui et remporter tous les suffrages.

Humour martien	Humour vénusien
Tu es vraiment stupide.	Quelle idiote j'ai été !
Grandis un peu.	Je n'arrive pas à croire que j'aie fait ça.
Tu n'y arriveras pas.	Je ne vois pas du tout comment je pourrais réussir à faire tout ça.
Tu es à côté de la plaque.	Je me sentais vraiment gênée. Je ne savais plus que dire.
Tu n'es pas sortable.	J'ai complètement oublié mes bonnes manières.
Tu t'agites pour rien.	Je ne sais plus où donner de la tête.
Tu as mis les deux pieds dans le plat.	J'ai eu l'air ridicule.
Tu ne sais pas de quoi tu parles.	Personne ne comprenait un traître mot à ce que je racontais.
Tu es vraiment incroyable.	Je n'arrêtais pas de parler et j'ai complètement oublié de lui demander des nouvelles de sa fille.
Tiens, voilà madame J'ai-peur-de-rien.	J'avais si peur que j'en ai eu des crampes d'estomac.

Où as-tu appris à lire une carte ?	Je me suis égarée en chemin. Nous sommes arrivés avec deux heures de retard.
Je te déteste.	Ils ont dû me haïr. Je ne me suis pas montrée à la hauteur.

Les Martiens prennent le pouls du monde et les Vénusiennes la température de leur entreprise.

Les hommes soignent leur image en s'informant de ce qui se passe dans le monde et les femmes en s'intéressant aux émotions éprouvées par les uns et les autres. Quand ils discutent entre eux, les premiers orientent la conversation sur le sport, les affaires, le temps qu'il fait et les dernières nouvelles du journal télévisé. Quiconque suit de près l'actualité s'attire leur respect et leur admiration.

Les hommes ratent ainsi une occasion de renforcer les liens qui les unissent à leurs collaboratrices. Parce qu'ils s'abstiennent de leur donner des détails sur leur vie privée ou de leur poser des questions trop personnelles, elles ont l'impression qu'ils les ignorent. Or, de même qu'un homme aime connaître les derniers résultats des matchs de base-ball, une femme aime se tenir au courant des événements survenus dans la vie d'autrui et livrer ses propres sentiments.

Un homme marque des points en se confiant sur sa vie privée.

Les femmes sont en général plus sensibles à ce qui relève de l'intime. Elles suivent régulièrement ce qui se passe dans la vie des êtres qui leur sont chers. Partager des secrets et bavarder de sujets personnels cimentent les relations qu'elles entretiennent avec leurs collègues vénusiennes.

Le problème est que, quand ils surprennent ce type de conversation, les hommes pensent que les femmes perdent leur temps et instaurent une mauvaise ambiance dans l'entreprise. Évoquer des aspects intimes de sa vie privée ou professionnelle passe à leurs yeux pour un signe d'inefficacité et un frein à la bonne marche de l'entreprise. En effet, si les Vénusiennes ne voient rien de mal à échanger des confidences – elles s'en servent d'ailleurs pour relâcher la pression et prouver à autrui leur sollicitude –, les Martiens, eux, craignent qu'elles ne divulguent à leurs concurrents des informations importantes. Sur leur planète, les échecs, les faiblesses et les défauts d'un collègue ou d'un dirigeant ne doivent pas être révélés. Évoluant dans un environnement professionnel compétitif, ils savent en effet que de tels renseignements peuvent se retourner contre eux.

Hommes et femmes peuvent nuire à la bonne marche de leur entreprise en rapportant les défauts et les faiblesses de leurs collègues et de leurs dirigeants.

Sur Mars, les hommes ne s'intéressent pas aux problèmes personnels d'autrui et ne veulent pas porter les leurs à la connaissance de leurs collègues. Ils considèrent qu'un vrai pro ne doit se préoccuper que de servir ses clients. S'il évoquait sa vie privée, non seulement il n'accorderait plus toute son attention à ces derniers, mais il les obligerait aussi à prendre en compte ses propres besoins. Or, les clients n'ont que faire de ses états d'âme. Tout ce qu'ils demandent, c'est de s'entretenir avec des professionnels, sans se retrouver mêlés à leurs histoires personnelles. Ils paient pour des services et rien de plus.

Les vrais professionnels sont capables de faire leur travail quels que soient leurs états d'âme.

Le professionnalisme, tel que le conçoivent les Martiens, serait vécu comme une torture par les femmes si elles n'avaient la possibilité de satisfaire leurs besoins émotionnels en dehors du travail. Certaines éprouvent cette impression car elles ne prennent pas le temps de se ménager une vie privée épanouissante à l'extérieur de leur entreprise.

Échanger de menus propos aide bien sûr à se détendre, mais s'y adonner trop souvent sur son lieu de travail finit par agacer le sexe opposé. Si vous voulez donner une bonne image de vous-même, faire valoir vos compétences et vous élever au-dessus de vos collègues, le meilleur moyen est de savoir quand il est acceptable de bavarder et quand il convient de se taire.

COMMENT DEMANDER DE L'AIDE EN MÉNAGEANT LA SUSCEPTIBILITÉ D'AUTRUI

Les femmes hérissent parfois inconsciemment leurs collègues par leur manière de solliciter de l'aide. Elles cherchent, à tous les niveaux de l'entreprise, à se montrer attentionnées, en demandant aux hommes leur avis sur certaines questions. Ils en concluent à tort qu'elles attendent des solutions claires et précises, sans voir qu'elles ne font en réalité appel à eux que dans le but de créer des liens. Elles n'ont pas besoin d'eux pour venir à bout de leurs problèmes mais souhaitent simplement les inclure dans le processus de résolution.

Dans une telle situation, un homme se méprend souvent sur les intentions de sa collègue et lui reproche par conséquent de lui avoir fait perdre son temps si elle critique ou ne suit pas ses conseils. Une dirigeante s'imaginera favoriser l'esprit d'équipe et la collaboration en s'enquérant de l'avis d'un de ses employés, sans se douter que son attitude risque de se retourner contre elle et qu'il n'appréciera pas forcément son geste. Il pensera par exemple : « Si je vous livre mon point de vue, ce n'est pas pour que vous vous empressiez de le dénigrer. D'abord vous cherchez une réponse à un problème et vous venez me voir. Ensuite, vous supposez avoir trouvé la faille dans mon raisonnement. Vous me faites perdre mon temps mais cela ne vous empêche pas de continuer à m'expliquer en long et en large pourquoi vous n'aimez pas ma solution. Puisque vous êtes persuadée d'en savoir plus que moi, à quoi bon m'avoir demandé mon opinion ? »

Ce Martien méconnaît les efforts déployés par sa supérieure pour l'associer à ses décisions. Après quelques tentatives tout aussi infructueuses, celle-ci éprouvera un certain désarroi ou s'énervera devant le comportement des hommes. Elle en dégagera une alternative : faire ce qu'il propose et éviter ainsi que leurs relations se détériorent, ou bien se conformer à sa première idée et lui expliquer pourquoi elle n'a pas écouté ses conseils. La première solution la laissera insatisfaite et la deuxième agacera son employé. Vu sous cet angle, solliciter le soutien d'autrui ne mène qu'à l'échec.

Il existe cependant une troisième alternative, qui consiste à aider un homme à sauver les apparences. Si elle n'est pas d'accord avec ses conseils, une femme peut, par une simple remarque, lui montrer qu'elle est sensible à son aide et prévenir ainsi toute dissension. Mais elle ne parviendra qu'à le mettre sur la défensive si elle lui explique en détail pourquoi elle n'appliquera pas ses idées.

Une femme ne parviendra qu'à mettre un homme sur la défensive si elle lui explique en détail pourquoi elle n'appliquera pas ses idées.

Dans certains cas, il lui suffit de répondre : « C'est une bonne idée, merci. » Dans d'autres, surtout si elle a laissé entendre qu'elle comptait beaucoup sur le soutien de son employé, elle devra lui signaler plus clairement qu'elle n'a pas l'intention de suivre toutes ses suggestions à la lettre, en lançant par exemple : « C'est une idée judicieuse. Je la prendrai en considération lorsque j'arrêterai ma décision finale. »

Par cette attitude, elle lui fait comprendre qu'elle lui sait gré de son concours, mais qu'elle veut encore se donner le temps de la réflexion. Il ne se laissera pas aller ainsi à de faux espoirs et ne tombera pas de haut lorsqu'elle optera pour une autre solution que la sienne.

Les hommes savent d'instinct comment éviter à quelqu'un de perdre la face, mais les femmes l'ignorent souvent.

Quand une femme sollicite les conseils d'un homme, il le prend comme un compliment. Il suppose qu'elle s'adresse à lui parce qu'elle le juge expert en la matière. Non sans une certaine fierté, il coiffe alors sa casquette de Monsieur réponse-à-tout et lui propose une solution. Deux cas de figure se présentent alors. Soit cette solution lui convient et elle lui en est reconnaissante, soit elle ne partage pas son opinion ou n'envisage pas d'en tenir compte.

Dans ce dernier cas, un autre homme aiderait Monsieur réponse-à-tout à sauver la face. Il éviterait par exemple de se perdre dans de grandes explications pour justifier sa décision et décréterait sans plus de formalités : « C'est une bonne idée, merci. » Grâce à cette petite réplique, il montrerait à son employé qu'il apprécie ses conseils et, au lieu de l'informer clairement qu'ils resteront lettre morte, se contenterait de le sous-entendre.

Lorsqu'il fait appel à quelqu'un, un homme souligne souvent par le ton de sa voix et par son attitude qu'il ne recherche rien d'autre qu'un simple avis. Il déclarera par exemple : « J'en ai parlé à plusieurs spécialistes et je me demandais ce que vous en pensiez », ou « J'aimerais vous soumettre quelques idées. Que feriez-vous dans telle ou telle situation ? » De la sorte, il n'infligera pas une douche froide à Monsieur réponse-à-tout au cas où il ignorerait ensuite ses remarques.

Un homme en quête d'assistance donnera ainsi l'impression d'une manière ou d'une autre qu'il sait déjà quelle voie suivre mais qu'il aimerait un petit coup de pouce ou un point de vue différent du sien avant de se décider une bonne fois pour toutes.

À moins d'être prêt à faire ce qu'on lui suggère, il ne dira jamais : « À votre avis, que devrais-je faire ? » Mais une femme n'en a pas conscience. Elle exaspérera un collègue sans s'en apercevoir en ne tenant pas compte de ses suggestions.

En réalité, un homme ne se sent pas contrarié simplement parce qu'une femme ne se conforme pas à ses recommandations. Son agacement vient de ce qu'elle l'érige en spécialiste mais ne le traite pas comme tel. Si vous faisiez traverser un continent à un conseiller en marketing pour qu'il vienne visiter votre entreprise, et que vous le payiez dix fois plus cher que les autres, vous essayeriez au moins d'appliquer ses suggestions avant de supposer savoir mieux que lui comment gérer votre affaire. En aucun cas vous ne présumeriez être plus qualifié que lui. Un homme n'exige pas en général qu'on le traite avec plus d'égards qu'il n'en mérite, mais si vous commencez à le placer sur un piédestal, il prendra mal que vous l'en fassiez dégringoler ensuite.

Une femme n'est pas tenue pour autant d'observer à la virgule près toutes les instructions que lui donne un homme. Elle doit avant tout veiller à ne pas le valoriser en se dénigrant elle-même. Affirmer à un homme : « Je ne sais pas quoi faire » et se permettre ensuite de trouver à redire à ses solutions revient à l'insulter. En effet, en se déclarant incapable de venir à bout d'un problème, puis en rejetant ses conseils, une femme lui fait comprendre qu'il est encore plus incompétent qu'elle.

En examinant le tableau ci-dessous, vous verrez en quoi les commentaires d'une femme peuvent s'avérer offensants. La première colonne détaille ce qu'elle ne doit pas dire, la deuxième indique comment le préparer à une éventuelle réaction négative et la troisième comment l'aider à sauver la face lorsqu'elle décide de ne pas l'écouter.

Ce qu'il ne faut pas dire :	**Le moyen de demander un soutien :**	**Le moyen d'aider un homme à garder la tête haute lorsque vous n'êtes pas d'accord avec lui :**
Je ne sais vraiment pas quoi faire. Qu'en penses-tu ?	Ce problème est délicat. Que ferais-tu à ma place ?	Merci, je me sens mieux. Tes conseils m'ont été très utiles pour me décider.
Je ne vois vraiment pas comment me sortir de cette impasse. À ton avis, que dois-je faire ?	J'ai l'impression que quelque chose m'échappe. Comment t'y prendrais-tu ?	Merci, je comprends mieux. J'ai l'impression d'avoir fait un grand pas vers la solution.
Je suis si contente que tu sois là. J'ai besoin de ton aide. À ton avis, que devons-nous faire ?	Je suis bien contente que tu sois là. Que ferais-tu dans une telle situation ?	Merci de ton soutien. Je pense être en mesure de prendre la décision qui s'impose, maintenant.
Je ne m'y retrouve plus du tout. D'après toi, que devrais-je faire ?	Je passe trop de temps sur ce dossier. Que ferais-tu si... ?	Merci. Voir la situation sous un nouveau jour va m'aider à trouver d'autres idées pour résoudre ce problème.

Je ne vois vraiment pas ce que nous pourrions faire. Tu veux bien nous aider ?	Je ne viens pas à bout de ce problème. Comment aborderais-tu la situation à ma place ?	C'est une bonne idée. Je visualise beaucoup plus clairement ce que je vais faire à présent.
Je suis perdue. Que devrais-je faire à ton avis ?	Je réfléchis encore à la meilleure manière de résoudre ce problème. Que ferais-tu, toi ?	Très bonne idée. Je me sens mieux armée pour prendre ma décision maintenant.
Tout cela me dépasse. Selon toi, que dois-je faire ?	J'aimerais avoir d'autres avis. Comment réglerais-tu ce problème ?	Merci, je n'y aurais jamais pensé seule. C'est vraiment utile de comparer différents points de vue.

En relisant régulièrement les diverses idées exposées dans ce chapitre, vous pourrez vérifier si vous vous démarquez d'autrui en renvoyant une image positive de vous-même. Une meilleure compréhension de la manière dont hommes et femmes interprètent mutuellement leur comportement vous aidera et vous encouragera à vous exprimer avec plus d'assurance. Et savoir ce qui induit telle ou telle réaction chez les autres vous permettra enfin d'agir avec plus de discernement et d'atteindre vos objectifs personnels dans le monde du travail.

CHAPITRE 12

Marquer des points sur son lieu de travail

Un homme remporte un succès dans le milieu professionnel quand il fait la preuve de sa compétence et de son talent. S'il prend des risques et qu'ils se révèlent payants, son compte est crédité ; en cas d'échec, son compte est débité. Quand il traite une affaire, met sur pied un plan d'action efficace, atteint ses objectifs, gagne de l'argent, termine un projet ou surmonte un défi, il marque plus ou moins de points en fonction des enjeux initiaux et des résultats obtenus. Une réalisation ou une déconvenue mineures lui apportent ou lui enlèvent peu de points. Les hommes se mesurent ainsi la hauteur de leurs performances et de leurs accomplissements.

Les Vénusiennes tiennent une tout autre comptabilité : elles réussissent quand elles démontrent qu'elles sont capables de prévenance, de considération et de dévouement. Le succès se définit par la constance à afficher sa sollicitude et non par l'importance du geste accompli. Seuls priment la qualité, l'investissement réel que vous mettez dans une relation. Les Vénusiennes voient leurs efforts récompensés même s'ils n'aboutissent pas ; la pensée, l'intention qui sous-tendent une action l'emportent sur son issue. Les performances et les accomplissements ne figurent pas parmi leurs priorités.

Sur Vénus, la qualité des rapports professionnels détermine le degré d'estime et d'admiration accordé.

Un homme doit se familiariser avec ce système d'attribution du mérite s'il désire établir des relations harmonieuses avec ses collègues féminines. Elles n'octroient qu'un seul point à toute expression de sollicitude quelle que soit la forme qu'elle prend. Concrètement, un homme aura tout intérêt à multiplier les petites attentions au lieu de se limiter à un grand service occasionnel. Même si son geste a un fort retentissement, il n'obtiendra qu'un seul point. En reléguant les rapports humains au second plan, il peut très facilement perdre jusqu'à dix points.

Les femmes n'octroient qu'un seul point à toute expression de sollicitude quelle que soit la forme qu'elle prend.

Il arrive très souvent qu'un chef de service embauché pour accroître la rentabilité se mette à dos ses employées, qui refuseront alors tout net de travailler sous ses ordres et préfèreront même dans certains cas démissionner. Bien qu'il donne à l'entreprise les moyens d'améliorer les rendements, en ne marquant pas de points auprès des femmes, il crée des tensions qui freinent la productivité et augmentent l'insatisfaction. Les hommes qui sont appelés à côtoyer des femmes sur leur lieu de travail gagneront plus à instaurer avec elles des relations fondées sur le respect et la prévenance.

Dans la vente, quand vous avez affaire à une femme, un bon contact prévaut sur tout autre considération. Prenons un exemple :

Larry est représentant en produits de parapharmacie. Les articles qu'il propose sont de bonne qualité mais ne se distinguent pas de ceux de ses concurrents. En rendez-vous avec Jackie, la responsable des achats pour un institut de remise en forme, il choisit de mettre l'accent sur les rapports humains plutôt que d'attaquer directement sur les mérites de ses produits. À la fois dynamique et positif, il lui témoigne un réel intérêt et ne se montre à aucun moment pressant. Il lui pose de nombreuses questions qui lui permettent d'en apprendre un peu plus sur elle. Chaque fois qu'il acquiesce à ses propos ou lui prouve qu'il est en accord avec elle, il marque des points.

Jackie ne désire pas vraiment changer de fournisseur, mais apprécie qu'il s'intéresse à ses besoins et à sa propre expérience avec ses produits au lieu de chercher à placer les siens à tout prix. Au cours de la conversation, elle demande une précision qu'il ne peut apporter. Le jour suivant, il la rappelle et lui laisse la réponse sur son répondeur. Il retourne la voir quelque temps après et, au lieu d'entrer immédiatement dans le vif du sujet, bavarde un peu et l'interroge sur les vacances de ses enfants. Ayant remarqué sa nouvelle coiffure, il lui en fait l'observation et en profite pour la complimenter. Tous ces détails lui confèrent des points supplémentaires.

Depuis, Jackie s'arrange pour le rencontrer à chacune de ses visites. Elle a fini par lui commander des produits, le préférant aux autres représentants parce qu'ils ont établi un vrai rapport de confiance. Même quand elle est débordée, elle prend le temps de venir le saluer.

Un homme qui sous-estime la valeur qu'une femme accorde aux menus propos et aux petites marques d'attention se concentre uniquement sur les moyens de résoudre ses difficultés ou de lui offrir le meilleur produit au prix le plus compétitif. Gestes auxquels elle est sensible mais qui ne vaudront jamais qu'un point à un homme. En d'autres termes, penser à la rappeler compte autant que lui fournir la clé de son problème. Lui poser des questions et se souvenir du prénom de ses enfants pèse aussi lourd dans la balance que lui faire réaliser une économie de

20 % sur une commande. En privilégiant les petits actes qui témoignent de sa considération, un homme a toutes les chances d'obtenir le score maximum auprès d'une femme.

Marquer des points sur Vénus

Un homme peut marquer des points avec ses collègues de multiples façons sans avoir pour autant à se rajouter des obligations. Il lui suffit de rediriger son énergie et son attention. Il sait déjà souvent quels gestes accomplir mais ne s'en donne pas la peine parce que sur Mars, ils n'ont que très peu de valeur. En prenant conscience de leur importance sur Vénus, il sera plus disposé à s'exécuter. D'autant qu'ils n'exigent pas d'efforts particuliers. Quel homme trouverait à redire au fait d'empocher des points sans peine ?

Comprendre cette méthode de calcul vénusienne produit un peu le même effet que découvrir un trésor enfoui là, sous ses pieds ! Sans devoir bouleverser ses habitudes, un homme a la possibilité de faire la différence au travail. Quand il accorde une attention toute particulière aux petits actes quotidiens, son pouvoir d'action s'en trouve considérablement renforcé.

Quand un homme accorde une attention toute particulière aux petits actes quotidiens, son pouvoir d'action s'en trouve considérablement renforcé.

On peut saisir en quoi ces petits actes sont essentiels et répondent au désir d'une femme d'être rassurée en les comparant aux besoins en carburant d'une voiture. Sans essence, une voiture ne peut rouler, mais quelle que soit la quantité que vous mettiez au départ, vous devrez refaire le plein une fois qu'elle aura tout consommé. De manière identique, le réservoir émotionnel d'une femme se remplit puis se vide au gré des services qu'elle rend à ceux qui l'entourent. Lorsqu'un homme lui montre par un mot, un geste, une attention, qu'il la respecte, la comprend et prend en compte ses sentiments, elle refait le plein, se sait acceptée, et ne doute plus de son soutien. Un homme qui se soumet de bonne grâce aux exigences de sa collaboratrice au lieu de les contrarier arrivera plus facilement à ses fins.

Ci-dessous figurent 101 moyens pour un homme de reconstituer les réserves émotionnelles d'une femme. Il ne s'agit pas d'un règlement à apprendre ou à appliquer au quotidien mais d'un pense-bête où sont égrainés des conseils à mettre en pratique quand les circonstances s'y prêtent. Toutes ces attentions rapporteraient également des points sur Mars, mais aux yeux d'un homme, elles passent après l'obtention de résultats.

101 FAÇONS DE MARQUER DES POINTS AUPRÈS D'UNE FEMME

1. En arrivant au bureau, saluez-la par son prénom et par une remarque amicale au lieu de lui poser tout de suite une question d'ordre professionnel.

2. Intéressez-vous à sa famille, à ses loisirs ; demandez-lui comment s'est passé son week-end.

3. Quand elle est particulièrement en beauté, faites-lui un compliment sans aucun sous-entendu.

4. Si vous observez des changements dans son bureau ou dans son environnement de travail, faites-lui-en la remarque.

5. Adressez-vous toujours à elle en l'appelant par son prénom, mémorisez celui de son mari, de son petit ami ou de ses enfants.

6. Sachez que les femmes sont souvent plus sensibles à leur cadre de travail. Contribuez à le rendre plus agréable en amenant des fleurs par exemple.

7. Proposez votre aide chaque fois qu'elle déplace des objets lourds.

8. Si elle paraît stressée et débordée, compatissez en lançant : « On n'a pas une minute ! » ou « Dure journée ! »

9. Quand elle sort de chez le coiffeur, complimentez-la.

10. Pensez à lui faire des remarques appréciatives sur son travail.

11. Posez-lui des questions précises qui indiquent que vous savez sur quoi elle travaille.

12. Envoyez-lui un e-mail ou un article de journal en rapport avec un projet ou un intérêt personnel.

13. Si elle a l'air fatigué, offrez de lui apporter un verre d'eau ou suggérez-lui avec tact de faire une pause. Les femmes apprécient particulièrement que l'on remarque quand elles sont surmenées ou tendues.

14. Préférez les questions ouvertes. Au lieu de : « As-tu terminé le projet ? » choisissez : « Comment t'en sors-tu avec le projet ? »

15. Efforcez-vous de ne pas monopoliser la parole, exercez-vous à l'écouter patiemment et à lui poser des questions avant d'intervenir.

16. Quand elle se rabaisse et minimise l'importance de ce qu'elle a accompli, redonnez-lui confiance en elle en énumérant ses mérites.

17. Résistez à la tentation de proposer une solution à ses problèmes, adoptez une attitude compréhensive et informez-vous de ses projets. Ne présumez pas qu'elle sollicite vos conseils !

18. Organisez de temps en temps des petites réunions informelles pour faire le point. Que vous soyez son supérieur, son collègue ou son employé, n'oubliez pas de lui demander comment vous pouvez lui apporter votre aide et astreignez-vous à lui prêter une oreille attentive et à ne pas l'interrompre pour vous justifier. Laissez-lui le temps de s'exprimer.

19. Quand elle parle, évitez de regarder votre montre. Si c'est vraiment indispensable, restez discret et si vous voulez écourter la conversation, ne tournez pas autour du pot mais annoncez-le-lui franchement. Excusez-vous en lui disant, par exemple : « Je suis en retard pour un rendez-vous. Nous finirons plus tard, si tu n'y vois pas d'inconvénient. »

20. Surprenez-la en lui rendant un service sans qu'elle vous en ait fait la demande. Les femmes sont toujours très touchées quand on leur donne un petit coup de main inattendu. Comme remettre du papier dans son imprimante, juste pour lui faire plaisir.

21. Rapportez-lui un souvenir de vacances ou envoyez-lui une carte postale. Elle aura l'impression que vous lui faites une place dans votre vie.

22. Montrez-lui des photos qui revêtent une signification particulière à vos yeux. Ce peut être des photos de vos vacances ou de vos enfants prises lors d'une occasion spéciale.

23. Posez des questions sur ses enfants, leurs résultats à l'école ou leurs activités extrascolaires.

24. Partagez avec elle des moments importants de votre vie ou de celle de vos enfants.

25. Invitez-la à dîner chez vous et présentez-lui votre femme.

26. Dans un groupe, incitez-la à prendre part à la conversation. Faites-la sortir de sa réserve en lui demandant son avis.

27. Appelez-la pour l'aviser que vous serez en retard à un rendez-vous.

28. Si elle est venue en voyage d'affaires pour quelques jours, indiquez-lui les monuments à visiter ou recommandez-lui des restaurants. Si elle ne sollicite aucune assistance, n'en déduisez pas pour autant qu'elle n'appréciera pas vos suggestions.

29. N'hésitez pas à employer des superlatifs pour lui faire des compliments personnels ou professionnels. À « bon travail », préférez : « excellent travail » !

30. Quand elle vous soumet une requête, plutôt que de lui répondre : « pas de problème » optez pour : « avec plaisir ». Ajouter une touche personnelle dénote une plus grande considération.

31. Prévenez-la à l'avance si vous comptez vous absenter. Elle pourra s'organiser et vous faire remplacer au besoin. Un homme monte dans l'estime d'une femme s'il se donne la peine de l'informer d'un changement pour qu'elle puisse prendre ses dispositions.

32. Si vous devez déranger des dossiers ou des papiers, rassurez-la en lui disant que vous remettrez tout en ordre et faites-le vraiment.

33. Si vous modifiez un projet, incluez-la dans les décisions pour qu'elle n'ait pas l'impression que vous agissez dans son dos.

34. Quand vous vous réfugiez dans votre caverne, gardez à l'esprit qu'elle peut se sentir exclue et rejetée. Efforcez-vous alors de vous montrer plus amical et pensez bien à la saluer en arrivant et en partant.

35. Si vous travaillez dans une entreprise où les rôles sont clairement définis, offrez-lui de temps en temps de la décharger d'une de ses obligations. Quand elle a l'air à bout, saisissez l'occasion de lui prouver qu'elle n'est pas seule.

36. Si elle vous demande un service qui ne prendra que quelques minutes, exécutez-vous tout de suite. Même s'il n'a rien d'urgent ou de prioritaire, elle verra que vous lui accordez de l'importance.

37. Si elle ne fait pas de pause déjeuner, proposez de lui ramener une salade ou un sandwich.

38. Invitez-la à déjeuner seule ou avec votre groupe d'amis.

39. Dans un contexte informel, complimentez-la sur son apparence, mais dans une réunion de travail, ne faites pas allusion à son physique. Présentez-la à vos collaborateurs de façon martienne, en vous en tenant à ses références et à ses compétences.

40. Tournez vos propres erreurs en dérision. Assurez-vous que vos plaisanteries n'ont aucun caractère sexuel ou humiliant pour ceux qui vous écoutent.

41. Si elle commet une bévue, rassurez-la. Si elle s'inquiète de ne pas pouvoir boucler un projet, réconfortez-la en affichant une pleine confiance dans ses capacités.

42. Reconnaissez la légitimité de ses sentiments. Quand elle est excédée et se plaint que « c'est trop difficile », répondez-lui quelque chose comme : « La journée a été longue » plutôt que : « C'est ça le travail. Personne n'a jamais prétendu que c'était une sinécure. »

43. Remarquez quand elle est fatiguée, occupée ou débordée et suggérez de déplacer votre rendez-vous en disant simplement : « Je vois que le moment est mal choisi. Je te rappellerai pour qu'on fixe une autre date. »

44. Arrangez-vous pour qu'il y ait un temps de battement entre deux projets. Ainsi, en cas d'imprévu, elle pourra gérer tous les problèmes sans être soumise à une trop forte pression.

45. Si elle vous demande de l'aide, ne perdez pas de vue que c'est une démarche difficile sur sa planète. Elle a peut-être longuement hésité avant de vous solliciter, alors, dans la mesure du possible, acquiescez sans chercher à vous assurer auparavant que votre concours est bien indispensable.

46. Quand elle se plaint, ne lui coupez pas la parole. Avant de vous expliquer, prenez le temps de reformuler ses propos sur un ton positif. Elle saura qu'elle est entendue et que vous êtes digne de confiance.

47. Si vous avez prévu de partir plus tôt, signalez-le-lui. Les femmes n'aiment pas que les hommes disparaissent sans un mot.

48. Si vous allez vous chercher un verre d'eau ou un café, proposez de lui rapporter ce qu'elle désire.

49. Quand elle parle, faites-lui face et ne réfléchissez pas à autre chose pendant ce temps. Évitez de laisser votre regard vagabonder.

50. Regardez-la dans les yeux chaque fois que vous lui adressez la parole ou lui serrez la main. Ne la fixez pas mais regardez toujours dans sa direction. Les hommes qui détournent le regard perdent l'occasion de marquer facilement un point.

51. Questionnez-la sur ce qui lui reste à faire. Les femmes éprouvent un réel soulagement rien qu'en discutant des tâches à accomplir. Elles mettent ainsi de l'ordre dans leurs idées et maîtrisent le stress. Réfrénez-vous et ne lui donnez pas de conseils. Si vous pensez lui être d'une aide quelconque, attendez pour le lui annoncer qu'elle ait fini de parler.

52. Si vous devez sortir pour une livraison ou une course, voyez si vous pouvez lui rapporter quoi que ce soit. Vous contribuerez à instaurer un esprit de partage et de coopération.

53. Enquerrez-vous de sa santé. Si elle a été souffrante, pensez à lui demander de ses nouvelles. Si elle est en congé maladie, appelez-la pour savoir comment elle va et donnez-lui une de vos astuces pour guérir plus vite.

54. Ne l'accablez pas avec vos soucis même si les femmes aiment partager leur petits tracas. Si vous évoquez vos difficultés, elle risque ensuite de s'inquiéter à votre sujet.

55. Ne la mettez pas dans une position délicate en critiquant une de ses amies devant elle ou en lui rapportant des rumeurs sur une autre et en lui enjoignant de garder le silence.

56. Ne soyez pas trop exigeant. Même si elle s'exécute avec le sourire, elle pourrait vous en vouloir de trop lui en demander.

57. Les femmes accordent de l'importance à la tenue

vestimentaire. Bien qu'elles soient plus indulgentes à l'égard des hommes, si vous voulez faire bonne impression lors d'une réunion, habillez-vous avec un soin tout particulier. Elle appréciera que vous jugiez son avis suffisamment important pour faire des efforts.

58. Louez ses réalisations devant ses collègues.

59. Répondez à chacune de ses marques de sollicitude.

60. Soyez constant dans vos attentions. Recommandez un film, tenez la porte, envoyez des articles intéressants par e-mail, apportez une fois par semaine des pâtisseries – sans trop de calories, cela va de soi ! –, laissez toujours le lavabo impeccable... chaque détail compte ! Bref, imprimez votre marque et faites qu'elle soit synonyme de considération.

61. Adaptez-vous si une femme a besoin de plus de temps pour aborder en détail une question avec vous. Pensez à long terme : si elle se sent entendue et sait qu'elle peut compter sur vous, elle sera plus encline à vous soutenir à son tour.

62. Si vous êtes en réunion ou en déplacement, instaurez des pauses à intervalles réguliers pour que chacun puisse se rafraîchir sans impliquer que vous le faites pour elle.

63. Soyez flexible quand vous établissez les emplois du temps : prévoyez d'éventuelles urgences familiales. Chaque fois que possible, privilégiez un point d'équilibre entre vie professionnelle et vie privée.

64. Formulez toujours vos requêtes poliment en employant « voudrais-tu » ou « voudrais-tu, s'il te plaît » sans économiser vos « merci ».

65. Si elle est en voyage d'affaires, demandez à l'hôtel de disposer dans sa chambre un mot de bienvenue, une corbeille de fruits ou des fleurs.

66. Souvenez-vous de son anniversaire et offrez-lui une carte ou un petit cadeau, ou bien invitez-la à déjeuner.

67. Quand vous partez ensemble en déplacement, proposez-lui de conduire mais ne partez pas du principe qu'elle voudra que vous vous en chargiez. Si elle souhaite prendre le volant, ne vous y opposez pas.

68. Sur la route, efforcez-vous de lui rendre le voyage le plus agréable possible. Un homme ne se gênera pas pour prier un autre de ralentir, mais une femme répugnera à avoir l'air trop anxieux. Si vous êtes un conducteur prévenant, elle ne doutera pas que vous affichiez la même prévenance au travail.

69. Si vous sentez que vous perdez le contrôle, arrêtez de parler, prenez plusieurs inspirations profondes et buvez un verre d'eau. Elle aura conscience que vous faites l'effort de vous maîtriser et vous en sera reconnaissante.

70. Soyez à l'écoute de ce qu'elle ressent.

71. Quand vous êtes perdu, arrêtez-vous pour demander votre chemin.

72. Si vous prenez des engagements, respectez-les. Après une réunion, envoyez-lui une note récapitulative de tout ce dont vous avez convenu.

73. Si vous lui laissez des messages manuscrits, appliquez-vous pour qu'elle ne perde pas de temps à déchiffrer votre écriture. Un mot lisible est plus qu'appréciable...

74. Levez-vous pour l'accueillir et lui serrer la main.

75. Faites les présentations chaque fois qu'un collègue se joint à votre discussion.

76. Présentez-la par son nom et ses titres/sa fonction. Décrivez son rôle dans l'entreprise ou sa participation à un projet en termes élogieux.

77. Si elle engage la conversation, montrez-vous ouvert et participez.

78. Au téléphone ou en personne, marquez votre intérêt par des interjections appréciatives.

79. Dans une réunion, prenez le temps de souligner l'importance de sa participation.

80. Félicitez-la chaque fois qu'elle le mérite. Si elle a tendance à rester en retrait, mettez-la en avant en faisant l'éloge de son talent.

81. Si elle a posé des photos de sa famille sur son bureau, questionnez-la à ce sujet.
82. Quand elle éternue, pensez à lui dire « À tes souhaits ».
83. Si elle renverse un verre d'eau, ayez le réflexe d'aller chercher une serviette pour l'aider à éponger.
84. Si elle est enrhumée, tenez des mouchoirs à sa disposition ou proposez-lui un thé chaud.
85. Quand une conversation menace de dégénérer, abrégez-la avec tact en expliquant par exemple que vous avez besoin de faire le point avant d'aborder de nouveau le sujet.
86. Riez ou souriez à ses blagues au lieu de réfléchir à autre chose ou d'avoir le regard perdu dans le vide.
87. Avant de passer à un nouveau sujet, assurez-vous qu'elle a bien terminé en faisant une transition : « Si tu as fini, je voudrais qu'on examine... »
88. Quand elle entre dans la pièce, regardez-la ou adressez-lui un signe pour qu'elle ne se sente pas ignorée. Si elle paraît contrariée, demandez-lui ce qui ne va pas. Vous obtiendrez un point de bonus si vous lui montrez que vous vous efforcez de cerner la source de son irritation et lancez : « Une réunion difficile ? »
89. Si elle vous téléphone et que vous êtes occupé, proposez de la rappeler plutôt que le contraire.
90. Répondez à ses messages dans les meilleurs délais. Rappeler son interlocuteur fait toujours bonne impression sur Vénus.
91. Si elle semble tendue ou ennuyée, essayez de savoir pourquoi. Glissez-lui « Tout va bien ? » pour l'inciter à se confier.
92. Quand vous êtes en colère ou insatisfait, évitez les questions inquisitrices. Prenez le temps de relâcher la pression et ensuite priez-la de vous aider à mieux comprendre la situation. Si vous requérez son aide, elle n'aura pas l'impression que vous l'agressez.
93. Quand vous répartissez les tâches dans le cadre d'un

projet collectif, donnez-lui la possibilité d'exprimer ses préférences. Expliquez-lui comment vous envisagez de procéder, demandez-lui son avis et tenez compte de ses suggestions.

94. Si elle a été absente, faites-lui comprendre à son retour qu'elle est indispensable au bon fonctionnement du service et laissez entendre qu'elle vous a manqué.

95. Fêtez l'aboutissement de chaque projet – petit ou grand. Tout le monde aime célébrer un succès ou féliciter des collègues méritants. Distribuez des prix, des diplômes, des petits présents.

96. À l'occasion d'une conférence, prenez une photo d'elle et de vous avec le reste du groupe et envoyez-lui-en un double.

97. Anticipez ses demandes et proposez votre aide avant qu'elle la sollicite.

98. Réitérez ces marques d'attention aussi souvent que possible. Ne vous contentez pas d'un service occasionnel.

99. Excusez-vous quand vous commettez une erreur.

100. Endossez la responsabilité de chacun de vos actes.

101. Si vous êtes marié et avez des enfants, gardez toujours une photo d'eux avec vous, sur votre bureau ou au mur. En déplacement, conservez-la dans votre portefeuille pour pouvoir la montrer à votre collaboratrice. Un homme attentionné envers sa femme remporte tous les suffrages.

Cette liste reprend, en condensé, tous les concepts développés dans *Mars et Vénus au travail*. En se souvenant d'accomplir ces petits gestes, un homme créera un environnement de travail respectueux des besoins de chacun et se donnera la possibilité de réaliser ses ambitions.

Marquer des points sur Mars

Un homme n'est pas insensible à ces gestes de sollicitude, mais n'a pas toujours conscience qu'une femme fait preuve de prévenance à son égard. Ainsi, il appréciera sans aucun doute que sa collaboratrice s'enquiert de savoir ce qu'il pense, mais si elle ne le fait pas, il ne s'en rendra pas forcément compte et lui donnera quand même son avis. Les attentions qu'elle lui prodigue passent parfois inaperçues. En effet, sur Mars, les petits signes d'intérêt sont certes jugés plaisants, mais comptent beaucoup moins que les grandes démonstrations de force.

En outre, quand un homme est tendu, il ne remarquera pas ces témoignages de soutien. Une femme risque donc de n'obtenir aucun point si elle se focalise sur les petites attentions. En revanche, sa cote grimpera en flèche si elle consacre son énergie aux grandes réalisations : gagner de l'argent et du temps, résoudre les problèmes majeurs et réfléchir aux moyens d'améliorer la productivité.

La cote d'une femme grimpera en flèche si elle consacre son énergie aux grandes réalisations et s'emploie à rapporter de l'argent à l'entreprise.

Elle sera créditée d'autant plus de points qu'elle s'efforcera de privilégier l'efficacité et les rendements. En venant à bout de difficultés de second ordre, elle ne connaîtra qu'un succès d'estime. Sur Mars, en dernier ressort, une femme est évaluée sur ses résultats et leur impact sur le chiffre d'affaires. Quand elle atteint ses objectifs et s'attribue le mérite de ses accomplissements, elle rafle la mise.

Si réaliser des profits revient à faire un coup d'éclat, les actes en apparence anodins permettent parfois de prendre l'avantage. Quand deux employés sont en concurrence pour une promotion, à compétence égale, ce sont les petits points supplémentaires qu'ils ont engrangés qui les départageront. La plupart des matchs ne se gagne que sur un faible écart de points. Le score au basket est souvent très serré jusqu'à ce qu'à la dernière minute une équipe l'emporte d'une très courte tête.

C'est sur ce terrain que les femmes ont la possibilité d'afficher leur supériorité. En situation de stress, elles se rappellent plus facilement des petites choses alors que les hommes les oublient. Si elles ont saisi comment remporter des points avec les hommes, elles réussiront à les mener à la marque en se souvenant d'effectuer les petits gestes synonymes de bonus. Quand la balance ne penche ni d'un côté ni de l'autre, c'est ce qui fera la différence.

Obtenir un bonus s'avère des plus compliqué. Car si les hommes attribuent des points, ils en retirent également. C'est le même principe que pour les sports de compétition. Au football américain, au base-ball ou au basket, une seule faute ou une pénalité peuvent vous faire perdre plusieurs mètres ou vous coûter le ballon. Sur son lieu de travail, une femme risque d'être déstabilisée et d'éprouver un sentiment d'injustice si elle n'a pas connaissance des pénalités infligées par les hommes.

Comprendre pourquoi les hommes retirent des points sur Mars est tout aussi important que savoir comment ils les attribuent.

Ainsi, une femme peut s'acquitter avec brio d'une tâche mais se retrouver pénalisée si elle se plaint des difficultés rencontrées. Un homme lui accordera un excellent score si elle se distingue par son efficacité mais remettra son compteur à zéro si elle réagit mal à l'une de ses remarques.

La liste qui suit effectue un survol complet de la comptabilisation des points sur Mars en insistant sur les erreurs à ne pas commettre. Gardez à l'esprit qu'appliquer ces conseils ne se traduira pas par un gain systématique de points. N'oubliez pas qu'un homme stressé ne prêtera pas toujours attention à vos actes de sollicitude mais ne manquera pas de noter vos impairs. Voilà pourquoi il est impératif de passer en revue les comportements à proscrire sur Mars.

Encore une fois, les suggestions énoncées ci-dessous se révéleront plus ou moins efficaces ou nécessaires en fonction des hommes. En les parcourant, vous constaterez à quel point vous nuisez à vos chances de succès quand vous offrez à un homme le type de réconfort que désire une femme.

Cette liste, si elle est mal interprétée, a de quoi décourager une Vénusienne. La plupart de ses bévues lui ôteront 5 à 10 points sur Mars : elle pourrait avoir l'impression que prendre le dessus sur un homme relève du défi impossible et qu'elle n'a pas le droit à l'erreur. Il lui faut pourtant se souvenir que les pénalités distribuées viennent compenser la propension des Martiens à se montrer prodigue avec une femme dès qu'elle accomplit la tâche qui lui était impartie. Ainsi, elle récoltera jusqu'à 100 points si elle lui soumet une idée intéressante ou mène un projet à bien.

101 FAÇONS DE MARQUER DES POINTS AUPRÈS DES HOMMES

1. Allez droit au but quand vous faites une suggestion. Évitez de trop évoquer les difficultés. Rappelez-vous que les hommes les assimilent à des récriminations.

2. Ne vous plaignez d'une situation que lorsque vous avez une solution de rechange. Ne vous appesantissez pas sur un problème et venez-en rapidement à vos propositions. Plus vous passez de temps à vous plaindre, plus vous perdez de points. Plus votre solution est bonne, plus vous en marquez.

3. Quand des conflits surgissent, acceptez vos divergences et n'en faites pas une affaire personnelle. Vous offusquer ou vous énerver vous coûterait des points. Plus vous vous emportez, plus vous êtes pénalisée.

4. Si un homme oublie d'effectuer une tâche, montrez-vous tolérante et vous remporterez des points. Plus son omission a des conséquences fâcheuses, plus vous gagnerez de points en demeurant magnanime et en ne le sanctionnant pas. Ainsi vous pourrez obtenir jusqu'à 20 points si vous ne faites aucune remarque quand une livraison a du retard.

5. Après avoir sollicité ses conseils, veillez à ne pas les critiquer ou à lui expliquer par a+b pourquoi vous ne les suivrez pas. Si vous lui permettez de garder la tête haute, vous serez généreusement récompensée. Quand son raisonnement manque de clarté et de force, vous récoltez encore plus de points en ne le lui signalant pas.

6. Donnez des conseils si on vous en fait la demande ou si vous savez qu'ils seront bien accueillis. Des conseils non sollicités – même avisés – vous font perdre des points.

7. Félicitez-le chaque fois qu'il le mérite. Si ses collègues ont négligé d'applaudir à ses succès, ou s'il a vraiment besoin de reconnaissance, il vous accordera beaucoup plus qu'un point. Par contre, s'il est stressé, il ne remarquera pas vos efforts.

8. Quand vous mettez en avant votre travail, ne mentionnez que les résultas obtenus, non les difficultés surmontées ou les sacrifices consentis. Vous risqueriez de vous voir retirer plus de points que ceux attribués pour votre réussite.

9. Soyez directe dans vos demandes. N'évoquez pas un problème en attendant qu'il vous offre son soutien. Un homme se sent manipulé quand une femme use de détours. Il a l'impression qu'il lui faut s'exécuter et que son avis n'est pas pris en compte. Plus il ressent la contrainte, plus il enlève de points : une femme en perdra ainsi facilement 5.

10. Quand vous présentez un projet ou un plan d'action, n'abordez pas les problèmes en détail, allez droit aux suggestions. Le temps passé à discuter des difficultés détermine généralement le nombre de points qu'on vous retire.

11. Évitez les conversations privées en présence des hommes. Ils n'aiment pas que des questions personnelles soient abordées pendant les horaires de bureau. Les femmes qui mélangent vie privée et vie professionnelle se voient automatiquement décompter des points.

12. Participez quand vos collègues parlent sport. Prenez le temps de comprendre les règles et les enjeux mais n'essayez pas de les battre sur ce terrain-là. Prouvez votre compétence dans des domaines qui influeront sur le chiffre d'affaires.

13. Complimentez-le quand il a fait un effort visible pour soigner son apparence. Mais s'il s'est réfugié dans sa caverne et que vous l'interrompez, il risque de vous enlever un point.

14. S'il s'achète une nouvelle voiture ou discute des derniers modèles, intéressez-vous à la conversation. Ne dénigrez pas ses passe-temps ou ses centres d'intérêt.

15. Choisissez des vêtements dans lesquels vous êtes à l'aise et qui vous mettent en valeur. Les minijupes et les pulls moulants sont tout à fait acceptables si vous vous sentez bien en les portant. Mais ne les utilisez pas pour obtenir plus de points. Si vous êtes perçue comme un objet sexuel, cela se retournera contre vous et vous serez sérieusement pénalisée.

16. N'abusez pas du maquillage. Les hommes en général y sont allergiques et vous ôteront d'emblée un point. Si en revanche vous maquiller vous donne confiance en vous, alors n'hésitez pas : les points que vous gagnerez en arborant une forte assurance compenseront largement celui que l'on vous retirera.

17. S'il grogne, accordez-lui plus d'espace au lieu de lui taper amicalement dans le dos. Évitez tout geste de sollicitude maternelle. Offrir sa compassion est rédhibitoire : il vous décomptera plus ou moins de points suivant son degré d'irritation.

18. Montrez-vous toujours optimiste sur ses chances de réussite. Sauf s'il s'enquiert de votre avis, n'exprimez pas vos craintes et vos doutes. Restez positive, souhaitez-lui bonne chance et vous pourrez comptabiliser 5 points.

19. Remerciez-le des services qu'il vous a rendus. Ne vous répandez pas en effusions, mais ne passez pas non plus son aide sous silence.

20. S'il vous propose son assistance, acceptez-la et soulignez que vous appréciez. Quand il se rend utile et qu'on lui témoigne de la reconnaissance, les liens se renforcent.

21. Relativisez ses erreurs. Quand il commet une bévue et que vous n'en faites pas toute une histoire, il se sent soutenu. Plus la faute est grave, plus il vous attribue de points quand vous ne vous en formalisez pas.

22. En public, soyez sa meilleure alliée. Si vous voulez porter une inexactitude à son attention ou suggérer une rectification, attendez de vous retrouver seule avec lui. Suivant qui assiste à cette mise au point, il éprouvera plus ou moins d'embarras et vous pénalisera en conséquence.

23. Quand vous allez cherchez un verre d'eau, proposez de lui en ramener un.

24. S'il est pressé, abstenez-vous d'évoquer vos problèmes personnels. Vous ne marquerez peut-être pas de points mais vous aurez au moins l'assurance de ne pas perdre gros.

25. Faites preuve de compréhension quand il se terre dans sa caverne. Laissez-le en paix : toute intervention intempestive sera sanctionnée.

26. En réunion, interrompez-le avec diplomatie. Ne lâchez pas brutalement : « Je peux dire quelque chose ? » évitez de provoquer des remous et objectez plus aimablement : « Je suis tout a fait d'accord, mais... »

27. Adoptez un ton détendu et confiant pour discuter

des difficultés d'un projet. Laisser percer son accablement rebute un homme. Plus une femme paraît submergée, plus elle perd de points.

28. Concentrez-vous sur les dossiers en cours et résistez au besoin de manifester vos émotions. Cloisonnez vie privée et vie professionnelle.

29. Bannissez les questions rhétoriques prononcées sur le ton du reproche ou de la colère. Elles vous coûtent entre 10 et 20 points.

30. Quand vous réclamez de l'aide, ne laissez pas vos sentiments interférer et efforcez-vous de formuler clairement votre requête. Justifiez-vous uniquement si l'on vous y invite.

31. Dites non sans détour. Un homme déteste qu'une femme s'évertue à lui prouver qu'elle est débordée pour ne pas accéder à sa demande. Un simple « Je ne peux pas » lui suffit. S'il veut davantage de précisions, il vous en réclamera. Plus vous vous perdez en explications et citez vos problèmes à l'appui, plus il vous retire de points.

32. Vous obtenez un point chaque fois que vous ne vous formalisez pas de son humour. Si vous ne riez pas à ses plaisanteries, vous marquez des points en ne les tournant pas en dérision ou en n'affichant pas une moue réprobatrice. Quand vous les critiquez, vous êtes pénalisée.

33. En exposant vos doléances à votre supérieur ou à votre collaborateur, restez objective et gardez-vous d'émettre des jugements de valeur comme : « Ce n'est pas juste » ou « Il ne fait pas son travail ». Préférez : « Il avait trois heures de retard. J'étais seule pour faire un travail qui nécessite deux personnes. » Plus vous demeurez calme et impartiale, plus vos arguments vous rapportent de points. Des revendications par ailleurs tout à fait légitimes seront ignorées si vous vous emportez en les présentant.

34. Si on attend trop de vous, essayez d'obtenir plus d'aide, mais ne protestez pas. Les hommes retirent des points à leurs collaboratrices quand elles perdent du temps à se plaindre d'une surcharge de travail au lieu de tout mettre en œuvre pour obtenir le soutien désiré.

35. Quand un homme vous tend sa carte, prenez le temps de l'examiner et exprimez votre approbation.

36. S'il a accroché des photos ou des diplômes au mur, posez-lui quelques questions et manifestez votre intérêt ou votre admiration.

37. Au cours de la conversation, glissez de temps à autre des remarques appréciatives.

38. Quand il effectue une présentation ou discute d'un projet, n'ayez pas l'air trop enthousiaste ou n'acquiescez pas systématiquement à ses propos. Laissez-le sentir qu'il vous gagne peu à peu à ses arguments. Trop d'empressement vous vaut des pénalités.

39. S'il échoue, soyez clémente. Donnez-lui une autre chance de faire ses preuves. Sur Mars, on vous accorde trois essais avant de vous éliminer. Comme dans n'importe quel sport, vous avez toujours la possibilité de revenir au score.

40. Ralentissez le rythme. Quand il a fini de parler, prenez le temps de lui dire que ses suggestions sont utiles avant de soulever d'autres problèmes. S'il fait des remarques constructives et que vous les ignorez, il vous retirera un point. En vous montrant sensible à ses arguments, vous pouvez en gagner 10.

41. Quand il refuse de suivre vos conseils et se fourvoie, vous récoltez un point si vous réprimez votre envie de lui dire que vous l'aviez prévenu. Votre silence aura davantage de poids et il vous sera reconnaissant de ne pas retourner le couteau dans la plaie. En revanche, si vous assénez : « Je t'avais pourtant prévenu », vous risquez de perdre 5 points.

42. S'il vous déçoit, faites preuve de compréhension et de bienveillance en déclarant : « Aucun problème » ou « Ce n'est pas grave, tu finiras demain. »

43. Arrangez-vous pour qu'il vous entende quand vous dites du bien de lui ou d'autres collaborateurs.

44. Pour donner plus de force à une remarque, ne comptez que sur vous-même, n'appelez pas des spécialistes à la rescousse. Plutôt que : « John Gray dit que tu devrais m'écouter davantage... », préférez : « J'apprécierais vraiment que tu m'écoutes davantage avant de répondre. »

45. Ne citez pas des experts pour dicter sa conduite à un homme ou tenter de l'améliorer sauf s'il en a émis le désir.

46. Ne lui demandez pas de porter un jugement subjectif sur votre travail quand vous cherchez à être rassurée. Évitez : « Est-ce que tu penses que je fais du bon travail ? » optez pour : « Est-ce que ce rapport t'a plu ? » Cette question, moins personnelle, vous permettra de ne pas perdre un point.

47. Indiquez-lui d'emblée combien de temps vous prévoyez pour la réunion. Vous remporterez un bonus si vous respectez l'ordre du jour et les délais.

48. Si vous êtes sa supérieure, réduisez vos directives au strict minimum. Plus un homme dispose de latitude, plus il vous en sait gré.

49. Chaque fois que vous lui donnez des ordres, atténuez-en le côté personnel en usant de formulations comme : « On attend de nous que... » ou « On m'a dit que nous devions... » et présentez ensuite votre requête en n'omettant pas : « Voudrais-tu... » ou « S'il te plaît... ».

50. Veillez à ne pas paraître condescendante quand vous sermonnez un homme. Par exemple, bannissez : « Tu ne m'écoutes pas » et préférez : « Laisse-moi essayer de le reformuler différemment. »

51. Saluez-le par une remarque accueillante et par son prénom quand vous arrivez le matin. Ensuite seulement, posez-lui une question d'ordre professionnel.

52. Complimentez-le sur son travail. Par exemple : « J'ai lu ton rapport. Il est vraiment excellent. »

53. S'il vient de remporter un succès dans une affaire, faites son éloge devant ses collègues.

54. Quand vous êtes assise et qu'il entre dans la pièce, levez-vous pour lui serrer la main d'égal à égal.

55. Montrez que vous vous intéressez à sa vie privée en lui posant des questions lors des pauses et non pendant le temps de travail.

56. Fermez les yeux sur ses défaillances et acceptez ses imperfections. N'attirez pas l'attention sur le fait qu'il est tendu ou fatigué. Abstenez-vous de lui lancer sur un ton empli de compassion : « Tu as l'air épuisé » ou « Qu'est-ce qui ne va pas ? »

57. Quand la tension monte, ne changez rien à votre comportement. Exprimer vos inquiétudes le mettraient sur la défensive. En restant détendue, vous lui démontrez que vous avez pleine confiance en ses capacités.

58. S'il vous fait des avances ou des remarques à caractère sexuel, mettez-y tout de suite fin en lui signifiant clairement que vous n'êtes pas intéressée sans vous montrer réprobatrice ou offensée. Plus vous en prenez ombrage, plus vous perdez de points.

59. Retenez le nom de ses équipes préférées. Chaque fois qu'elles remportent un match, félicitez-le. Leur réussite est un peu la sienne. Plus leur victoire est éclatante, plus vous marquerez de points.

60. S'il a fait l'acquisition d'une nouvelle voiture, proposez d'aller l'essayer tous ensemble. Ou du moins allez l'admirer et laissez-le en parler à loisir. Affichez le même intérêt que si une amie décrivait sa robe de mariée. Il y a dix points à la clé ! Les hommes prennent plaisir à étaler leurs biens comme les femmes aiment partager leurs secrets.

61. Ne restez pas constamment dans l'ombre quand vous le secondez, faites-lui prendre conscience de temps à autre du rôle important que vous jouez et il vous accordera les points que vous méritez.

62. Recueillez les fruits de vos efforts, n'attribuez pas vos succès à la chance ou à vos collègues. Quand vous vous mettez en avant, vous gagnez un point qui s'ajoute à tous ceux que vous valent déjà votre succès – de 50 à 100 en fonction de la taille du projet. Si vous restez en retrait, vous ne serez pas pénalisée mais n'aurez aucune chance d'obtenir le score maximum.

63. Quand les choses se compliquent, ne vous plaignez pas. Vous remportez un point simplement en vous accrochant et en faisant face.

64. S'il est en voyage d'affaires, demandez à l'hôtel de l'accueillir par un message de bienvenue, de mettre à sa disposition des magazines financiers, des journaux... de lui fournir des renseignements pratiques sur les rencontres sportives ou de lui indiquer la salle de sport la plus proche.

65. Souvenez-vous de son anniversaire, offrez-lui une carte, invitez-le à déjeuner ou organisez une grande fête en son honneur au bureau.

66. Quand vous voyagez ensemble pour affaires, proposez de conduire, ne partez pas du principe qu'il s'en chargera parce que c'est un homme. S'il prend le volant, abstenez-vous de lui donner des instructions et n'oubliez pas de le remercier de vous avoir amenée à bon port.

67. S'il a l'air perdu, ne lui suggérez pas de s'arrêter et de demander son chemin. Il l'interprétera comme le signe que vous n'avez pas confiance en lui pour atteindre votre destination.

68. S'il se perd, prenez votre mal en patience, évitez de maugréer et ne vous empressez pas ensuite de le répéter à qui veut bien l'entendre.

69. Si vous êtes hors de vous, gardez le silence, inspirez profondément et buvez un verre d'eau. En voyant que vous faites des efforts pour contenir votre colère, il vous respectera davantage. Vous lui prouverez ainsi que vous ne le tenez pas responsable de ce que vous ressentez. Quand il ne se sent pas mis en cause, il devient plus réceptif à vos arguments.

70. Ne demandez pas à un homme ce qu'il éprouve

mais ce qu'il pense. En faisant appel à son esprit logique, vous marquez un point.

71. Chaque fois qu'il a raison, dites-le-lui : il vous attribuera un point.

72. En vous exprimant, veillez à ne pas rajouter sans cesse de nouvelles informations. Rester concise rapporte des points, se disperser en enlève.

73. Si vous lui laissez un message manuscrit, numérotez les sujets abordés et écrivez avec soin.

74. Dans une réunion qui compte de nombreux participants, prenez sur vous de vous présenter : vous éviterez à celui qui préside les débats de devoir s'en charger et d'avoir à mémoriser tous les noms.

75. Quand vous présentez un homme, mentionnez toujours ses réalisations, son domaine de compétence ou son rôle dans l'entreprise.

76. Entraînez-vous à expliquer avec clarté et concision en quoi consiste votre travail sans omettre votre spécialité et vos qualifications. En vous présentant de la sorte, vous marquez d'emblée un point.

77. Quand vous bavardez lors de pauses, assurez-vous qu'il prend part à la discussion et ne se contente pas de vous écouter par pure politesse.

78. Si vous faites l'essentiel de la conversation, vous gagnerez un point en le remerciant de l'attention qu'il vous a prêté.

79. En réunion, prenez le temps de souligner sa contribution avant d'entrer dans le vif du sujet.

80. Au cours des débats, si vous êtes en désaccord avec vos collègues ou s'ils contestent le bien-fondé de votre position, défendez vos arguments de manière objective sans faire intervenir vos sentiments. Plus vous perdez le contrôle de vos émotions, plus on vous retire de points. Quel que soit le mérite de vos suggestions, elles ne seront pas prises en compte à cause de votre présentation.

81. S'il a mis des photos de sa famille sur son bureau,

posez-lui quelques questions à ce sujet et parlez brièvement de vos proches.

82. En voyages d'affaires, s'il évoque sa famille, demandez-lui de vous montrer des photos et regardez-les avec intérêt. Un homme fier de sa famille vous attribuera automatiquement un bonus.

83. S'il éternue, pensez à lui dire « À tes souhaits », mais évitez de l'assaillir de questions sur son rhume et de lui donner des conseils.

84. S'il renverse un verre d'eau, allez chercher une serviette pour éponger. Ne nettoyez pas toute seule, assurez-vous qu'il s'acquitte de sa part du travail. Si vous décrétez : « Je m'en charge », il risque de considérer que cela fait partie de vos attributions. Mieux vaut déclarer : « Laisse-moi t'aider. »

85. S'il est enrhumé, offrez-lui des mouchoirs, mais gardez-vous de lui faire de la morale. Évitez de lancer : « Si tu n'avais pas travaillé autant, tu ne serais pas tombé malade. »

86. Quand le ton monte, suggérez une pause avec diplomatie. Expliquez : « Donne-moi un délai pour y réfléchir et nous en reparlerons ensuite. » Résistez à l'envie de lui dire : « Tu es injuste » ou « Tu ne m'écoutes pas. »

87. Si vous racontez une histoire mettant en scène de nombreux personnages, n'hésitez pas à répéter leurs noms plusieurs fois. Les hommes ne retiennent pas toujours ce genre de détails.

88. S'il émet une suggestion à laquelle vous aviez déjà songé, sauvez les apparences en lui prouvant que vous en étiez venue aux mêmes conclusions. Sinon, il s'attribuera lui-même les points. En outre, si la solution était évidente et qu'il conclut que vous aviez besoin de son aide pour la trouver, il vous retirera des points.

89. Quand il se montre grincheux, ignorez-le et comportez-vous comme si de rien n'était. Il vous sera reconnaissant plus tard de n'avoir pas fait mention de sa mauvaise humeur. Plus il est grognon, plus vous remporterez de points si vous laissez passer l'orage sans ciller.

90. En effectuant un travail tout de suite, vous obtenez plus de points. Sur Mars comme sur Vénus, vous êtes pénalisée quand on vous demande de vous exécuter à plusieurs reprises. À la différence que sur Mars, vous ne perdrez pas un point pour avoir négligé d'accomplir une tâche subalterne dans la mesure où vous atteignez vos objectifs.

91. Une femme qui se voit retirer des points parce qu'elle a laissé ses émotions prendre le dessus peut tous les récupérer ou même en gagner davantage si elle s'excuse en quelques mots. Si elle se confond en explications, elle sera sévèrement pénalisée.

92. Acceptez que la plupart des hommes rechignent à ce qu'on leur dise ce qu'ils doivent faire. Ne le prenez pas personnellement. Si vous êtes sa supérieure, préparez-le en lui demandant : « Est-ce que tu as le temps de passer en revue quelques changements ? » ou « Indique-moi à quel moment tu préfères qu'on se voie. J'ai quelques modifications à te suggérer. » Vous réduirez ainsi les inévitables tensions.

93. Lors de l'assignation des tâches, exprimez clairement vos préférences. Vous récoltez des points quand vous montrez que vous savez ce que vous voulez et ensuite parvenez à un compromis raisonnable – pas en paraissant incertaine ou en vous conformant à ses désirs.

94. Quand il répartit les responsabilités, vous gagnez un point si vous vous montrez satisfaite de ce que vous obtenez.

95. S'il s'absente, faites-lui comprendre à son retour qu'il est indispensable au bon fonctionnement du service et laissez entendre qu'il vous a manqué. Attention toutefois à ne pas lui donner l'impression que vous lui reprochez son absence.

96. Fêtez l'aboutissement d'un projet capital ou de longue haleine. Tout le monde apprécie les occasions de célébrer un succès ou de féliciter des collègues méritants. Distribuez des prix, des diplômes ou des petits cadeaux. Mais gardez à l'esprit que plus les récompenses sont substantielles, plus les hommes accordent de points.

97. Quand il vient de mettre la dernière main à une réalisation particulièrement ambitieuse, offrez-lui d'immortaliser cet instant. Plus l'objectif atteint est remarquable, plus il appréciera que vous preniez une photo.

98. Au téléphone, si vous n'avez pas la réponse à sa question, ou si vous ne vous en souvenez plus, au lieu de lui faire perdre son temps, reconnaissez simplement : « Je ne possède pas cette information, je te rappellerai pour te la communiquer. »

99. Quand il n'est pas dans sa caverne, marquez de nombreux points en ne ménageant pas vos efforts pour l'aider.

100. Ne reconnaissez pas d'emblée que vous n'avez pas de solution. Affichez toujours une grande confiance. Évitez de répondre : « Je ne sais pas », préférez : « Je suis encore en train d'y réfléchir. »

101. Mettez en avant vos succès en accrochant sur les murs de votre bureau vos diplômes et vos récompenses ainsi que des photos de vous prises avec des hommes d'affaires célèbres ou lors des divers projets auxquels vous avez pris part. S'il manifeste de la curiosité, décrivez vos réussites sur le ton de l'assurance.

Cette liste à l'usage des femmes s'attache à récapituler les nombreux thèmes abordés dans *Mars et Vénus au travail*. En la consultant chaque fois qu'elles sont envahies par le désarroi, les femmes parviendront à donner un sens à leurs relations professionnelles avec les hommes. Si elles s'emploient à éviter les écueils qui leur valent des points de pénalité, elles pourront enfin être reconnues et appréciées à leur juste valeur.

Conclusion

Étudier et mettre en pratique les conseils dispensés par ce livre vous permettra très vite de mieux communiquer et d'atteindre plus facilement vos objectifs professionnels. Le simple fait de reconnaître nos différences peut nous éclairer et nous aider à comprendre le pourquoi des réactions de nos collègues. Dès lors, ce qui était pour vous cause de désarroi ou d'agacement prendra peu à peu tout son sens. Vous deviendrez plus tolérant envers les autres et envers vous-même.

Par ailleurs, cette prise de conscience de nos divergences vous permettra de déterminer avec plus de sagacité comment réagir à diverses situations. Savoir de quelle planète viennent ses collaborateurs, c'est pouvoir ajuster son comportement de manière à s'attirer le respect et la confiance que l'on mérite.

Ce guide aspire en dernier lieu à rendre le monde du travail plus agréable et plus humain, répondant en cela aux souhaits de tout un chacun. La condition préalable est qu'une plus grande entente et qu'une estime mutuelle président aux rapports entre hommes et femmes, aussi devrez-vous donner l'exemple et ouvrir la voie en montrant comment combler le fossé qui sépare les sexes.

Mais une vie professionnelle plus harmonieuse ne suffit pas. Vous n'obtiendrez aucun résultat si elle n'est pas contrebalancée par une vie privée tout aussi enrichissante. Il serait irréaliste de rechercher dans votre travail votre unique source d'épanouissement. Trouver un juste milieu entre activité professionnelle et vie personnelle est un premier pas vers la réussite et le bonheur.

Si vous vous efforcez d'atteindre cet équilibre et saisissez comment gagner l'estime du sexe opposé, vous serez en bonne voie. Tous les espoirs vous sont permis. Consulter régulièrement les passages abordant les spécificités propres aux Martiens et aux Vénusiennes vous insufflera à chaque fois une plus grande assurance en vous-même et vous inspirera de nouvelles idées.

J'ai été témoin des résultats immédiats obtenus par des milliers d'hommes et de femmes qui avaient suivi mes conseils. Quelques jours à peine après avoir participé à l'un de mes ateliers sur Mars et Vénus, ils ont pu constater qu'ils communiquaient et collaboraient mieux avec leurs collègues. Forts de leur soutien, ils sont peu à peu parvenus à réaliser leurs ambitions. Ils n'ont plus hésité à s'attaquer à des défis qui leur semblaient auparavant insurmontables. Vous pouvez vous aussi goûter au même succès à condition d'appliquer les théories exposées au fil de ces pages et de toujours vous rappeler que les hommes viennent de Mars et les femmes de Vénus.

Tout apprentissage exige du temps. Lire et mettre en pratique une seule fois les idées de *Mars et Vénus au travail* ne suffit pas. Vous les apprendrez et les désapprendrez à plusieurs reprises avant de réussir à changer votre façon de penser et de vous comporter. Bien qu'elles ne présentent aucune difficulté, elles ne sont pas aussi simples qu'elles en ont l'air et vous verrez qu'il n'est pas si facile de les mémoriser et de les mettre en œuvre. Lorsque vous les passerez en revue la deuxième fois, vous serez surpris de voir tout ce que vous avez déjà oublié.

En période de stress, nos pensées et nos réactions sont souvent motivées par nos réflexes et nos habitudes. Les hommes et les femmes adoptent instinctivement le comportement le plus apprécié sur leur planète. Pour gagner le respect et la confiance du sexe opposé sur votre lieu de travail, vous aurez à lutter contre votre instinct.

Par chance, cela s'apprend, mais un entraînement régulier s'impose.

Imaginez que vous suivez des cours de ski. Lorsque vous descendez une piste, vous devez vous pencher en avant pour pouvoir tourner. Or, cette position n'est pas celle qu'on prend d'emblée sur une pente raide. Votre corps s'y refuse au début. Seule la pratique peut venir à bout de cette réaction instinctive et faire que vous pencher en avant devienne un automatisme. Bien qu'elle ne soit pas « naturelle » pour le commun des mortels, cette posture l'est pour tout skieur.

Pour gravir les échelons de l'entreprise, hommes et femmes doivent coiffer différentes casquettes selon les moments. Il est parfois impératif de nous adapter pour répondre aux attentes du sexe opposé, de même qu'il nous est parfois possible de nous détendre et d'agir selon les règles et les mœurs en vigueur sur Mars et Vénus. Ce va-et-vient exige une certaine faculté d'adaptation et un bon équilibre nerveux. Avec le temps, vous aussi finirez par être capable de jongler avec les systèmes de valeurs propres à nos planètes respectives. Vous maîtriserez cette technique avec autant d'adresse et de naturel qu'un skieur aguerri dévale une pente.

Nous ne saurions rêver meilleur moment pour procéder à des changements positifs dans l'entreprise. Le rapprochement inéluctable entre les deux sexes nous oblige à puiser en nous les ressources nécessaires pour inventer de nouvelles relations entres hommes et femmes. En nous efforçant de témoigner à chacun le respect et le soutien qui lui sont dus, nous ferons de notre lieu de travail un endroit plus épanouissant pour nous-mêmes et les générations à venir.

La prochaine fois que vous vous sentirez contrarié ou vexé par une personne du sexe opposé, prenez le temps de réfléchir au message de *Mars et Vénus au travail*. Parcourez-en quelques pages. Votre vision de la situation s'en trouvera modifiée. En vous remémorant qu'hommes et femmes sont fondamentalement dissemblables et que c'est dans la nature des choses, vous éviterez de vous laisser aller à des jugements à l'emporte-pièce et ferez au contraire preuve de davantage de compréhension, d'acceptation et de respect à l'égard de votre interlocuteur. Et en prenant l'initiative de modifier vos habitudes au lieu d'attendre que les autres changent les leurs, vous contribuerez activement à l'instauration de rapports plus harmonieux et solidaires entre les employés.

Recommandez la lecture de ce livre à vos amis, à votre employeur et à vos collaborateurs, mais sans leur laisser entendre qu'ils auraient vraiment intérêt à le consulter. Vous leur donneriez l'impression de les critiquer et essuieriez un refus. Incitez par exemple un collègue à souligner tous les points importants qui, selon lui, instruiraient les femmes sur son comportement.

Donnez-lui ce guide en lui demandant s'il se reconnaît dans la description des Martiens. Faites-lui jeter un coup d'œil sur la liste des 101 manières dont une femme peut marquer des points auprès des hommes et voyez lesquelles lui paraissent les plus justes. Au lieu de lui suggérer qu'il aurait grand besoin de suivre les conseils qui y sont formulés – même si tel est le cas, vous ne seriez guère diplomate –, dites-lui que vous aimeriez avoir son aide pour mieux comprendre les hommes. Ceux-ci adorent être considérés comme des experts. Une fois qu'il aura commencé à prendre connaissance des idées développées dans *Mars et Vénus au travail*, il continuera plus avant, et pour son seul bénéfice cette fois.

L'avenir est entre vos mains. Merci de m'avoir permis d'apporter un changement dans votre vie. Puissiez-vous connaître une vie professionnelle plus enrichissante et rencontrer encore plus de succès. Puisse ce livre éclairer votre chemin et vous aider à passer des préjugés et de l'incompréhension à la compassion et à un plus grand entendement. Merci pour vos efforts. Ils contribuent tous à l'avènement d'un monde de paix, d'égalité et de justice.

Remerciements

Je voudrais exprimer ma profonde gratitude à ma femme Bonnie, qui a participé pas à pas à l'élaboration de ce livre. Elle, ma partenaire dans cette aventure, s'est révélée une immense source d'inspiration et de sagesse. Je lui sais gré de m'avoir sensibilisé au point de vue féminin, restitué, le plus fidèlement possible, dans ce livre.

Je remercie nos trois filles, Shannon, Julie et Lauren pour leur amour à toute épreuve et leur soutien. Être père contribue grandement à l'épanouissement personnel et représente également une incitation à se surpasser dans le domaine professionnel.

Je remercie mes éditrices Diane Reverand et Meaghan Dowling de HarperCollins, dont les suggestions et les critiques se sont avérées inestimables. Sans oublier Leslie Cohen mon attachée de presse, Matthew Guma mon conseiller éditorial, Anne Gaudinier et Rick Harris de HarperAudio et tout le personnel de HarperCollins.

Je remercie Linda Michaels, mon agent à l'étranger, d'avoir réussi à faire publier mes livres dans plus d'une cinquantaine de pays ainsi que Monique Mallory de Planned Television Arts de mettre tout son cœur à planifier mes nombreuses apparitions télévisées.

Merci à mes collaborateurs Rosie Lynch, Michael Najarian, Donna Doiron et Jeff Owens qui m'assistent sans relâche et ne ménagent pas leurs efforts pour diffuser mes livres, mes cassettes et faire connaître mes ateliers et mes conférences.

Un grand merci à tous mes amis et à ma famille qui m'ont soutenu et dont les suggestions ont été particulièrement utiles : Robert Gray, Virginia Gray, Clifford McGuire, Jim Kennedy, Alan Garber, Renee Swisko, Robert et Karen Josephson, Jon Carlson, Pat Love, Ramy El Batrawi, Helen Drake, Ian et Ellen Coren, Martin et Josie Brown, Bob Beaudry, Malcom Johns, Richard Levy, Steve Grumer, Jon Meyers, Chuck Gray, Ronda Coallier, Eddie Oliver.

Je remercie tous les animateurs des ateliers Mars et Vénus au travail qui ont contribué directement à la rédaction du livre : Bart et Merril Berens, Darren et Jackie Stevens, Joyce Dolberg Rowe, Greg Galati, Nancy Stokes, Bob Schwartz, Gerald et Joyce Oncken, Debra Burrell, Melodie Tucker, Wendy Allison, MJ Fibus, Linda Grande, Edward Shea, Margaret Johnson, Margie Thomas, Lynne Feingold et Mitzi Gold. Leur expérience et leurs critiques m'ont été d'une aide incomparable. Je remercie tous les autres intervenants des ateliers Mars et Vénus au travail et les nombreux participants qui, dans le monde entier, m'ont confié leurs histoires et m'ont encouragé à écrire ce livre.

J'ai une pensée pour mes parents Virginia et David Gray qui m'ont toujours témoigné amour et soutien. Bien que disparus, ils continuent à m'accompagner et à me soutenir. Tous mes remerciements à Lucile Brixey, qui est pour moi comme une deuxième mère et dont l'amour me guide.

Table des matières

Composition PCA 44400 – Rezé

Impression réalisée sur CAMERON par
BRODARD ET TAUPIN
La Flèche
en janvier 2002

Imprimé en France
Dépôt légal : février 2002
N° d'impression : 11195
ISBN : 2-84098-769-4
LAF 162